1 「曲折金字塔」位於吉薩南方三十公里的達斯爾。相傳為西元前二五七五～二五五一年間，由古夫的父親斯奈夫魯所建造。

2 三座金字塔，三顆明星。燈光照耀下的大金字塔（左）、卡夫拉金字塔（中）及曼卡拉金字塔（右）。

3 向西南方鳥瞰吉薩陵墓。

4 吉薩的獅身人面像，遠眺春分的日出。

5 沙卡拉第五王朝烏納斯王金字塔內的象形文字。是「現存資料中，對古埃及宗教及葬儀保存最完整的文件。」

6 阿比多斯塞提一世葬祭殿內令人毛骨悚然的景象。雖然在許多浮雕作品上都有王冠，但卻從未在考古挖掘中發現過任何王冠。

7 永生之蛇吞噬自己的尾巴。源自圖坦卡門陵墓，現保存於開羅博物館。

8 歐西里斯登基圖。位於帝王谷。

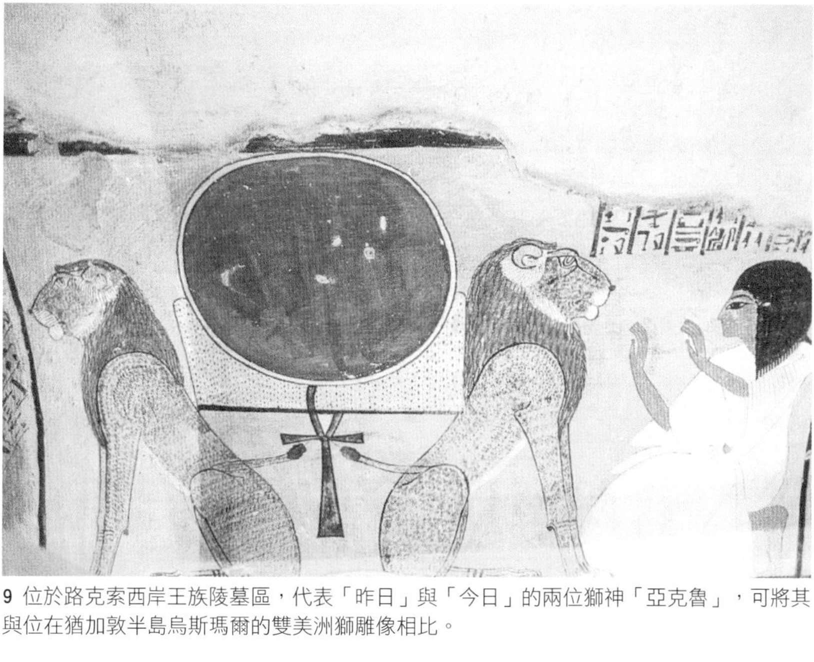

9 位於路克索西岸王族陵墓區，代表「昨日」與「今日」的兩位獅神「亞克魯」，可將其與位在猶加敦半島烏斯瑪爾的雙美洲獅雕像相比。

10 尼羅河夕照。

FINGERPRINTS of The
GODS
THE QUEST
CONTINUES

上帝的指紋

暢銷
紀念版
下

葛瑞姆・漢卡克
GRAHAM HANCOCK
著
桑莎・法伊亞
SANTHA FAIIA
攝影
汪仲
譯

目錄

第一部　埃及I　古金字塔的邀帖

第二部 埃及II 宇宙神靈

第三部 尋找人類誕生的源地

第一部

埃及 I

古金字塔的邀帖

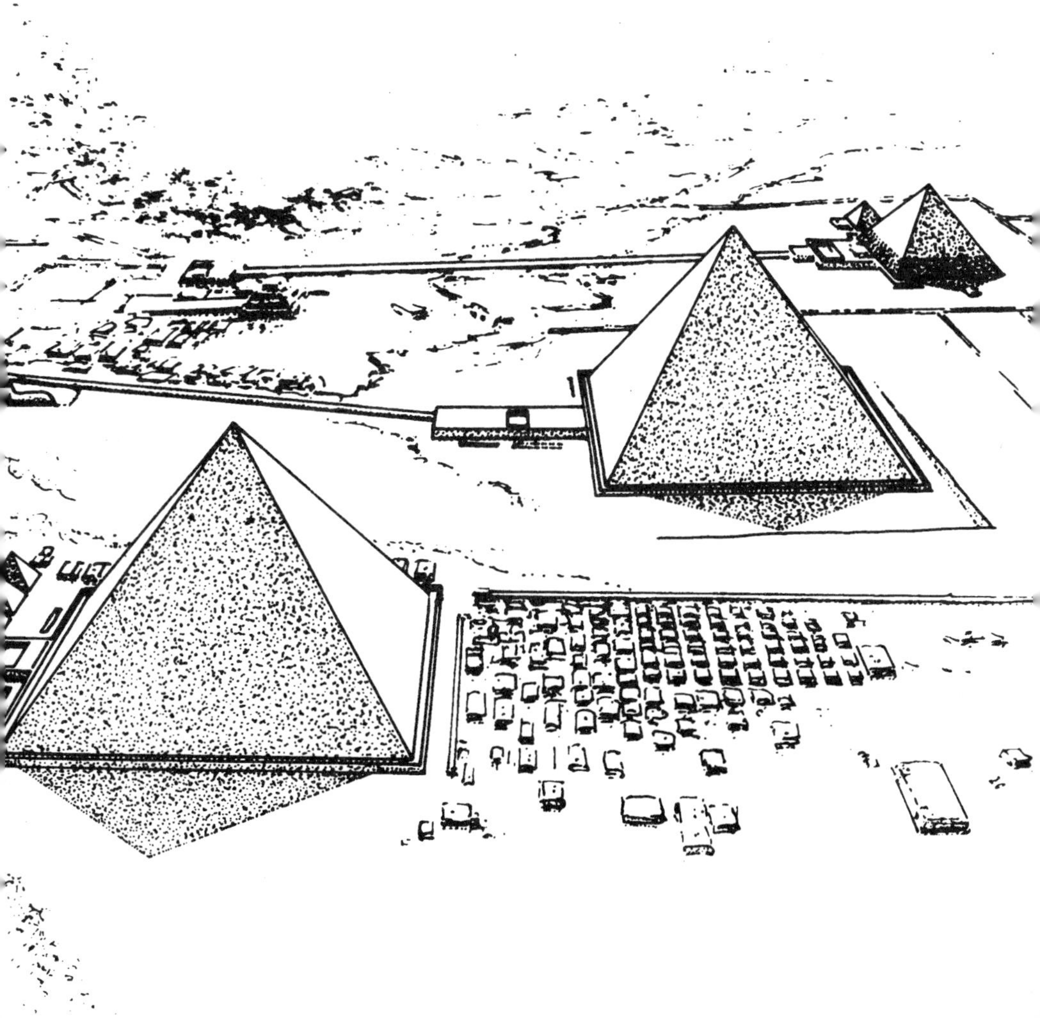

第一章

「神奇的方位」

一九九三年三月十六日，凌晨三時三十分，埃及，吉薩

穿過空無一人的旅館大廳，我們——我和桑莎——邁出旅館廳門，鑽進已在路旁等候多時的白色飛雅特。負責駕駛的是一名削瘦的埃及青年，名叫阿里。他今天的任務是須在天亮前躲過大金字塔（Great Pyramid，即古夫金字塔）❶守衛的耳目，把我們送達塔前，天亮後還得把我們接應出來。出任何差錯，我們都會被遞解出境，而他則會被送進大牢六個月。

當然，事情應該不會出任何差錯。阿里的出現就是最好的證明。前一天，我們已給了他一百五十美元，讓他兌換成埃及鎊（pounds，編註：一埃及鎊約等於台幣五～六元），發散給所有相關的守衛，以換取他們今天暫時的「視而不見」。

車在離金字塔不到半英里的地方停下。我們沿著納茲勒散曼村（Nazlet-el-Samaan）

邊緣的山坡，往金字塔的北面行進。在守衛的燈光打不到的暗路上，我們踏過柔軟沙地，一步一步沉默地向前走，既興奮又不安。賄賂是否成功，阿里一點把握也沒有。

我們隱身在陰影中，注視著金字塔巨型身影高聳入天，遮蔽住南方天空的星辰。就在此時，從西北角竄出了三名武裝警衛，他們的身上披掛著為了禦寒的毯子，手上則拿著霰彈槍，到離我們只有十五碼的距離停下來，點燃香煙。阿里以手勢要我們立定不動後，兀自從陰影中現身。他走到守衛身旁，開始與他們攀談。雙方顯然陷入激烈辯論。只見他們爭執了一會兒後，阿里終於向我們招手，要我們加入他們。

「出了點問題，」他解釋道，「他們之中有一個人，就是這位隊長（他用手指著一位個子矮矮、鬍子沒刮、神情不爽的傢伙），堅持我們要多付三十美元，否則就一切免談。你看怎麼辦？」我從口袋掏出皮夾，數了三十美元，交給阿里。他把錢折起來，轉手交給了隊長。隊長很有威嚴地把錢放在胸前的口袋，終於與我們握手成交。

「好了，」阿里說：「我們上路吧！」

近乎神話的高精密度

警衛繼續從北面往西巡邏，我們則繞過東北角，來到大金字塔的東面。

我很早以來便養成在探看古蹟時，必定會根據遺跡方位，先確定自己置身處地的定位

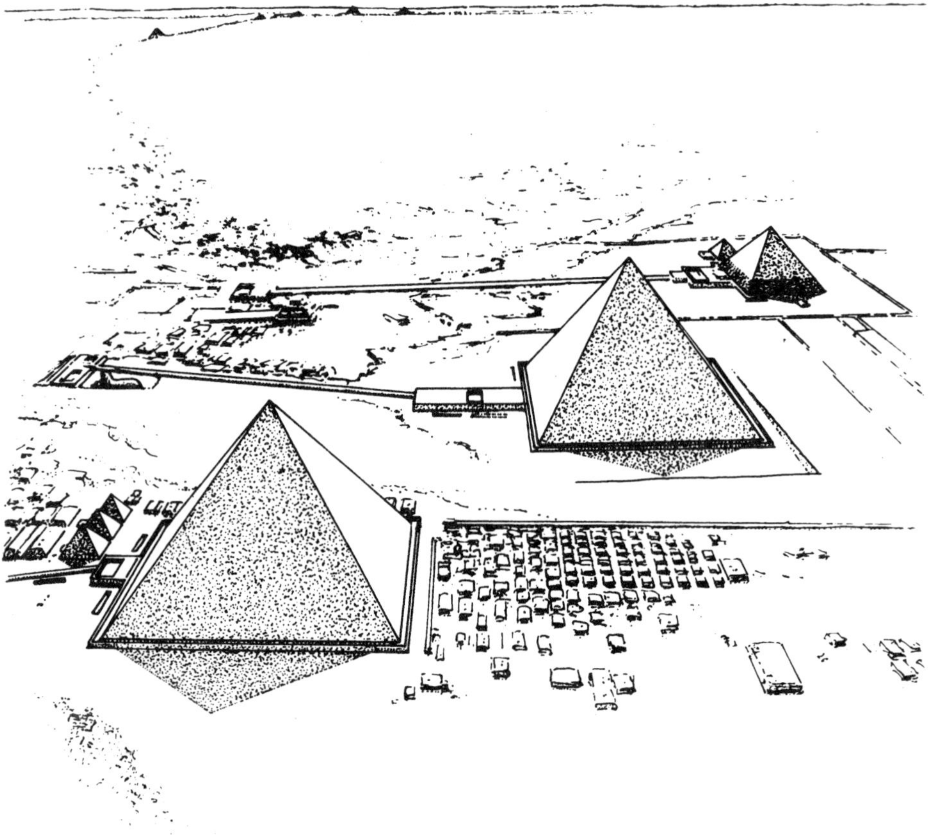

從北向南鳥瞰吉薩，大金字塔在最前方。

習慣。這時，我發現大金塔的方位，北方正好面向正北，東方面對正東，南方面對正南，西方面對正西，誤差不會超過圓弧的三分（南面的差距不到二分）。不論是哪個時代、哪個建築，這種精確度都令人難以置信，何況以金字塔建造完成的四千五百年前的埃及而言，此高精密度更是不可言喻，近乎神話了。

圓弧的三分，以百分比而言，僅僅為百分之〇點〇一五的誤差。我曾經和一些結構建築師談過大金字塔，他們都表示無法理解為什麼金字塔需要如此高的精密度。從實際建築的角度來看，耗費了極大的精力、時間、經費，除了達成此等高精密度外，對建築物整體結構並沒有太多影響，因此意義似乎不大。就算金字塔底座的方位偏差個圓弧的二、三度（也就是說有個百分之一左右的誤差），一般人還是無法以肉眼辨識出來。但是，在建造時，為將誤差從二、三度縮小至二、三分之微時，所需要投注的工作量之大，卻非建築物的差異所能夠表達的了。

顯然，在人類文明初露曙光之際，古埃及的建築大師有非常強烈的動機，要把金字塔放在非常嚴謹的方位上。而且，這些建築大師必定技術高超、知識淵博，並已有精良的工具與測量器具，才能夠建造出如此精密的金字塔。從塔的一些其他特質中，我們也不難證實這一點。例如，金字塔儘管龐大，但它的四邊幾乎完全等長，顯示當時的建築技術精確度極高，其誤差率比今天一般辦公大樓建築還要小。當然金字塔不是辦公大樓，它是人類史最偉大、最古老的建築物之一，北面底座邊長七百五十五英尺四點九八一八英寸，西面七百五十五英尺九點一五五一英寸，東面七百五十五英尺十點四九三七英寸，南面則為七百五十六英尺〇點九七三九英寸。最長的與最短的一邊之間，差異不到八英寸，也就是說，在平均邊長達九〇六三英寸的底座上，金字塔四邊互相的誤差率還不到百分之一❷。

從工程的角度上展示出再多的數字，也無法說出要達到此等精密性所需要付出的精神與技術。而建造金字塔的大師們是如何達成如此高標準精密度❸，至今學者們還找不到一個合理的解釋。

不過，真正讓我感到興趣的是，並非精密度的數字本身，而是它背後隱藏的問題：為什麼埃及人要替自己訂下這個高標準？如果他們能容忍的誤差度為百分之一～二，而非百分之〇點一以下，不僅不會對品質造成明顯的影響，還可大大降低工程的難度。他們為什麼不這麼做呢？為什麼他們堅持用困難的方法做事呢？也就是說，為什麼在一個四千五百年前建造、理論上非常「原始」的大石碑物上，古埃及人必須要這般堅持連機械時代都難以達成的高精密度呢？

歷史的黑洞

我們一行人要登上大金字塔的計畫，其實早在一九八三年幾個愚蠢的觀光客摔死以後，便被埃及政府宣佈為違法。其實我們也夠愚蠢的（尤其嘗試夜半登高），而且我實在

不願意打破一個基本上相當良性的法律。但是，到了這個地步，對金字塔濃厚的興趣，加上想要得知有關金字塔一切的強烈欲望，驅策我捨棄良知，不顧一切地來到金字塔的面前。

在東北角與巡邏警衛分手後，我們躡手躡腳地走過東面，來到東南角。

大金字塔和正東方三個「附屬」的小金字塔之間，一條殘破而蜿蜒的石道籠罩在巨大的黑影下，石道旁還有三個好似巨型墓園般又深又窄的石坑。根據早年考古學者的考證，這三個洞穴的形狀應該是為了收藏一種流線型、高性能船隻而建造的；但考古隊伍挖掘時，洞穴內卻空無一物。

步行至離大金塔東面入口中途，迎面又來了一對巡邏警衛，其中一人少說也有八十歲了，另外一個則是臉色蒼白，臉上長著青春痘的年輕人。兩人說阿里付的錢不夠，如果我們要繼續向前走的話，得再付他們五十埃及鎊。我毫不猶疑地掏出錢，塞給了年輕人。我已經不在乎花錢，只要能夠讓我在天亮以前爬上金字塔再爬下來，而不被逮捕就行了。

我們往前走，繞過金字塔的東面角。時間剛過凌晨四點十五分。

現代建築中，即使我們日常居住的房屋，也從未見過正九十度角的結構，轉角的地方差上一兩度是極為稀鬆平常的事，因為建蓋正直角的技術非常困難，一點微差不但不影響到任何結構，也不會有人注意到。然而當初在建造大金字塔的時候，那些古代建築大師們卻能將誤差縮減至最小，如東南角為八十九度五十六分二十七秒，東北角為九〇度三分二秒，西南角為九〇度〇分三十三秒，而西北角則為八十九度四十九分五十八秒，與正直角差距只有二秒之微。

雖然不是完美的正直角，但是此等精密度卻已讓人驚異，更為不解。大金字塔有太多令人匪夷所思的地方。埃及人建築技術之高超，不在現代人之下。他們應該至少要經歷好幾千年的進化，才能夠獲得這樣的高技術水準。但是翻遍埃及歷史，我們卻無法看到任何埃及人技術發展的記錄。大金字塔和它周圍的遺跡，已經成為建築史上的一個大黑洞，又深又大，沒有人知道從何處窺見其底。

沙漠之船

滿頭大汗的阿里並沒有對我們解釋，為什麼在登高前，必須先帶我們環繞金字塔底座一周。我們從金字塔的東側繞至南面，向西行進。這裡也有兩個船隻形狀的縱穴，其中一個還沒有被打開過，曾經有人用光纖攝影機插入調查，發現裡面埋藏著一艘一百餘英尺長的大型船隻❹。這艘古船現在被收藏在金字塔南端，一個名為「船隻博物館」（Boat Museum）的醜陋建築中。

這艘由杉木建造，排水量約四十噸的美麗船隻，仍保留著四千五百年前的面貌。從專家的眼光看來，它充滿了異想天開的設計。「顯然做好所有外海航行的準備。船首與船尾向上高聳的程度，甚至超過維京人的船隻，顯示此船面對的風浪絕不是尼羅河的小波，而是海洋的大浪。」一位專家說。

還有專家認為，這艘設計奇妙、考慮周到的金字塔船，應該「比哥倫布海上探險時用的船，更適合在外海航行。」而所有權威人士都同意，這艘船是由一些「有長久外海航行經驗與傳統的人」設計而成的。

是誰在埃及三千年歷史的初始，建造出這艘航洋海船？常年在內陸的尼羅河低地中以耕作為生的埃及人，應該沒有機會積蓄出「長年的外海航行經驗與傳統」，而完成如此成熟的設計才是。那麼這艘船的建造者，是從哪裡得來的經驗呢？

除此之外，另一個更令人感到不解的問題是：古代埃及人非常擅長發展符號與象徵意義，並喜歡將各種各樣的物品，做成縮小的模型。埃及學家認為金字塔船便屬於這類的模型，它唯一的功能便是搭載法老的靈魂至天界。但我難以相信當時只為了單一祭祀的理由，便如此大費周章，一連做成好幾艘如此大而複雜的船❺，然後將它們埋在地下。而且如果目的僅為了送法老靈魂上天的話，他們只需要一艘，而非好幾艘船，而且也不需要這麼大。按照邏輯推理，這些巨型船隻應該有一些實際用途，而且還有一些是現代人從來沒有想到過的、同時具有象徵性意義的用途……

我們到達大金字塔南面的中點時，終於瞭解被帶著繞行了一大圈，目的原來是在四個重要的點上散財。除了原來在北面的三十美元，在東面的五十埃及鎊，南面突然冒出一個阿里應該前一天就打點好的警衛，也開口討了五十埃及鎊。

「阿里，」我的聲音開始不友善，「我們什麼時候才爬金字塔？」

「馬上，葛瑞姆先生。」我們的導遊說。他非常有信心地繼續向前，並以手勢指示著上方，說：「我們就從西南角向上爬……」

【註釋】

❶埃及第四王朝法老古夫的陵墓，也是古代世界七大奇蹟中，最古老及唯一尚存的建築物。

❷見科爾《探測埃及》第三十九篇：吉薩大金字塔方位及精確尺寸之測定。J. H. Cole, *Survey of Egypt*, paper no.39: The determination of the Exact Size and Orientation of the Great Pyramid of Giza, Cairo, 1925.

❸如《埃及金字塔》一書內的傳統解釋往往無法令人滿意，連此書作者，前大英博物館古埃及研究室主任愛德華茲均不得不如此承認。見該書頁八五～八七及頁二〇六～二四一。I. E. S. Edwards, *The Pyramids of Egypt*, p.85～87, 206～241.

❹見卡森《古代船隻及航海》，頁十七。Lionel Casson, *Ships and Seafaring in Ancient Times*, Texas University Press, 1994, p.17.

❺見史賓賽《金字塔事實》。A.J. Spencer, *The Great Pyramid Fact Sheet*, P.J. Publications, 1989.

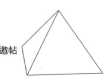

第二章

「永世之居」

你曾經想過在夜晚攀登金字塔嗎？在被逮捕的恐懼下，在神經緊繃的狀態中？

我可以告訴你，如果爬的是大金字塔的話，那簡直難如登天。儘管塔頂約有三十一英尺已經不見，大金字塔仍然從地上聳立入雲，高達四百五十英尺，並由二百零三段的石塊堆積而成，每段平均高度為二又四分之一英尺。

而且當我開始往上爬後，發現有關金字塔的平均數字，並不能告訴我金字塔的全貌。石塊高高矮矮，並不相同，有的僅及我的膝蓋，但有的高達我的胸部，讓我幾乎無法攀爬。每段石塊和石塊之間，留下可供留步的水平空間非常狹窄，只有一隻腳的橫寬；再加上看似堅固的巨大石塊，開始攀爬後才發現已相當破碎，隨時可能分崩離析，使得攀爬的行動更加艱險。

爬了三十階左右，桑莎和我逐漸領悟，我們的處境是如何困難：肌內酸痛，膝蓋和手指間開始僵硬，而且傷痕累累——然而，我們才只爬了金字塔的七分之一，上面還有將近二百階等著我們。還有一件令我們感到不安的是：登高時，眼睛禁不住地要往下看，又不能不注意到腳下陡峭的斜面。我眼光循著西南角的崎嶇石塊向下，一瞬間不由自主地感到頭暈目眩，好像自己很可能就如童謠中出門去取水的傑克與吉爾一般，就這麼掉了下去，身體撞擊數層巨石後，頭先著地，然後粉身碎骨。

阿里稍事歇息，但在我們有機會喘口氣前，他迫不及待地又做了個手勢，示意要我們趕快提起腳步往上爬。再度沿著塔的西南角指標，阿里一股腦兒地向上，很快地消失於夜空中。

不安的陰影不斷在心中擴大，桑莎和我只能緊緊地跟在後面。

幾何學之謎

第三十五階的石塊比下面都要大（基石除外），每個至少有十到十五噸重，非常難攀上。這與我們一般的常識及邏輯正好背道而馳。按理來說，石塊既然是從下面搬運上來的，愈高的地方，所使用的石塊就應該愈小、愈輕才是。從第一到十八階，石塊的高度的確從最下面的平均五十五點五英寸，逐漸縮小至第十七階的二十三英寸多一點。但是第十九階的石塊高度陡升至三十六英寸，不但高度改變，長、寬也都增加。這些石塊的重量，在一至十八階，只有二到六噸重，但搬運到十九階以上，則增加至十到十五噸，顯然就變得非常笨重而難以處理了。然而不知道用的是什麼方法，這些石頭卻能從堅硬的石灰岩中切割出來後，被搬運到離地一百英尺的高度，分毫不差地置放於預定的位置上。

要達成如此艱巨的工作，金字塔的石工不但要有鋼鐵般的意志，山羊般的身手，猛獅般的強韌，更要有專門爬高的修煙囪師傅的自信。冰冷的晨風呼呼地在耳邊吹過，威脅地要把我帶入空中與它們一起飛舞。在此顫顫巍巍之處，一面需保持身體平衡，一面又得將一塊又一塊至少有現代自用小汽車兩倍重的石塊，從下面搬上來，運到正確的地方，對準位置，當時這些石工的心中不知所思何如。

金字塔從建造到完成，一共花費了多少時間？有多少人曾參與建造的工作？一般埃及學家的共識是：共花費了二十年，並有十萬人參與建造。不過他們也同意，所謂的建造，並非從年頭做到年尾，而是只在一年中的三個月期間，尼羅河氾濫無法農耕的期間進行的。

一面往上爬，我一面思考這說法代表的意義。建造者需要設想的，不僅為如何搬運那些成千上萬，重量在十五噸以上的巨石，更在於如何長期將這些平均二噸半的石塊，搬運到工地來。根據可靠的估計，金字塔共用了二百三十萬個石塊堆積而成。假設工人全年無休，且每天工作十小時的話，他們每小時需要擺好三十一個石塊（或每二分鐘搬運一個石塊），才能夠在二十年之內，如期完成金字塔的工程。而如果工程只在農閒時進行的話，那麼工人的速度就必須加快到每分鐘搬運四個石塊，或每小時二百四十塊，才趕得及。

這個計算，無疑是工地現場管理者的噩夢。例如，採石場與金字塔的石工之間，協調工作必須做得有多好，才能夠讓那麼大塊的石頭以如此驚人的速度送達工地。還有，萬一一塊二噸半的石頭從一百七十五階上掉下來，其結果將如何不堪設想。

不論從物理面或管理面來看，金字塔的建造都是非常艱難的工作。除此之外，金字塔本身在構造上也是對幾何學的挑戰。金字塔的頂點必須在底座四角正中央的上方，四面傾斜的角度只要稍有偏差，到頂點處便構成極大的誤差。因此，建造的過程中，從地面到幾百英尺的空中，每個其重無比的石塊都必須擺設在絕對精密的位置上。

斜坡之說

這麼精密、艱難的工作，當時的埃及人是如何做到的？

埃及學者們前前後後大概推出有三十種以上的說法，嘗試解開金字塔建造之謎，其中大部分認為，金字塔在建造前，一定先在工地鋪設好了某種形式的傾斜路面。前大英博物館古埃及研究室主任愛德華茲（I.E.S. Edwards）教授，便鐵口直斷道：「古埃及人只有一種將非常重的東西舉起的方法，那便是從平地或想要舉起重量的起點，用泥土和磚塊建造一條斜坡。」

牛津大學古埃及學教授約翰・白恩斯（John Bains）同意愛德華茲的說法，並進一步演繹道：「金字塔愈建愈高後，斜坡不論長度或寬度都必須逐漸擴大，以維持一定的斜率（大約為一比十），否則便會崩垮。當時建造者從幾個不同的角度，必定蓋了好幾個斜坡才是。」

然而，鋪設一條斜率為一比十的道路，直通大金字塔的頂點的話，道路長度至少要四千八百英尺，而且所需要的磚塊和泥土更為大金字塔本身的三倍。（斜坡的容積為八百萬立方公尺，而金字塔錐體的容積只有二百六十萬立方公尺❶。）傾斜度高於一比十的話，路面會陡到無法搬運重物上坡，但如果傾斜度低於一比十的話，建造坡道的建材量與金字塔之比將更荒謬無稽。

而且，一條長達一英里，從地面直通四百八十英尺高度的斜坡路，根本不可能如愛德華茲等古埃及學家所建議的，用磚塊和泥土隨便搭建起來。相反地，現代建築家和營建者已經證實，斜坡道必須用比石灰岩等更堅固、高貴的質材建造，否則必垮無疑。

斜坡學說顯然不成立。（還有一個問題：建造斜坡用的八百萬立方公尺石灰岩，在金字塔建造完成以後，都到哪裡去了？）後又有學者推出了螺旋斜坡道之說，主張當時的人在金字塔的四側，用泥磚做成螺旋狀斜坡，附著於金字塔。螺旋斜坡所需要的材料雖然比較少，但是卻無法伸展至金字塔的頂端。而且螺旋斜坡道愈到頂端，旋轉的角度便愈急，使得石工在搬運如此大體積的石塊上坡時，將遭遇到愈來愈狹窄，至最後連轉彎都難以迴旋的地步。

不過，這並非螺旋斜坡道說最不通之處。它最難自圓其說的地方還是：由於螺旋道必須加覆於金字塔之上，使得建築家無法檢查金字塔建築本身的精密與準確性。然而，金字塔的建造者必須隨時檢查建築的準確性，讓塔的頂點坐落在離開四個基座角落等距的位置，所有的角度和角落都分毫不差，每層石塊都放置於事前設計的位置，才能形成這個方位正確、形體也近乎完美的對稱建築物。

對古代建築家而言，建造一個如此精密的金字塔，似乎只不過在展示數學上的一些雕蟲小技，例如在上冊第二十三章中，我們提到的以圓周率π為高度，和底座周邊的長度之間的對應關係❷。另外，金字塔雖然不是建造在正北緯三十度，卻也在非常接近的二十九度五十八分五十一秒。關於這一點，以前曾經有一位蘇格蘭的天文學家表示，正三十度並不存在，因此金字塔的位置並非為誤差的結果：

> 假設原始設計者希望以肉眼，而非心眼，從大金字塔的底邊看到太空的極點的話，將大氣中光線的曲折方式也計算在內後，大金字塔所在的位置一定要在二十九度五十八分二十二秒，而非三十度的位置不可。❸

五十八分二十二秒與實際位置所在的五十八分五十一秒之間的差距還不到一分的一

半，如此高的精密度，再度顯示出古埃及人無論在一般測量或地理測量上，技術是如何地精湛。

心存敬畏地，我們繼續向上攀爬，通過第四十四、四十五層巨石，剛踏上四十六層時，只聽到從下面廣場上，傳來一陣阿拉伯語的怒罵聲。往下一看，只見一個穿著長袖寬鬆阿拉伯服、頭上纏著頭巾的小個子，正將他的霰彈槍從肩膀上取下，也不管是否在射程範圍內地對著我們瞄準。

穿越時間與空間

不用說，此人為金字塔西面的守衛，也就是第四個底座面的警衛。他沒能像東、南、北其他三面的警衛一般，拿到額外的賄賂，所以特地來討錢的。

從阿里滿頭大汗的表情中可看出，我們正處於極為不利的情勢中。那警衛要我們立刻下去，他要逮捕我們。「不過，我想如果我們另外付一點錢給他的話，就可以避免被逮捕。」阿里說。

「給他一百埃及鎊！」我怒吼道。

「太多了，」阿里說：「反而會激怒其他幾個人。我跟他說五十鎊好了。」

雙方交換一陣阿拉伯語後，過了幾分鐘，阿里似乎快要和那警衛達成協定，讓我們在四點四十分左右回到金字塔西南方的底座，但這時又一陣口笛聲，先是南面，接著東、北兩個警衛也紛紛出現，加入西面警衛的陣營。

我幾乎以為阿里要宣佈交涉失敗之際，他突然放心地嘆口氣，面露微笑地說：「他說我們回到地面後，再付他五十鎊就可以了。我們可以繼續爬，不過如果上司出現的話，他們就救不了我們了。」

接下來的十分鐘，我們在沉默中向上掙扎，一口氣爬到第一百層，來到金字塔一半，也就是離地面二百五十英尺的位置上。從肩膀上往西南望去，我看到了一幅一生中僅見，充滿了力與美的景像。一彎月牙從東南方的低空快速移動的雲層中露出，幽靈一般的光芒直逼第二金字塔的北面與東面。據說這座金字塔是第四王朝的法老卡夫拉王（Khafre）❹建造的。這座只比大金字塔矮幾英尺，底座窄四十八英尺的第二金字塔，在月光下，發出非常不自然的青色光芒，好像光源來自塔的內部一般。而在第二金字塔的後面稍遠的陰影處，更可以看到最小的第三座金字塔。這座據說由曼卡拉王（Menkaure）❺所建造的小金字塔，底座每邊為三百五十六英尺，高度則為二百一十五英尺❻。

一瞬間，我感覺自己好像騰空於墨色的天空中，站立在碩大的天船船首，其後另兩座金字塔好似兩艘船，排成一列，呈戰鬥隊形，跟著我的大船向前行。

果真如此的話，我們這一隊的金字塔應前往何方？這幾座令人驚異的巨型建築，是否真如埃及學的學者所認為的，僅僅為法老誇大妄想下的產物？或者它們是由某種神祕力量所設計，將越過永恆的時間與空間，達到一些我們尚未知曉的目的？

從這個高度看，雖然南方天空有一部分被卡夫拉王的金字塔所遮蔽，但整個西方在蒼穹之下，從北極頂點到地球彎拱的輪廓全在我的視野之內。右手側可以看到小熊星座中的北極星；而從正西方向北大約十度左右的低空中，則可以看見獅子座中的軒轅十四星（獅子座的α星，也是黃道上唯一的一等亮星），正要沉入地平線下。

在埃及的星空下

當我們抵達第一百五十層時，阿里突然以手勢要我們把頭放低。一輛警車從大金字塔的西北角往西方駛來，車上的藍色燈光緩慢地閃爍著。我們隱身金字塔的陰影中，等待車子完全通過。之後，在一股新燃急迫感的鼓勵下，我們加快腳步往上爬，想像一仰頭便可看到籠罩在夜明前霧氣的塔頂。

約莫五分鐘的時間，我們停也沒停地朝上爬。向上看，金字塔的頂端仍然和以前一樣的遙遠，就好像傳說中的威爾斯山頂（Welsh Peaks，位於大不列顛島西南，以登山活動著稱）一樣，遙不可及。在揮汗、氣喘中，我們繼續向上爬。就在快要被內心不斷泉湧而出的失望感覺淹沒時，突然之間豁然開朗，金字塔頂出現在我們的眼前。滿天星斗，離開地面四百五十英尺的高空中，環繞著我們的，可謂是世界上最特殊美麗的景像了。開羅市景不規則地展現在北方與西方的尼羅河谷中，林立的高樓與傳統的小平房的屋頂，被狹窄昏暗的街道區隔開來，清真寺的尖塔散落在高高矮矮的房屋之間。開羅因整體被覆蓋在街市的光膜中，所以住在市內的人反而無法享受美麗星空的夜景。反倒從金字塔頂端往下俯看開羅，宛如來到了一個散發著綠色、紅色、藍色、黃色光芒的童話世界一般，晶瑩美麗，美不勝收。

我感覺自己非常榮幸，能夠在這麼一個古代世界之謎的金字塔頂端，看到這幅電子海市蜃樓的景像，簡直就像乘坐阿拉丁的魔毯，來到開羅的上空一般。

其實金字塔的第二百零三層完全不能與魔毯相提並論。它處於塔的頂端，總共只有三十英尺寬（與底座的一邊七百五十五英尺相比，甚為窄小），且是由好幾百個高及腰身、重達五噸的大石灰岩塊所構成的，表面不完全平坦，有部分石塊已不見或破損。南角上明顯地還遺留著更高層石塊的遺跡。在平台的正中央，有人用木頭架起一個木製鷹架，而從中間升起一根大約三十一英尺的厚重木棒，以顯示出金字塔原始的高度——四八一點三九四九英尺。在架子下面的石灰岩上，佈滿了幾世紀以來的觀光客在上面的塗鴉❼。

攀爬金字塔之行，全程花費了我們約莫半個小時，當我們到達頂端時，已經是清晨五點，伊斯蘭教徒晨禮的時間。幾乎就在五點整，整個開羅的一千零一個尖塔的陽台，同時響起聲響，催促著信徒祈禱，以再確認真主的偉大與慈悲。在我背後的西南方，卡夫拉王金字塔的頂端二十二層，好似冰山一角漂浮在海洋中一般，沉浮於月光之海中。

我明白不能一直在這個令人目眩神移的地方待太久，索性坐下來仰望上蒼。軒轅十四星已經沉沒在西方無盡的沙漠之後，而獅子座不久後也將隨之掉落於水平線之下。處女座及天秤座的星群也已經來到天空的下方。往北方看去，大熊與小熊座正徐徐地遵循著它們在天球極頂永恆的軌道移動中❽。

我躺下，以手當枕，仰望穹蒼之極。從身下光滑而硬冷的石塊傳來一股生命的力量，我可以感覺得出來，就是從那巨大的金字塔傳出的無窮活力。

巨人的使命

金字塔，底座面積達十三點一英畝，總重量為六百萬噸，比倫敦市區內的全體建築物加起來還重。如稍前所述，金字塔由大約二百三十萬塊石灰岩、花崗岩石塊所堆積而成。根據推測，過去金字塔的四面，除了本身的石塊以外，外表還覆蓋著一層打磨過的覆面石❾，如反射鏡一般地保護著它。由於金字塔的表面積達二十二英畝之廣，根據估計，當時鋪設了十一萬五千片、每片重達十噸的覆面石。

西元一三〇一年的大地震後，大部分的石塊都被卸下，用來建設災後的開羅。據我所知，只有在塔的基層上還有少數的石片，讓十九世紀英國的埃及考古學家弗林德．培崔（W.M. Flinders Petrie，一八五三～一九四二）做一番仔細的調查研究。培崔非常驚訝地發現，石材經過黏著劑精確接合，誤差不及百分之一英寸。兩塊石材之間接續得非常緊密，連最薄的小刀片都無法插入。「光僅將這些石頭放進該放的地方，就是一大工程，」培崔寫道，「在接合處再加以黏合，能做到如此精密的程度，幾乎不可能；這就好比以英畝為單位，大規模地製造最精確的光學儀器。」

大金字塔中有太多的「幾乎不可能」，絕不僅限於覆面石一項。塔的方位面對正東、正西、正南、正北，也是一項「幾乎不可能」，另外還有，建築物的正九十度角、四邊幾乎完美的對稱形狀、以及將以百萬計的巨石搬運至高空的技術和工地管理……

當年成功從平地建起此令人驚異的金字塔的建築師、工程師、石工師傅們，不論他們是從何方冒出來的，有「現代古埃及學之父」之稱的法蘭西斯．商博良（Jean-François Champollion，一七九〇～一八三二）曾經說過：「他們的想法有如身長一百英尺的巨人一樣，高人一等。」商博良在當時就很確定，繼他之後，研究古埃及學的人必定會忽視一點：建造金字塔的人在智慧上至少是屬於巨人型的。他還說過，與古埃及人相較，「我們歐洲猶如小人國」。

【註釋】

❶見郝傑斯及基伯《金字塔是如何建造而成的》，頁一一三。Peter Hodges & Julian Keaber, *How the Pyramids*

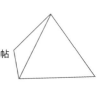

were *Built*, Element Books, Shaftsbury, 1989, p.123.

❷見《埃及金字塔》第二十三章，頁二一九；亦見《古埃及地圖》，頁一三九。*Atlas Ancient Egypt*, p139.

❸摘自皮亞茲・史密斯《大金字塔：揭露其祕密及神祕》，頁八〇。Piazzi Smyth, *The Great Pyramid: Its Secrets and Mysteries Revealed*, Bell Publishing Company, New York, 1990, p.80.

❹西元前二五五八～二五三二年，古夫王兒子。在位期間，建築吉薩第二座金字塔及獅身人面像。

❺西元前二五三二～二五〇三年，卡夫拉王兒子。為舊王朝第四代法老。

❻見《埃及金字塔》，頁二一五。

❼佛洛勃特（Gustave Flaubert）在《從埃及來的信》（*Letters from Egypt*）中寫道：「令人感到懊惱的是，金字塔頂上到處都是白癡笨蛋的名字，甚至還有一個巴黎地毯商的姓名、地址。」

❽見《金字塔是如何建造而成的》，頁四～五。

❾見彼得・湯普金斯《大金字塔的祕密》，頁二三二、二四四。Peter Tompkins, *Secrets of the Great Pyramid*, p.232, 244.

第三章 「金字塔墳墓說」

從大金字塔的高點往下俯望，要比往上爬，更令人精神緊張。不再需要與地心引力搏鬥，所以體力的付出比較小；但另一方面，因為所有的注意力都集中在地面，而非天空，所以失足的危機隨時在眼前。我們幾個小心謹慎地選擇路線，在巨大的石塊中輾轉、溜滑，往那龐大的基座方向移動，更覺自己如螞蟻一般的渺小。

終於到達平地。此時暗夜已經結束，曙光初露，天色逐漸由暗轉明。我們依照先前約定，付給西方的守衛五十埃及鎊，並在極度解放與勝利的歡愉中，意氣風發地離開了大金字塔，往西南方幾百公尺外的卡夫拉王金字塔移動。

古夫（Khufu）❶、卡夫拉、曼卡拉，在希臘文中分別稱作基奧普斯（Cheops）、基夫拉恩（Chephren）、麥西里努斯（Mycerinus），不論我們用埃及還是希臘名稱呼這些第四王朝（西元前二五七五～西元前二四六七年）的法老，他們均以在吉薩建造了三座金字

塔而為後世所知。至少，二千多年前希臘歷史學家希羅多德（Herodotus，西元前四八四～西元前四二五），在他的名著《歷史》（*History*）中，認定大金字塔的建造者為古夫王，從此以後，歷史就這麼決定了。希羅多德至埃及一遊後，將他在旅途中獲得的資訊，寫進這本現存最古老的金字塔相關文獻，並陳述道：

基奧普斯，據說在位五十年後駕崩。其弟基夫拉恩成為新法老，並同樣地建造了一個金字塔……除比其兄的金字塔矮四十英尺外，一切規模照舊。……基夫拉恩在位五十六年後，王位由基奧普斯之子麥西里努斯繼承……麥西里努斯留下的金字塔比其父王在規模上要小甚多。❷

希羅多德看到金字塔的時候為西元前五世紀，也就是金字塔建造完成後的二千年。但是往後有關金字塔的歷史，都是以希羅多德的證言為基準，全盤接受他的說法。直至今日，所有的評論家仍謹尊這位偉大希臘歷史學家的教誨，不敢逾越。儘管希羅多德的敘述得自道聽塗說，但是時至今日，「大金字塔由古夫王、第二金字塔由卡夫拉王、第三金字塔由曼卡拉王建造完成」的說法，卻已成為不可動搖的史實了。

被矮化的謎團

與阿里分手後，桑莎與我繼續在沙漠中漫步。繞過第二金字塔的西南角後，我們的眼光被它的頂部所吸引，並且發現，從頂上往下數的第二十二層石塊，石面上仍然保留有原來的覆面石。同時，我們也注意到，從基座往上的數層，每層面積都至少綿延數英畝，所使用的石灰岩塊，每塊大概有二十英尺寬、六英尺高，巨大到幾乎無法攀爬的地步。我後來才發現，這種巨石每塊達二百噸重，需經過一種非常獨特的石工技術切割而成，而吉薩一帶的古蹟，到處都可散見這種切工。

第二金字塔建立在切取岩床而造的平台上，西面與北面形成一壕溝狀凹槽，有的地方深度超過十五英尺。沿著塔西面，往壕溝的南方走去，不需多遠，便可看見四百公尺外，聳立於沙漠中的第三金字塔。

古夫……卡夫拉……曼卡拉……根據所有正統古埃及學者的說法，建造金字塔唯一的目的，便是分別作為這三代法老的墳墓。但顯然這種主張有許多不盡之處。例如，一八一八年，當歐洲探險家吉奧維尼·貝索尼（Giovanni Belzoni）打開卡夫拉金字塔中廣闊的停棺室時，發現室內空無一物，不僅沒有棺材，房間裝飾極為樸素，不見任何飾品，僅有一具嵌在地板內的大理石棺，外表打磨得十分光亮，但內部也是空的。棺蓋已被敲成兩半，丟棄在棺材附近。這一切應做何解釋？

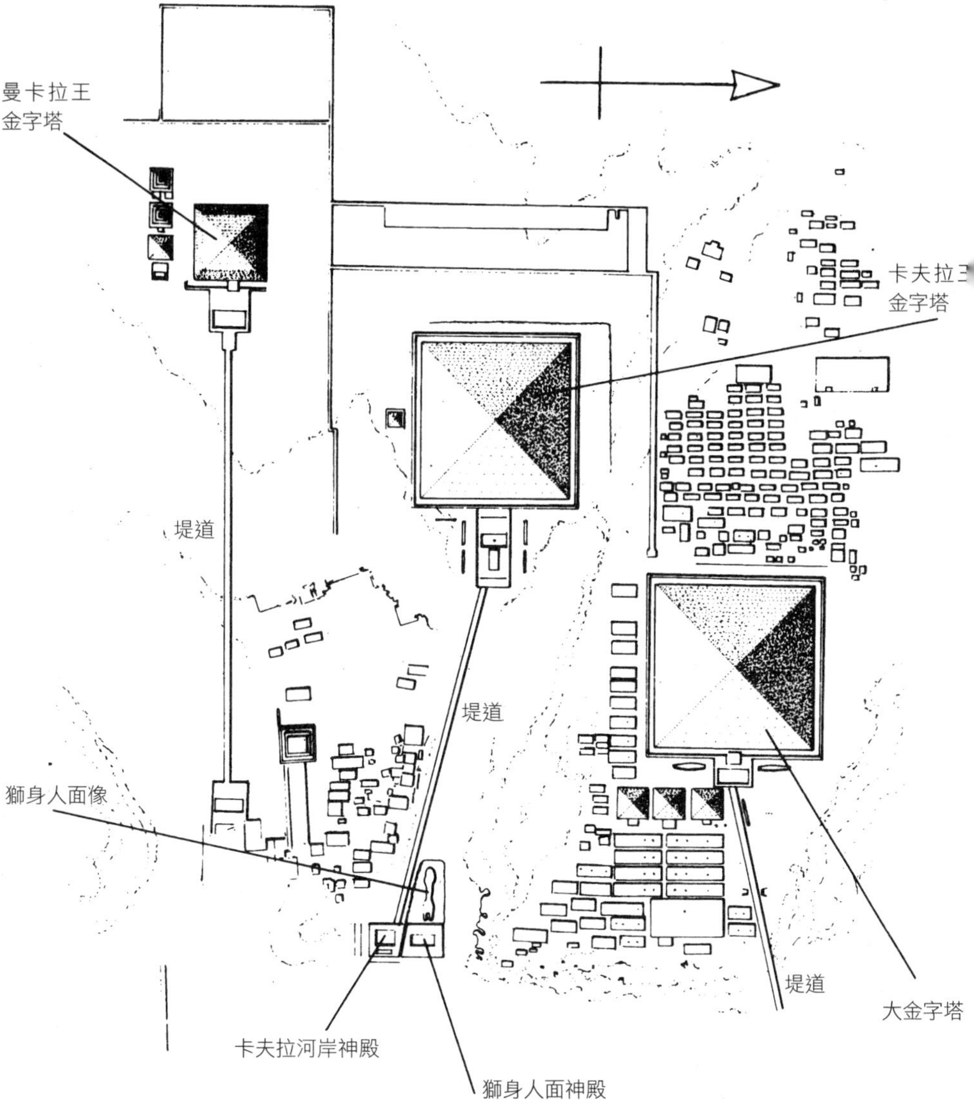
曼卡拉王
金字塔
卡夫拉王
金字塔
堤道
堤道
獅身人面像
堤道
大金字塔
卡夫拉河岸神殿
獅身人面神殿

吉薩陵墓位置圖

對古埃及學者而言，這似乎很容易解釋。他們認為在非常早年，或許卡夫拉駕崩後的幾百年之內，盜墓者已經進入過停棺室，把包括做成木乃伊的法老在內的所有物品橫掃一空。

顯然同樣的事，也發生在比較小的第三金字塔上。我和桑莎一面思考這個問題，一面前往這個為祭祀曼卡拉王而建的小金字塔。最先踏入這個金字塔內的歐洲人，是一位名叫霍華德·衛斯（Howard Vyse）的英國上校。他在一八三七年進入停棺室時，看到的只有空無一物的玄武岩石棺，木棺蓋上有人形的浮雕，棺旁殘留著少數的骨骸。所有人都理所當然地將那些骨骸視為曼卡拉的遺物。但是我們利用現代科學的驗證，發現骨骸和木棺蓋，都是西元早期，金字塔年代後二千五百年的產物。也就是說，在金字塔時代的許多年後，有人「闖入」金字塔，並將死者埋葬在那洞穴中（在古埃及歷史中相當常見的一種行為）。至於那玄武岩的石棺，則可能屬於曼卡拉王。這種假設是否屬實，現在已無法證實，因為衛斯將石棺從西班牙運送回英國時，船隻中途翻覆，石棺也因此沉入海底。既然根據衛斯的記錄，石棺被發現時為空的，因此大家再度假設法老的屍體已被盜墓者移走。

同樣的假設也被用在古夫的身上。由於古夫的屍體在打開金字塔時早已不在，一般古埃及學者的看法，可以大英博物館教育部館長喬治·哈特（George Hart）的見解為代表。哈特認為，在古夫「被埋葬後的五百年內」，盜墓者就已打開了大金字塔，並且竊取了所有「陪葬的寶物」。根據這種說法，盜墓的年代應該在西元前二千年左右，因為古夫王駕崩於西元前二五二八年。關於這一方面，埃及學權威的愛德華茲教授（I.E.S Edwards）更進一步假設：所有陪葬的寶物可能都是從現在我們稱之為「王殿」（King's Chamber）中盜走的，而且被安置在「王殿」西側的玄武岩石棺，「就是以前放置法老遺體的棺材，很可能裡面另外還有一個木製的內棺」❸。

上面說的，都是正統，而且是主流學者的意見。這些學者顯然毫不懷疑地認定他們的意見就是史實，並在世界各地的大學中廣布他們的學說。

但是，萬一這些意見並非史實的話，怎麼辦？

裡面空無一物

有關古夫王木乃伊遺失的謎團，早在西元九世紀，開羅回教總督卡利夫．阿爾瑪門（Caliph Al-Ma'mun）的記錄中便已有記載。當時他率領一隊石工師傅，從金字塔的北面掘了一條隧道進去挖寶，經過一連串幸運的巧合，找到了這條現代考古學家所稱的「瑪門穴」（Ma'mun's Hole）的通路。瑪門穴可直接銜接金字塔內部幾條通路，其中一條為從北面入口進入金字塔以後，便往下行的「下坡道」（入口的位置在古代雖廣為人知，但是到瑪門時期早已被人遺忘）。更幸運的是，作業時，因石鍾、鑽岩機等的振動，致使下坡道屋頂上的部分岩石掉落，而暴露出金字塔內部入口處原來便有的「上坡道」。

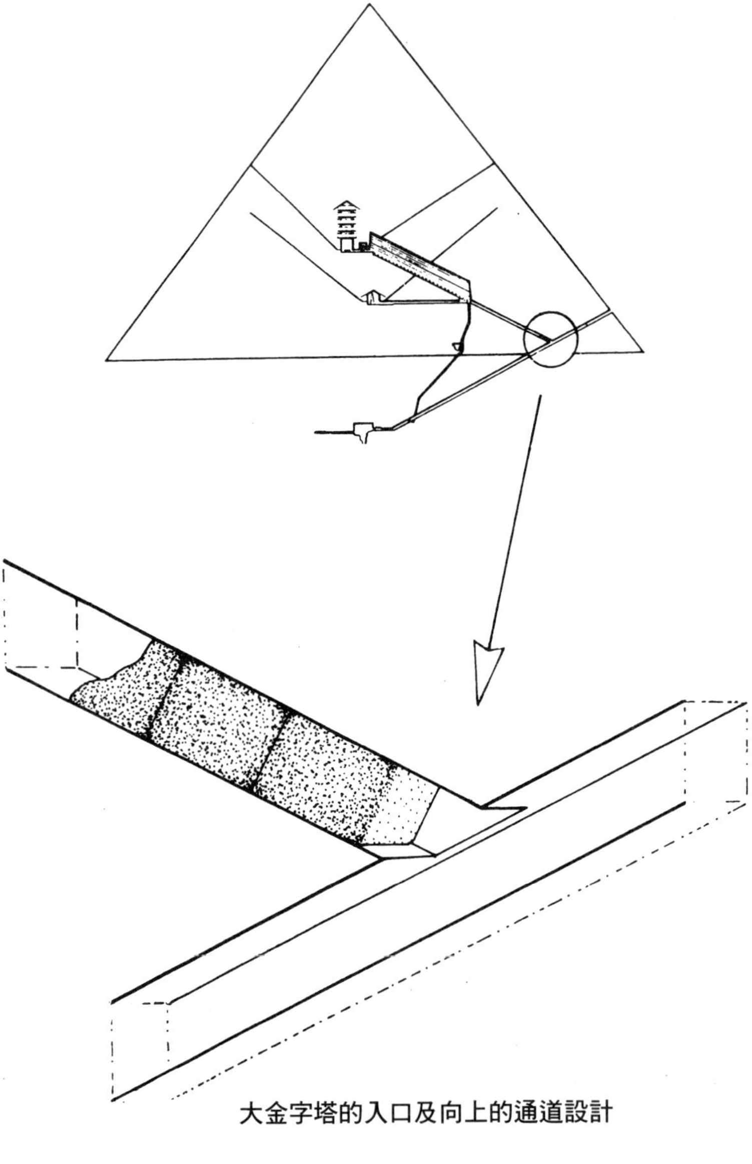

大金字塔的入口及向上的通道設計

不過，雖然找到通路，但是問題仍然存在。坡道入口處，也就是坡道中最狹窄的一部分，被幾塊碩大而堅硬的玄武岩塞住，路被完全堵死。堵塞工程很明顯地是在金字塔建造時做的。阿拉伯工人在嘗試擊碎那塊硬石卻失敗以後，便著手從周圍硬度比較低的石灰岩上鑿起隧道。經過好幾個星期，總算清除掉進入金字塔最大的障礙，而為前進金字塔鋪好了路。

清除障礙的工作本身的意義非常明顯，它代表過去從來沒有盜墓者能夠成功地打開過入口，金字塔內部應該仍為一片處女地。石工師傅們充滿期待地進入金字塔，準備大大地豐收一場。而或許動機不同，瑪門總督想必也在金字塔大門開放的剎那，迫不及待地進入，以便成為第一個在金字塔內登堂入室的人吧。根據記錄，瑪門阻止金字塔探險隊的目的，並非為增加他原本已經可觀的財富，而是為了發掘遠古文明中不為人知的智慧與技術。根據古老的傳說，金字塔的建造者，在塔內放了很多「堅硬而不會生鏽的鐵製工具與武器，可以彎曲但不會打破的玻璃器皿，不可思議的符咒……」。

然而，當瑪門和他的手下進入房間時，卻什麼都沒有發現：既沒有世俗所謂的寶物，更沒有高科技的機器、超越時代的塑膠材料、不會生鏽的鐵器，也沒有什麼稀奇古怪的符咒。

其中一間被錯誤命名為「王后殿」（Queen's Chamber）（在從上坡道分叉出來的一條水平走廊的尾端）的房間，裡面更是空無一物，只是一間非常樸素，但充滿幾何趣味設計的房間而已。

更令人失望的是王殿（瑪門等阿拉伯人顯然通過壯麗堂皇的大甬道〔Grand Gallery〕後才到達此房間）內，也沒能找到任何能引起一般人興趣的東西。房間內唯一的傢俱，便是一具大理石棺材，大小正好一個人身，也只因尺寸湊巧的理由，這個箱狀石盒後來便被命名為「石棺」。我們可以想像，當初瑪門和他的手下走近這個未經任何修飾的石盒時，內心是何等的失望，因為石盒裡，就如同整個金字塔一般，空空如也。

為什麼大金字塔裡會如此空洞？如果曾經有寶藏的話，是什麼時候，以什麼方法消失的？古埃及學家宣稱的法老駕崩後五百年內，寶藏便已被

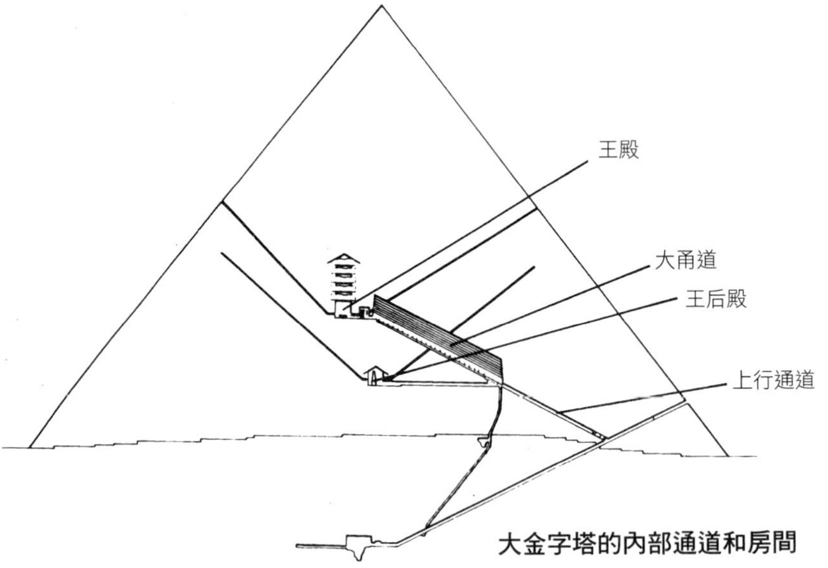

大金字塔的內部通道和房間

竊的說法可信嗎？或者，如現在比較多的證據所顯示的，其實金字塔從一被封死的那一天開始，從來就沒藏有任何寶物？我們已經知道，在瑪門和他手下進入金字塔以前，從來沒有人知道如何經上坡道到達塔的上部，而且，可以確定的是，從來沒有人能夠通過大理石封口的障礙，堂堂進入金字塔。

因此，從常理推斷，至少在瑪門以前，應該不會有任何人曾經侵入金字塔內部——當然如果曾經有人發現過其他入口，並且進入金字塔的話，又另當別論。

祕密坑洞

的確還有其他入口。

在離堵住的通道口下方二百多英尺處，還有一個祕密通道。這個通道深深地被埋藏在吉薩高地基盤的地下。如果瑪門當時發現這條可以繞過坡道障礙的現成通道的話，可以省不少時間和麻煩，可惜他當時一心只想到如何破除障礙，將堵塞在坡道上的石塊移走，而沒有先下功夫調查另外一條下坡道附近的地形（不但沒有調查，而且還將那塊地方作為堆積從金字塔中挖出的石頭的垃圾場）。

其實在更早的時代，早已有人知道，並針對這一條下坡道做過詳細的調查。希臘羅馬地理學者史特拉保（Strabo），在進入金字塔內地下大殿堂（從金字塔頂點計算大約有六百英尺深）後，曾經留下詳細的記錄。房間的牆壁上還可以看到羅馬人佔領埃及時的塗鴉，顯然當時人進出這房間相當頻繁。但是從西面往下的通路，大約三分之一的地方，有一個祕密入口機關，因為設計過分地精巧，所以一直到十九世紀都沒有被人發現，也因此從來沒有人通過這個機關，進入金字塔的另外這邊❹。

打開機關的入口，立刻進入一條如水井一般窄而深的通道，全長一百六十英尺左右，幾乎縱向地穿入地基和大金字塔內部二十層的石灰岩石塊，一直到大甬道的起點，與主要內部走廊系統會合為止。雖然也有學者曾經做過各種大膽的推測，不過我們至今仍看不出來，為什麼古埃及人要在大金字塔內建造一條如此奇特的縱坑，唯一可以確定的是，那坑洞的確為古埃及人在建金字塔的同時建造，而非盜墓者在後來挖掘出來的❺。果真如此的話，是否有可能盜墓者發現這條隱祕的通路，而將王殿及王后殿內的寶物一掃而空？

這當然是一個可能。但回顧歷史，我們不難發現：此種可能性非常小。

例如，井穴上方出口，牛津的天文學者約翰．格理維斯（John Greaves）在一六三八年曾進入過，但僅下了六十英尺就無法繼續了。一七六五年，另外一個英國人，納坦尼爾．達魏生（Nathaniel Davidson），往下走了一百五十英尺後，因遭遇到大量的沙石而無法前進，只好退出。一八三〇年，義大利冒險家卡維格里亞（Giovanni Battista Caviglia）也因同樣的問題，只到達相同的深度。但是意志堅定的卡維格里亞並不就此知難而退，他雇用了阿拉伯工人，開始清理坑洞中的碎石，希望能夠看到下面的東西。在幾乎要得幽閉恐懼症的環境內猛挖了幾天後，他果然發現了一條往下的縱向通道。

從這樣一條被廢物塞滿的狹小通道，有可能將傳說中第四王朝最偉大的法老的全部寶藏都搬運出去嗎？

這條如水井一般的縱穴，就算沒有被碎石瓦礫掩埋，從下到上都非常通暢，但是以它只有三英尺的寬度，以及在好幾個地方幾乎完全垂直的條件下，能夠通過它運出去的，頂多只是古代帝王典型墳墓中寶藏的零頭罷了。

至少，西元八二〇年，瑪門總督和他的手下打開大金字塔時，顯然期待裡面會有許多厚重、大件的寶物。因為在外觀上不如古夫王金字塔甚多的後期圖坦卡門（Tutankhamen）王墳，打開時都找到許多神像、神器等寶物，怎麼會想到古夫王墳墓內卻什麼也沒有？卡夫拉的金字塔內也是一樣。如果有盜墓者的話，這兩個墳的盜墓者必定是歷史上唯一的一個，能把墳墓清得一乾二淨，連一片碎布、一塊陶片、一個不要的人像雕塑、一件遺漏的珠寶首飾，都沒有留下。留下的只是光禿禿的牆壁與地板，和一口連蓋子都沒有闔上的石棺。

不一樣的陵墓

時間已過早晨六時。陽光從古夫王和卡夫拉王的金字塔頂上注下，將金字塔染成了淡淡的粉紅色。曼卡拉的金字塔比另外兩個金字塔要矮上二百英尺，在我和桑莎通過西北角，往周圍沙漠的沙丘方向走去時，它仍然躲藏在陰影中。

盜墓者之說縈繞在我腦中不去。我唯一能夠想出支持確有盜墓者說法的「證據」，便是墳墓內空無一物，連木乃伊都一併不見了。但是這說法的前提是，墳墓內必須先有東西，才能夠被盜。其他，尤其是金字塔內現場的所有證據，明白顯示出來的是，其實從來就沒有盜墓者進入過金字塔，不僅因為縱向坑道太狹窄，真正的寶物無法通過，更因為古夫王的金字塔有一項非常大的特色：在迴廊或通道或房間的牆壁上，我們看不見任何的碑文或裝飾。卡夫拉王和曼卡拉王金字塔的情形也相去不遠。換句話說，三座外形偉大、令人驚異的金字塔內，竟然沒有一個文字稱頌那理論上永眠其中的法老。

這種作法太令人感到不可思議了。埃及其他的王墓，沒有一個不裝飾得富麗堂皇。走過埃及歷史，沒有一個法老的王墓不是大量地、徹底地被華麗裝飾（例如，路克索的帝王谷〔Valley of the Kings at Luxor〕便是如此），而且牆壁上更畫滿了各種儀式性語言和祈禱文，以送死者一路上天，得到永生（例如在吉薩南方二十英里沙卡拉〔Saqqara〕地方的第五王朝的金字塔就是如此）。

為什麼古夫、卡夫拉、曼卡拉要與眾不同呢？難道那幾個金字塔並非要建來當墳墓，而是另有更深沉、難解的用意？難道吉薩金字塔為傳承某種阿拉伯深遠傳統，其實早在第四王朝開始前便已建築完成？難道負責建築吉薩金字塔的，是一些很早期便從更高度文明地方來的建築師？

上述所有的假設，古埃及學者一概無法接受。他們根據的理由也很簡單。儘管第二和第三金字塔的內部，包括卡夫拉及曼卡拉等法老的名字在內，什麼文字記號都沒有，但是學者卻有辦法在大金字塔內部找到一些象形文字的「石工記號」（也就是石塊從切割場出來以前，工人畫的塗鴉），學者們的解釋，那些記號的意思，就是「古夫」。

啟人疑竇的證據

找到石工記號的是英國探險家霍華德．衛斯上校。一八三七年，他強行在吉薩的金字塔內開挖，為擴大原來既已存在的空間，將四個連續的狹窄空洞挖掘成隧道。這幾個取名為「減壓室」（relieving chambers）的房間，位置就在王殿的上方，石工記號就是在這四個房間連接而成的減壓室天花板上發現的。據說，記號的內容如下：

石工群，庫姆古夫的白王冠具有強大力量

古夫

庫姆古夫

第十七年

以上便是石工記號發現的過程。不過，這一切的發生也未免太過巧合了。就在一次大型考古活動快要結束之際，大家正需要一些證據，來證明挖掘行動投注下的大筆鈔票是值得的時候，衛斯便端出了他的當代最大發現，無可反駁地證明了：蓋大金字塔的就是古夫法老。

理論上來說，經過這麼偉大的發現，大金字塔到底是誰蓋的、為什麼而蓋的等疑問，應該終於有了答案才是。但是，謎底揭曉，謎題依然存在。最主要的原因還是在於衛斯的證據，有許多令人起疑之處：

1. 古夫的名字，除了減壓室以外，在大金字塔的任何地方都不曾看到❻。

2. 古夫的名字，竟然出現在如此龐大建築物中，如此偏僻、不為人注意的角落。

3. 如此一個什麼碑文都沒有的建築物中，居然會發現這樣的塗鴉記號。

4. 只有在五個減壓室的上面四個中，找到文字記號。因此，問題意識旺盛者不禁要懷疑，如果最下面的減壓室也是衛斯發現的話，他是否也會順便發現上面有文字記號（事實上，最下面一間的減壓室早在衛斯七十年前，由納坦尼爾．達魏生發現。）？

5. 石工記號的象形文字中，有好幾個寫反的，還有幾個無法辨識意義，另外，還出現文法和拼字的錯誤。

石工記號有可能是衛斯捏造的證據嗎？

雖然要找出決定性證據來證明衛斯是偽造者相當困難，但是古埃及學者毫不起疑地全盤接受衛斯的說法，也頗令人感到洩氣。根據在開羅博物館中的一塊，顯然不像贗品的長方形石碑上的象形文字記載，顯示古夫不可能建造大金字塔。但是學者們不但迫不及待地接受了衛斯的說法，而且對凡與衛斯的說法互相抵觸的證據，完全不屑一顧。

這塊用石灰岩做成的石碑，一般稱為「庫存表石碑」（Inventory Stela），是十九世紀一位法國考古學者奧古斯特．瑪利艾特（Auguste Mariette）在吉薩發現的。石碑的文字帶給當時的學者相當大的震撼，因為根據它上面的記載，獅身人面像（Grand Sphinx）和大金字塔早在古夫繼位以前便已經存在，不可能為古夫所建造。碑文還提到魔法女神愛瑟絲（Isis），並稱呼她為「金字塔女王」，暗示金字塔其實是為了獻給她，而非為古夫而建。另外，碑文還強烈暗示，古夫王的金字塔其實為大金字塔東側三座附屬建築之一❼。

「庫存表石碑」中的說法不但和正統派學者所編纂起來的古埃及年代史相去甚遠，而且還正面挑戰了過去正統派「金字塔就是王墓，而且它們唯一功能便為王墓」的理論，難怪學者們不願意採信，也不經深入調查，便直接貶低「庫存表石碑」的歷史價值。美國一位非常有影響力的學者詹姆士．亨利．伯烈斯特（James Henry Breasted）❽表示：「如果這石碑是古夫時代的作品的話，無可諱言的，其意義必定非常重大。但是從內文中不難看出，其文字為後代撰成……」

伯烈斯特所謂的「後代撰成」，是因為從象形文字的書寫系統來看，他判定石碑上的文字並不在第四王朝，而在更後的時代中寫成的。所有古埃及學者都同意伯烈斯特的分析與結論。今天學者之間的共識是，「庫存表石碑」應該是在第二十一王朝，也就是古夫王朝的一千五百年以後刻成，因此應該把它當作一件歷史幻想來處理。

就這樣，正統學派只因象形文字的書寫方式有問題，就對「庫存表石碑」內記載的衝擊性文字視而不見地一腳踢開，完全不考慮這個石碑為第四王朝時代真品的可能性（就如同新英文《聖經》為從舊有《聖經》版本翻譯而成的一樣）。但就這同一批學者，卻對疑雲重重的「石工記號」中所傳達出的訊息全盤接受，對那些記號中許多啟人疑竇之處視而不見，真令人感到不可思議。

金字塔的迷惑

學者們為什麼如此公然地採取雙重標準？是因為「石工記號」傳達出來的訊息與正統學派對大金字塔的見解完全相同，兩者皆認定大金字塔就是古夫的陵墓；而「庫存表石碑」傳達出來的訊息駁逆了正統學派的理論嗎？

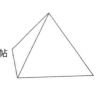

早晨七時，我和桑莎從吉薩西南側走進沙漠深處。在巨大的沙丘下，我們席地而坐，瀏覽壯觀的古蹟，並享受片刻的寧靜。

這一天是三月十六日，離春分只有幾天。一年中只有春分和秋分兩天，不論在地球的哪個位置，太陽都會從正東方升起。我面前的太陽，就如同一具巨大節拍器上的指標一般，正確地指出時間在宇宙的位置，從離正東稍微偏南的位置出現，把地平線一分為二後，迅速地向上爬升，將覆蓋在開羅市上空的尼羅河霧氣化於無形。

用埃及名字的古夫、卡夫拉、曼卡拉也好，用希臘名字的基奧普斯、基夫拉恩、麥西里努斯也好，第四王朝的三位法老不但死後永垂青史，而且他們的名字永遠和這三座世界上最尊貴、華麗、令人歎為觀止的建築物連結在一起。他們本身也的確與金字塔有密切的關係，不僅因為希羅多德記錄下的傳說中有他們的身形（傳說本身當然有幾分真實），更因為在吉薩高地一帶，除了三座金字塔，到處可見到三位法老的名字，以及和他們的名字有關聯的記述與物品，例如包括三座坐落於大金字塔東側在內的六個附屬的金字塔中，裡裡外外都是有關三位法老的記事。

由於從幾個附屬金字塔的外表看到的證據，的確有許多曖昧不明之處，使得古埃及學者仍然能堅持己見，主張金字塔為「陵墓，而且只有陵墓一個用途」。這一點令我感到非常不解。

我認為古埃及學家用來證明金字塔為陵墓的證據，同時也可以用來證明它並非如此，而且正反兩論都說得過去。例如，三座大金字塔之間「關係緊密」，以及第四王朝三個法老的名字頻頻在吉薩各地出現，過去一直被學者解釋為此三位法老，先後為自己的墳墓而動土興建的，但也不妨解釋成金字塔在埃及王朝建立前，便早已存在於吉薩高地，而在古夫、卡夫拉、曼卡拉等法老即位後，立刻摹仿原先便存在的三座大金字塔，建造了一些比較附屬性的小金字塔，以宣誓自己與大金字塔建造者之間的傳承關係，以便繼承那些無名大金字塔建造者的盛名。

當然還有其他可能性。不過問題的癥結在於，到底是誰、在什麼時候、為了什麼目的，建造了哪個金字塔。我們所知不多，能夠掌握的史實也太薄弱，所以無法支持正統派學者的「金字塔陵墓論」。如果肯誠實面對能掌握的史實的話，我們必須承認，我們並不清楚金字塔到底是誰建的，也不清楚是在哪個年代建的，更不清楚它們的功能在哪裡。

包圍在無法穿透的謎團中，金字塔世世代代迷惑著我們。我從沙漠中定神凝視，恍惚間感覺金字塔正越過沙丘，大步向我的方向跨越而來……

【註釋】

❶埃及第四王朝的第二位法老，統治期約為西元前二五八九～二五六六年。

❷摘自希羅多德《歷史》翻譯本（譯者為大衛．格林），頁一八七～一八九。*Herodotus, History, Translated by*

David Greene, University of Chicago Press, 1987, p. 187～189.

❸見《埃及金字塔》，頁九四～九五。

❹一般假設，該甬道是給被陷在金字塔內的工人逃生用的。

❺因為兩條狹窄的甬道，通過好幾百英尺的大石塊堆後，互相接合，所以不可能為偶然。

❻見《埃及金字塔》，頁九六。

❼見詹姆士·亨利·伯烈斯特《古埃及記載：從古早時代至波斯佔領期間之歷史文件》，頁八三～八五。
James Henry Breasted, *Ancient Record of Egypt: Historical Documents from the Earliest Times to the Persian Conquest*, Histories and Mysteries of Man Ltd., London, 1988, p. 83～85.

❽一九二〇年代曾為美國芝加哥大學東方歷史與埃及古物史研究教授。

第四章

「潘朵拉的盒子」

從吉薩古蹟西南角的高地，往三座大金字塔的方向看去，金字塔在尊嚴華麗中，帶著幾分怪異。

曼卡拉的金字塔最接近我們，而卡夫拉和古夫的金字塔則在我們的東北方，三者幾乎卻不全然地，可連成一條正對角線——從卡夫拉金字塔的西南角，通過東北角往東北方向延伸，直至古夫大金字塔的西南與東北角。這應該不是什麼偶然。不過，從我們坐著的地方看去，這條想像的對角線如往相反的西南方向延伸，再怎麼也不會與第三座金字塔相會，因為第三座的曼卡拉王金字塔坐落在這條延長線稍微偏東的位置上。

古埃及學者拒絕承認這中間有什麼不規則性存在。關於這一點，我一點也不感到意外。學者們從來就不認為吉薩高地的建築，是有計劃性蓋成的❶。在他們眼中，金字塔只不過是法老的陵墓，三位法老在前後七十五年間，為主張各自的個性，建造了自己的金字塔，相互之間並沒有任何關聯。如果曼卡拉選擇「出線」，也沒什麼值得奇怪的。

不過，古埃及學者們錯了。在一九九三年三月的那個早晨，我並不知道這方面的研究已有極大的突破，吉薩高地的建築是經過事先規劃而造成的事實，已不容我們再懷疑了。不僅三座大金字塔本身的位置，甚至金字塔與吉薩高地以東幾英里外的尼羅河的關係，也是經過仔細規劃而成的。規劃不僅規模恢弘、野心勃勃，而且是以天空的星座為師——也許這就是古埃及學者無法辨識出來的原因（學者們向來以腳踏實地，只往下看，不往上看而自豪）。在後面的章節中，我們還會對星座與金字塔形勢之間的關係，做更詳細的說明，不過這裡我們首先要說明的是，每座金字塔整體計畫雖然龐大，但是每個細節都反映出建造者在測量方位和方法上，表現出最嚴謹的態度。

驚人巨物

埃及共和國，吉薩地區，一九九三年三月十六日，早晨八時

第三金字塔高僅二百英尺多一點（基座的邊長為三百五十六英尺），高度不及大金字塔的一半，重量也比大金字塔小很多，但是它的外觀堂堂，予人一種特殊的莊嚴感。從沙漠的陽光踏入其巨大的幾何陰影下的同時，我驀然想起伊拉克作家阿布杜爾・拉提夫（Abdul Latif）的話。拉提夫在十二世紀參觀第三金字塔後，寫道：「與其他兩座金字塔相較，它看起來渺小許多，但是走近後單獨仰看時，不但感覺到它巨大無比，還有一股強烈的壓迫感迎面而來……」

十二世紀的當時，小金字塔最下面十六階石塊的覆面石仍然存在，拉提夫記載他看到紅色玄武岩的覆面石——「異常堅硬，即使用堅實的鐵器，長時間在上面用力敲擊，也難以造成痕跡。」石塊有的非常大，但因做工精巧，使得它們連結得非常緊密，形成一幅複雜的拼圖，令人聯想到在遠方祕魯的庫茲科、馬丘比丘等地的建造奇觀。

第三金字塔的入口，和其他兩個一樣，開在北面離地表相當一段距離的地方。進去後，迎面的是一條二十六度二分的下斜坡道，如弓箭一般筆直地通往下面的幽暗世界。這條從正北通向正南的道路，部分地方呈長方形，而且狹矮到人必須彎腰蝦行才能通過。金字塔的內部，從天花板到牆壁，全都密實地被玄武岩包圍，更令人感到驚異的是，從入口一直到地下相當深處，均能維持同樣精細的做工。

約莫從入口走進七十英尺後，道路轉平，屋頂也升至適合人走的高度。稍往前行後，便可進入一間小房，周遭貼著雕石板，牆壁上則有構槽的痕跡，顯然是為填石板而挖的。到達房間盡頭後，我們必須再度縮身，以進入另外一條迴廊。將身體縮至身高的一半，走了約四十英尺後，便到達三間主要墓室（如果真的是墓室的話）的第一間。

這幾間陰暗而靜默的墓室建築在堅硬的地盤基礎上。第一間呈正長方形，坐東朝西，約三十英尺長、十五英尺寬、十五英尺高，天花板平坦，但內部構造複雜，西面牆壁上

有一個形狀不規則的小穴，從洞口可進入一個如隧道般的空間。約莫正中央的房間地板上，也有一個開口，走進銜接一條通往地下更深處的西向下坡道。我們沿著坡道向下，但走了沒多遠，便進入一條水平的迴廊，並從它右側的狹門，進入另外一個小房間。這個小房間的牆壁上挖有六個小穴，四個在東面，兩個在北面，樸素到好像中世紀修道士的臥房一般。古埃及學者推測這些小空間可能是「櫥櫃……用來安放法老死後希望置於身邊的物品」。

從小房間出來，我們再度轉身回到剛才的水平迴廊，走到底後，發現了另外一個空房間，其內部設計在埃及的金字塔中可說是絕無僅有的❷。房間約十二英尺長、八英尺寬、坐北朝南，牆壁和已經破碎不全的地板上鋪設的，是非常濃郁的巧克力色花崗岩，似乎有吸收光線和聲音的功能。屋頂也鋪了十八塊同樣花色的花崗岩，九塊一列，兩列左右對稱，做成山形牆的形狀，形成一個完美的凹狀天花板形式，令人聯想到羅馬式大教堂的地下室。

離開這個羅馬間後，我們再度走回斜坡道路，這次是回頭向上走，不消多久，便來到一個屋頂平坦、牆壁及地板用岩石鋪陳的房間。從這個房間西面牆壁的間隙中，可以看到構成剛才的羅馬間天花板的十八塊花崗岩石板，和排列成山形牆狀的天花板的頂端。令人費解的是，古埃及人如何將這十八塊石板運到這個地方，而且如此完美地將它們吊掛在現在的位置上？石板每塊少說也有好幾噸重，不論在什麼環境下，都難以搬運、處理，更何況在這個狹隘的地下空間中。古埃及的建造者似乎專門會替自己出難題（或者他們認為這些工作簡單到不足掛齒），故意不在地板和天花板的石板中留下任何作業空間。我設法爬進牆壁的間隙，測量了一下這房間的地板和羅馬間天花板的間隔距離，發現南面大約二英尺，而北面則只有幾英寸高了。因此，從理論上來看，當時的建造者非得從羅馬間的地板上將天花板舉起不可，但是實際上，這工作要如何執行呢？下面的羅馬間本身十分窄小，一次至多只能容納幾個工人在裡面作業。但是光要靠幾個人的腕力將石板舉起是不夠的。而滑輪技術，在金字塔建設的當時還沒有發明（就算已經有滑輪技術，那麼小的空間內，也沒有辦法搭建起一台滑車）。難道當時已經有了什麼我們不知道的槓桿系統？或者古代埃及傳說的巫術和魔法術，比現代的古埃及學者所知的更管用，只要輕輕一念咒，再重的石頭也會浮起❸？

再一次，我發現自己面對了另一個金字塔中許多「不可能」的工程技術之一。金字塔工程技術之精良細膩，令人不得不歎為觀止。而且，如果古埃及學者的說法有任何可信度的話，金字塔的建造是發生在人類文明的初期，那麼令人無法理解的是，埃及人在建造金字塔之前，並沒有積蓄任何巨大工程的經驗。他們是如何辦到的？

金字塔建造年代的學說中充滿了矛盾，但是正統派學者卻無法針對矛盾，提出解釋。

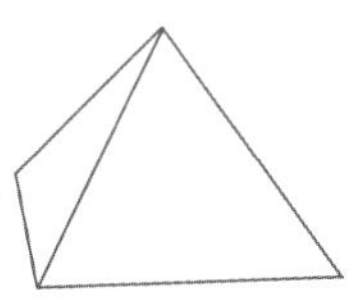

金字塔上的名字

從那好似接續著多條動脈血管的巨獸心臟的地下墓室中走出，通過狹窄的入口迴廊，我們終於走到第三金字塔的出口，接觸到戶外的空氣。

下一個目標為第二金字塔。我們繞過它的西側（長大約為七百零八英尺），右轉至北面，到達離南北軸心以東不過四十英尺的地方，發現了幾個主要的出入口。其中一個直接開在平面地基石前三十英尺之處，另外一個則開在北面五十英尺之處。如果從上面一個入口進入金字塔，立刻面臨的是一條二十五度五十五分的下坡道。我們選擇從平面的入口進入，同樣也先經過一段下坡道，進入更深的地下後，道路才逐漸轉平，直通其地下的房間。但到達通道的盡頭後，緊接著的是一條陡峭的上坡道，沒走多遠，我們再度遭遇到一條水平朝南的通道（與從北面上方的入口下來的道路相通）。

這條水平通道足有一人高，前半段鋪的是花崗岩，後段則為石灰岩，位置正好齊金字塔最下一層的石塊，也就是說幾乎與地面同高，二百英尺長，筆直通向金字塔中心的「墓室」。

如前面所述，雖然名為「墓室」，但這房間中從來沒有發現過木乃伊或任何碑文。因此，這座被一般認定為卡夫拉金字塔的大墓，真正的建造者是誰，沒有人知道。塔內唯一有的，是刻在牆上的後世的探險家們的名字，如知名的雜耍大師吉奧維尼．貝索尼，曾於一八一八年強行闖入金字塔，在墓室南面牆壁上，以黑漆大大地簽上自己的名字。貝索尼的作風反映出人類的本性：每個人都希望自己能永遠被人記得、被人認可。從金字塔周圍的墓園區內，到處都有令人聯想到卡夫拉的物品（如他的肖像等），顯示卡夫拉王在這方面的野心並不在他人之下。但果真如此的話，為什麼不在自己的陵墓內，留下任何可以讓後世聯想到他的名字或其他的痕跡？我不禁再度懷疑，為什麼古埃及學者非認定這個金字塔是卡夫拉，而非其他法老的陵墓？

但是，如果不是卡夫拉的話，又會是誰呢？

從很多角度來看，墳墓內缺乏

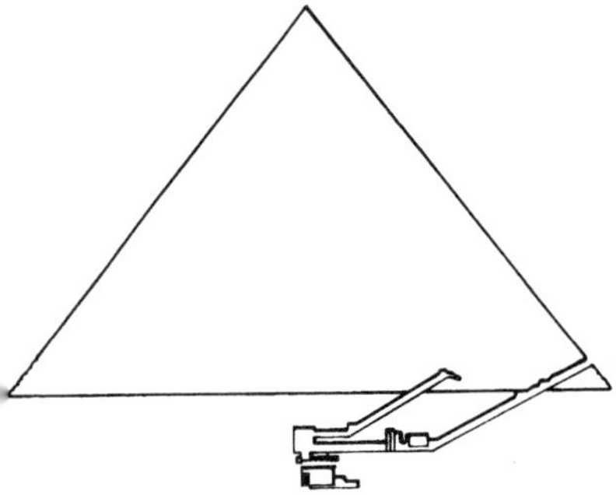

曼卡拉王金字塔的房間與通路

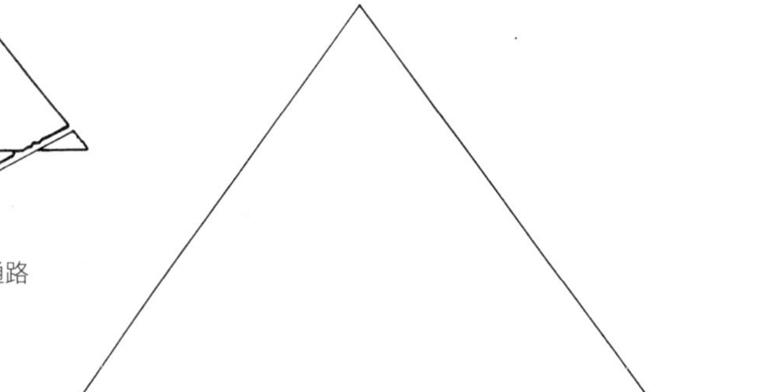

卡夫拉王金字塔的房間與通路

卡夫拉存在的證據倒不是問題，墳墓是誰的才是真正的難題。古夫、卡夫拉和曼卡拉之前的法老，都不可能建造如此巨大的墳墓。根據一些古埃及學者的說法，第四王朝的開朝法老，也就是古夫的父親斯奈夫魯王（Snefru）❹，曾在離吉薩南方三十英里的達斯爾（Dahshur）地方，同時建造了「曲折」（Bent）和「紅色」（Red）兩座金字塔。但這個說法本身便大有問題：假設金字塔真的是法老陵墓的話，為什麼一個法老會需要兩個墳墓來埋葬自己？還有一些古埃及學者認為梅登（Meidum）地方的金字塔「崩潰」（Collapsed）也是他造的（不過也有一些學者堅持，那是第三王朝最後一個國王胡尼〔Huni〕建造的）。除了上述的幾個法老以外，古王國時代曾經建造金字塔的，就只有第三王朝第二個國王卓瑟（Zoser）和繼承他王位的賽漢克特王（Sekhemkhet）。據說卓瑟曾在沙卡拉地方，建造起有名的「階梯金字塔」（Step Pyramid），賽漢克特也將他的金字塔建在沙卡拉。正因如此，儘管金字塔內沒有碑文，但是一般人都認定，在吉薩地方的三座金字塔，一定非古夫、卡夫拉和曼卡拉三王莫屬，而且一定非是陵墓不可了。

我們不必一再重複「金字塔墳墓說」的缺失。不僅吉薩的三座主要金字塔，另外三座小金字塔，以及上面提到的所有第四王朝金字塔，均非陵墓。所有的金字塔中，沒有一個被發現裡面有法老的遺體，或任何王室葬禮的痕跡。在梅登的「崩潰金字塔」中，甚至連石棺都沒有。賽漢克特在沙卡拉的金字塔中雖然有石棺（埃及考古廳〔Egyptian Antiquities Organization〕於一九五四年發現的），不過從被放入金字塔後便沒有人打開過，幾千年來的盜墓者也從來沒有找到過的賽漢克特金字塔內的石棺材，當埃及官方打開時，卻發現裡面空無一物。

這種事應該如何解釋？為什麼法老們要在吉薩、梅登、沙卡拉、達斯爾等地方，堆積起二千五百萬噸的石塊，唯一的目的只是要儲存一副空棺材？如果只是一兩個法老是妄想狂或許還說得過去，但是如果那個時代每個法老都無緣無故地揮霍無度，建造沒有用的金字塔，原因便令人費解了。

另一次元之門

我和桑莎踏入上面堆積了五百萬噸石塊的第二金字塔地下內室。這房間有可能是墓室，但也有可能是為了某個我們現在還無法理解的用途而建造的。房間內部裝潢光潔樸素，東西橫幅約四十六點五英尺，南北縱身約十六點五英尺，而從地面到山形牆天花板的頂端則約為二十二點五英尺高。天花板的石板斜度為五十八度七分二十八秒（與金字塔外觀的斜度完全一致），而在天花板的上方，完全沒有任何「減壓室」（例如在大金字塔的王殿上方便有減壓室），以幫助減輕天花板的重量負擔，但是四千年，或更長的歲月以來，這個斜拱式的天花板構造，卻一直支撐著堪稱世界第二大建築物的重量，從未失誤過。

我的眼光緩緩地掃過房間的內部，感覺一股白中帶黃的光線由牆壁向我反射而來。牆壁上貼的是與地基石相同，未經打磨的不規則石塊。這個房間的地板也很特別，東西的高度相差一英尺，而一口被視為卡夫拉石棺的箱子，則被嵌在西面牆邊的地板上。這口石箱不但長度只有六英尺，而且深度也不夠放進一個全身包裹密實的高貴法老，因為：箱子的紅花崗石側邊，僅及人膝的高度。

在光線昏暗的房間內，我定神凝視，感覺另一次元的門正緩緩地對我開啟。

【註釋】

❶見《古埃及地圖》，頁三六。

❷本書第三章中所提到，霍華德·衛斯發現的木棺蓋和人骨，便是在這個房間。一般認為霍華德·衛斯發現木棺蓋（後來又於海上遺失）和人骨，是後人打開、放進金字塔的，時間應該在第二十六王朝或更晚的時間。例見《埃及藍導遊書》，頁四三三。*Blue Guide: Egypt*, A & C Black, London, 1988.

❸見華理士·布奇《歐西里斯神與埃及的復活神話》，卷二，頁一八〇。E.A. Wallis Budge, *Osiris and the Egyptian Resurrection*, Volume II, p.180.

❹見寇特·孟德爾森《金字塔之謎》，頁四九。Kurt Mendelssohn, *The Riddle of the Pyramids*, Thames & Hudson, London, 1986.

第五章

「造物之神」

雖然前一夜才攀上大金字塔的頂端，但是第二天，在熾熱的陽光下走近它時，我不但絲毫沒有勝利感，反而覺得自己猶若一隻站在廟堂門口微小的螞蟻，以一時血肉之身，面對那永遠壯麗偉大的殿堂。我有個感覺，這座大金字塔將永遠坐落在這塊土地。希臘歷史學家狄奧多羅斯（Diodorus Siculus）在西元前一世紀時便說過，金字塔「不知道是何方神祇，賦予它形體，將它置放於這沙地上，它將屹立不動，直至永遠。」而他所謂的「何方神祇」，如果不是埃及人世世代代所認為的古夫王的話，到底會是誰呢？

十二小時內，我第二次提起腳步，再度攀爬大金字塔。在陽光下，聳立於眼前的岩塊穿透地質學的時間，完全無視人類時間的洗禮，顯得莊嚴而恐怖。還好，這次只需要爬上六層石塊的高度，而且還是現代的樓梯，便來到了「瑪門穴」，也就是今天一般進出大金字塔的主要入口。

西元九世紀時，瑪門來此探險並沒有發現大金字塔真正的入口，其實就在從瑪門穴再往上十層石塊左右，離地表五十五英尺，約從南北主軸往東二十四英尺的地方。這個以巨大的石灰岩石塊，用山形牆的砌法保護住的入口下方，便是一條二十六度三十一分二十三秒的下坡道。令人感到奇怪的是，這條通道長和高分別只有三英尺五英寸和三英尺十一英寸，但是寬度卻有十二英尺，而且地板的厚度足足有三十三英寸，上方天花石板的厚度更達八英尺六英寸。

這類奇妙的建築構造，在大金字塔中隨處可見，構造之複雜令人難以相信，而用途更令人難以理解。我們無法得知，如此大塊的石磚，是如何安裝上去的，更不知道以當時的工程技術，埃及人是如何能夠做到將石塊與石塊，以最精密的角度結合的（讀者或許已經發現，下坡道的二十六度角是一種刻意的設定，塔內幾乎所有的下坡通道都是這種設計）。更沒有人知道，以這麼細膩的方式施工，目的到底何在。

不滅的明燈

從瑪門穴入口進入金字塔，感覺極不自然，就好像嘗試從山脈旁邊，橫向進入一座山一樣，缺乏一種深思熟慮的幾何美感和意圖性的目的感。而且更糟糕的是，從瑪門穴進入，走進那黑暗而醜陋的水平通道時，只見四周滿目瘡痍，都是當年瑪門容許他的阿拉伯工人，用火燒、用醋潑、用錘子敲、用鋸子鋸，極盡破壞之能事，把這條路開出來的痕跡。

開墓工人粗暴的行為當然是野蠻而不可原諒的。但是，從另外一個角度來看，當初設計金字塔，難道不是在引誘智慧高超、好奇心旺盛的後代人，為解開不解之謎而前來探險的嗎？我們可以這麼想：如果你是一個法老，希望死後身體能夠永世保存，不受損傷的話，你會選擇（一）對自己和以後世世代代大肆宣傳，讓他們知道你被埋葬的地方，還是（二）選擇一個祕密、無人知道的地點，絕不告訴別人，而別人也沒有辦法找到？

答案很明顯，當然是後者。大多數古代埃及的法老也都選擇了後者❶。

那麼，如果大金字塔真的是王墓的話，為什麼要造得如此恢弘榮顯？何以要造成這麼一個面積十三英畝、高五百英尺的大塔？或者，我們可以試問，如果目的只是在保護、隱藏古夫的遺體的話，何以要把金字塔設計成如此引人注目與遐思，而且不論在什麼時代、什麼環境下，都未曾停止地蠱惑著盜墓者、探險家不顧一切地設法闖入呢？

建築大金字塔的建築家、石工、測量師、技師才氣橫溢，不可能不注意到此最基本的人類心理。金字塔集合了工作者強烈的企圖心、卓越的技術與美感、深沉的觀察力，及對象徵符號及形式的理解。因此，他們即使在那久遠的過去，必定也萬分理解自己建造出來的是一座亙古不滅的明燈，永遠佇立在尼羅河西岸的高地，眺望世人。

簡單地說，當年建築金字塔的人一定是經過神祕的規劃，才建造成此等永世炫耀人心的偉大建築物。他們必定料想到後世會有人侵入它，會有人精密地測量它，而人類會因它的存在，永遠銘記著被埋藏在古代最深層的祕密。

瘋狂的頭腦體操

瑪門挖掘的通道，與金字塔原本存在的二十六度下坡道交會點上，有一扇不鏽鋼門堵死，將道路一分為二：往北為一條上坡道，可以到達山形牆屋頂構造的原始入口；往南，則為一條三百五十英尺左右的下坡道，直通地基，也就是地面左右的高度。如果從這裡繼續往下，經過另外一條通道，便可到達金字塔正下方六百英尺一個寬廣的地下空間。這條筆直的通道施工異常精密，從上到下的誤差，兩旁只有四分之一英寸，而屋頂則在十分之一英寸以下。

通過不鏽鋼門，我繼續留在瑪門的隧道上，吸進幾口古代的空氣，並讓眼睛習慣昏暗的人工光線後，開始屈腰爬向這段阿拉伯工人鑿出的窄陡走道。當阿拉伯工人最初進入金字塔時，上行道的最下方，被一塊厚重的花崗岩石塊堵住，無法通過，不得已之下，才鑿出此條通路。從通路的上方，可以看到兩個花崗岩的路障，位置和以前一樣，只是其中一個在挖掘時被稍微移動，而不在原位了。古埃及學家推測，這兩個路障一定是從上面往下拴在通道的入口，也就是說，由大甬道從下向上移動了一百二十九英尺，一路把路障搬運到通道口的❷。但是建築師和工程師們從比較現實的眼光來觀察，認為埃及學者的推測是不合理的，因為路障和牆壁之間幾乎沒有間隙，要移動幾英寸都很困難，更別說要移動上百英尺了。

果真如此的話，花崗岩路障必須在金字塔建設的同時就先設妥。但是，在建設的初期，怎麼會需要將道路封閉起來呢（尤其當時為擴大房間、裝飾內部，正需要通道的時候）？而且如果路障的目的，是為了要圍堵入侵者的話，將它放在道路的最下方，豈不既容易又有效？最簡單的方法便是，從最下方把北面入口向上坡道堵住，這樣，其他任何地方都不必設路障，也沒有人進得來了。

無論如何，有一件事是可以確定的：從有歷史以來，這塊花崗岩的路障不但從來沒有成功地抵擋住入侵者，反而像藍鬍子（Barbe Bleue）故事中的鐵門一般，只會激發入侵者的好奇心，例如瑪門就沒有因為路障而退卻，反而激勵他在旁邊鑿個隧道，繞道過去，因為他確信，嚴密保護的後面必定珍藏著無價之寶。

而建造金字塔的人，在設計的時候是否也將這一點計算在內了？我們雖然無法肯定，但也不必立刻否定這個可能性。反正，托瑪門（和萬年不變的人性）的福，我才得以進入沒有路障擋住的原始上坡道的上部。這條光滑的通道，只有三英尺五英寸寬，三英尺十一英寸高（和下坡道尺寸完全一樣），傾斜度則為二十六度二分三十秒（下坡道的斜度為二十六度三十一分二十三秒）。

為什麼金字塔的建造者對二十六度特別具有好感？塔內所有道路傾斜度都是二十六度，正好是金字塔側面傾斜度五十二度的一半❸，這是故意，還是巧合？

讀者或許還沒有忘記二十六度的特別意義。它掌握了大金字塔設計時，決定塔特定的高度公式的關鍵，以對應地表動力學。大金字塔原本的高度（四八一點三九四九英尺）和底座的周長（三〇二三點一六英尺），與地球的半徑及周長的比率相同，都是2π（2×3.14），為達成這個比例，建造者必須將金字塔斜面的角度設計成五十二度（角度太大或太小，都無法使塔的高度和周長有2π的關係）。

在上冊第二十三章中，我們曾看到在墨西哥特奧蒂瓦坎古城，有一座被稱作「太陽金字塔」的古蹟，建造者顯然也意識到π的存在，並將它使用在建築物中。太陽金字塔的高度（二三三點五英尺）和底座周長（二九三二點七六英尺）的關係為4π。❹

古埃及最偉大的金字塔與古墨西哥最偉大的金字塔，同時動用到π的比率，這問題值得矚目。兩座金字塔建築時，離希臘人「發現」π還有相當一段時間。而且，各種證據顯示，建造者想要透過使用π，傳達某種——而且是相同的——訊息。

這不是第一次，也不會是最後一次，我感受到與古代智慧接觸的感動。我倒不特別指埃及或墨西哥智慧，而是所有超越時代，如明燈一般吸引著我們的智慧。有的人被先人的財富吸引，有的則被古代人貌似不經意地使用π的智慧所吸引，而努力搜尋是否還暗藏了其他數學玄機。

我一面思考著此問題，一面將身體縮成身高的一半，感覺背部摩擦到天花板的石灰石，努力沿著二十六度的坡道向上行，讓這條利用三角函數計算出來的道路，把我們帶入六百萬噸石塊的中心。頭連續碰到天花板好幾次後，我開始懷疑，能夠天才地設計金字塔的人，為什麼沒有想到將通道高度多設計個二、三英尺？如果他們有設計金字塔的能力（事實證明他們有），並且在裡面放進那麼多迴廊走道，當然也應該有能力把這些迴廊走道設計得適合人站在其中才是。再一次地，我懷疑金字塔的設計者是故意把走廊設計成如此狹矮，因為這樣才適合他們的需要。同樣地，他們故意把上坡道做成這個樣子，是因為他們想要如此（而不是被設計形式所迫）。

這個外表看來簡直瘋狂的古代頭腦體操，動機到底在哪裡？

遙遠而未知的陰暗

到達上坡通道的頂端後，我遭遇到金字塔另一個無法解釋的謎題，也就是被稱為「古王國殘留最偉大的建築」的大甬道了。這一條繼續以二十六度角往上延伸，最後幾乎消失於上方幽暗的大走廊，屋頂呈承樑式的圓頂結構，令人印象深刻。

然而，我無意立刻進入大甬道中。因為從這裡，有一條往南的平行叉路，三英尺九英寸高，一百二十七英尺長，可通往王后殿。我幾年前剛開始認識大金字塔時，便曾至此參觀，並欣賞過這房間莊嚴的美感，因此想要重溫一次舊夢。不幸的是，當我走到入口前幾英尺，竟然發現前面立著「暫時禁止進入」的牌子。

當時我並不知道，王后殿禁止遊客進入，是因為有一位德國的機器人專家魯道夫・甘登貝林（Rudolf Gantenbrink），正在裡面狹窄的空間中工作。受雇於埃及考古廳，甘登貝林於一九九三年三月初起，便開始小心翼翼地操作著一台價值二十五萬美元的高科技遙控迷你機器人烏普奧特（Upuaut，埃及神話中狼首人身的神祇，意思是「開路神」），在南側狹窄的通氣孔（因古埃及學者相信那是一個讓空氣進出的洞穴而得名）附近清除瓦礫。三月二十二日，烏普奧特赫然發現陡峭的通風孔（斜度達三十九點五度，但僅八英寸高、九英寸寬）往上行二百英尺左右後，斜坡道的表面突然變得非常光滑。經調查發現，烏普奧特進入的這個段落，表面質材為美麗的圖拉石灰岩（Tura limestone），通常只用來裝潢教堂、王墓等神聖的場所。僅這一點便已令人感到驚異萬分，而當烏普奧特走到這條斜坡道的盡頭時，更意外地發現，在石堆中，竟有一道堅硬的石灰岩大門，上面連金屬的附件都一應俱全……

王后殿有兩條氣孔，一條在南側，一條在北側，但令人感到奇妙的是，這兩條號稱為氣孔的通道，並沒有出口可通往金字塔外。不知道為了什麼原因，當時的建造者故意沒有將氣孔的末端鑿開，保留下最後五英寸的石頭，使得一般的入侵者永遠看不見，也無法進入這一條空氣的通道中。

這是為什麼？為什麼要將通氣孔做得讓人找不到呢？還是建造者想故佈謎陣，有意讓後人有一天，在他們設想的正確狀況下，找到這兩條通路呢？

畢竟，從一開始，我們便發現，王后殿有兩個非常明顯的通氣孔，貫穿金字塔南北的牆壁。建築這個金字塔的人一定預想到，總有一天世人會想到王后殿也應該有通氣孔，並開始搜尋。從西元八二〇年瑪門打開大金字塔之門後，有一千年左右的時間，都沒有人能想到這個問題。直至一八七二年，才有一位英國工程師（也是共濟會祕密社團〔Freemason〕的團員）偉恩曼·狄克森（Waynman Dixon），開始懷疑「王殿既有通氣

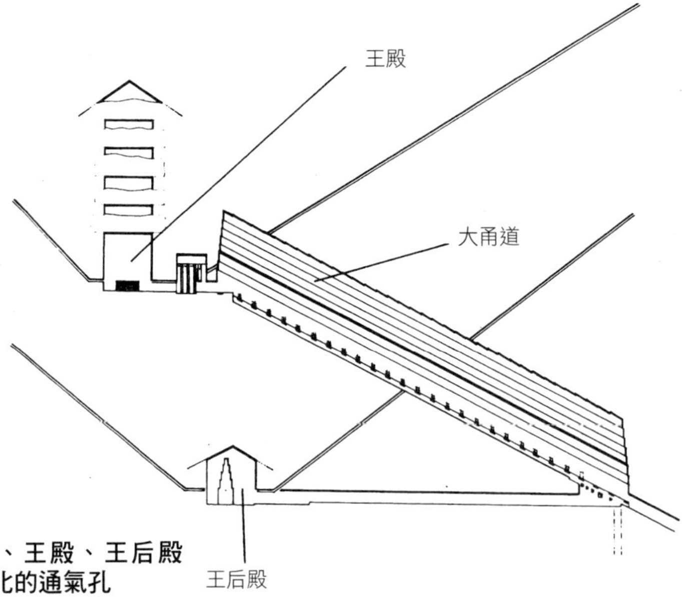

大甬道、王殿、王后殿以及南北的通氣孔

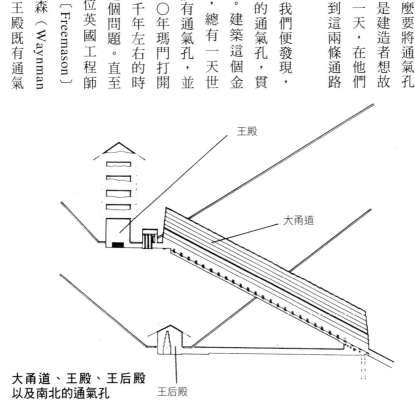

孔，那麼王后殿也應該有才是」。他敲擊王后殿的牆壁後，果真發現了兩條通道。首先打開的是南面的通氣孔，他要「木匠兼萬事通的手下比爾．葛藍地（Bill Grundy），手持鐵鎚和鋸子跳進洞穴，開始挖掘、前進。意志堅決、認真果斷的葛藍地，起初工作尚稱順利，很快便鑿開了前面比較軟（石灰岩）的石頭。但是，糟了！沒有敲打幾下後，葛藍地連鋸子都被卡在石頭裡，怎麼也進不去了。」❺

讓葛藍地的鋸子卡住的，是一條「長方、平行、筒狀的隧道，僅僅九英寸寬、八英寸高。從牆壁往內伸七英尺後，便開始以陡峭的角度向上，進入未知、黑暗的遠方……」

從狄克森探險後的一百二十一年，甘登貝林終於用機器人，走進那未知、黑暗的陡坡，利用最新的科技，滿足了從一八七二年以來從未減弱的人類窺視本能。遙控機器人的照相機捕捉到的許多有趣鏡頭中，有一個令人尤其感到興趣的是，在這通風口的末端，有一條十九世紀製作的長金屬棒。這顯然是狄克森與他忠心耿耿的部屬葛藍地，祕密探測通風口的證據❻。想必，他們當時以為金字塔的建造者既然費了這麼大的勁建造起一條通風口，又將它堵死的話，必定會在裡面隱藏一些重要的、值得搜尋的東西，才會如此不遺餘力地想要鑿開那通風口。

如果一開始我們便假設冥冥中有一種預設的力量，促使搜尋者行動，而讓搜尋者萬般努力後，發現通道其實只是死路一條的話，那麼這個假設便毫無意義了。還好，在搜尋活動遭遇到瓶頸時，甘登貝林果然又發現了一扇門，而且還是一扇鐵閘吊拉門，不但金屬附件俱全，門的下方還有一個令人感到迷惑的溝槽。從烏普奧特照回來的影像，我們看到一個通向更深、更遠、看不到底的黑洞……

顯然，這又是一個邀世人繼續前進的請帖。從瑪門鑿開大金字塔的中央隧道，進入內部的房間以來，世人已經一再地收到類似的挑戰帖。先是狄克森前來，成功地驗證「王后殿必定也暗藏通風口」的假設，接著甘登貝林帶著他的高科技機器人，找到了通風口上有一扇門，下面我們必須要知道那扇門背後的祕密——不論它會帶給我們失望，或進一步探險的邀請。

隱祕的王后殿

有關甘登貝林和他的機器人烏普奧特，我們將在後面章節中繼續討論。不過在一九九三年三月十六日的早晨，在完全不知道會有這方面發現的情況下，我對王后殿的封閉感到萬分失望，而狠狠地瞪著阻隔在門口的金屬路障。

我還記得那通道內部的平均高度為三英尺九英寸，但也因地點而略有出入。從我站立地點往正南一百一十英尺，也就是離王后殿入口十五英尺的地方，路面陡然朝下，通道因此也就拉高至五英尺八英寸。沒有人能夠合理解釋這個怪異構造的意義。

王后殿顯然從建成的那一天開始，裡面便空無一物。房間南北長十七英尺二英寸，東

西長則為十八英尺十英寸，屋頂高度達二十英尺五英寸，採用東西向山形牆的搭建方式，正好與金字塔的東西軸平行，但地板不但說不上優雅，幾乎可稱處於尚未完成的狀態。牆壁上灰白、粗糙的石灰岩板之間，仍不時滲出鹽分。許多人曾經做過各種猜測，最後都不了了之。

南北面的牆壁上，至今還殘留著一塊四方形痕跡。據說，一八七二年狄克森發現從這裡有一條通道，直達神祕通風孔的無盡黑暗。西面的牆壁上什麼都沒有。東面的牆壁中線靠南二英尺的地方，則有一座十五英尺四英寸高，底座五英尺二英寸寬，呈內凹的圓鐘形神龕。原來神龕的深度為三英尺五英寸，但在中世紀阿拉伯人進來尋寶時，為尋找寶藏間而向裡挖掘，但也沒有找到任何東西。

古埃及學者對這個牆壁上凹洞的功能、王后殿建造的目的，一直未能提出一個有力的說法。

一切仍在混亂中。擺在眼前的事實互相矛盾。我們看到的只是謎團。

大甬道的特殊機關

同樣地，大甬道不但是一個大謎團，更是大金字塔內令人不解之處最多的謎團。從六英尺九英寸寬的地板向上測量，牆壁的高度為七英尺六英寸。在牆線之上，為七層石塊

（每塊格子向內伸展三寸），使得天頂逐漸合攏，而至最高的屋頂處，通道寬度只剩三英尺五英寸，而高度則升至二十八英尺。

我們在前面已經說過，大甬道需要永遠地支撐住這個地球上最大的石材建築——上方三分之二的重量。而被認為「在技術上相當原始」的古埃及人，竟然能夠在四千五百多年前便構想、設計，並成功地建造起這樣一個重量以百萬噸計算的偉大建築物，難道不令人感到怪異嗎？

假設埃及人選擇把大甬道蓋在平地上，長度不超過二十英尺，以當時的技術而言，就已夠困難的。但埃及人還為自己出難題，將甬道以二十六度斜角，蓋了足足一百五十三英尺之長，還用巨型的平行四邊形的磨光石灰岩板，鋪陳在牆壁上，且石板接縫之緊密，非一般肉眼可以分辨出來。

更令人感到意外的是，金字塔建造者在建築時，使用了一些非常有趣的對稱概念。例如，大甬道的屋頂寬度為三英尺五英寸，地板的寬度則為六英尺九英寸。沿著整個大甬道的地板中線，有一條二英尺深、三英尺五英寸寬的溝槽，而在溝槽兩邊，則各為一條一英尺八英寸寬的石板斜坡道。這一條溝槽的作用為何？為什麼正好與屋頂同寬，使得上下看起來非常對稱？從下往上看，屋頂的兩旁覆有石塊，看起來就像一條溝渠一般❼。

我知道自己絕對不是第一個站在大甬道之下，感覺到一股被放置在一個不明就裡的機關裡的無助的人。是誰說過這是一種錯誤的直覺？敢於指摘別人錯誤的人，必須要能提出證據，證明自己是對的。然而，自古至今，沒有任何有關大甬道的記錄。只有古代埃及人在有關儀式祭典的文字中，出現過一些神祕的、符號的、有強烈象徵意義的參考資料。根據這些資料，金字塔是為人死亡後轉化為不滅之身而設計的機關裝置，「大開天之門扉，建造道路」，讓駕崩後的法老「昇華至神明之間」。

我完全可以接受這個信仰系統的存在，而且相信因為有這個信仰，埃及人才有動機從事如此大規模的動員。但是讓我無法理解的是，埃及人為什麼需要用一個又是迴廊、又是走道、又是房間、又是隧道，且重達六百萬噸的龐大而複雜的機關裝置，來達成這個神祕的、精神的、象徵性的目的。

站在大甬道中，我恍若置身於一個巨大機關的深處，不但被它的無可否認的美感（一種沉重的、近乎專制的美感）吸引，更被它毫無裝飾的樸實所衝擊（既沒有神像，也沒有浮雕或任何其他可以讓人聯想到宗教、崇拜的文字）。大甬道給我的第一印象是一種特定的目的感。建造者在設計、建造的當時，顯然為它設定特定的功能與目的。但在這同時，我也不能不意識到大甬道整體醞釀出的一種莊嚴而沉重的氣氛，以及在建造時的一絲不苟。

我在大甬道上，大約在中途點上，感覺到迴廊前後的燈和影在石壁上舞動。停住腳步，我向上仰望陰影中的屋頂——那支持著整個埃及大金字塔重量的圓拱型屋頂。突然間，我的心中充滿了敬畏：這一棟由石塊堆積而成的巨型建築物是如此古老，而我竟會如此地信任它，站在它內部的正中央，毫不懷疑地將自己的生命交付給它。大甬道的屋頂上堆積而起的大石塊——坡度一塊比一塊陡峭——為它的高技術水準做了最好的背書。偉大的考古及測量學家弗林德．培崔曾對大甬道做了如下的觀察：

每塊天花石板下側的邊緣上，都有一個如爪牙一般的凸出物，正好嵌入牆壁上部的一個切口上。因此，上面的一塊石板並不會帶給下面一塊任何壓力。就這樣，石板分別由側牆支撐下，互相交錯。❽

理論上埃及人在建造金字塔時，還處於剛從狩獵式生活中脫出不久的新石器時代文化，他們能夠成就如此複雜的工程，著實令人難以想像。

沿著二英尺寬的中央溝槽中，我再度往大甬道的上方走去。近代人在地上用木頭鋪設了一個地板，再加上扶手，使得上行已不是什麼困難的事。但是在古代，石灰岩的地板經打磨後，變得非常光滑，而向上的坡度又有二十六度之陡，平常人幾乎無法走在上面。

那麼他們要上去時是怎麼攀爬的？曾有人爬上去過嗎？

遠方大甬道的尾端，可模糊地看到「王殿」的入口，頂立在昏暗中，對所有前來參謁但心中充滿疑問的旅人招手。

【註釋】

❶例如，在孤立的上埃及路克索帝王谷。

❷見《古埃及旅行之鑰》，頁一一四。*The Traveller's Key to Ancient Egypt*, Harrap-Columbus, London, 1989, p.114.

❸精確而言，為五十一度五十分三十五秒。見《古埃及旅行之鑰》，頁一一二。

❹見上冊第二十三章。

❺見《大金字塔：揭露其祕密及神祕》，頁四二八。

❻見一九九三年十一月二十二日大英博物館發表會。由機器人烏普奧特所攝之影片。

❼見傅克納譯《古埃及金字塔經文》，頁二八一。R.O. Faulkner, trans., *The Ancient Egyptian Pyramid Texts*, Oxford University Press, 1969, p.281.

❽摘自弗林德．培崔《吉薩的金字塔及神殿》，頁二五。W.M. Flinders Petrie, *The Pyramids and Temples of Gizeh*（New and Revised Edition）, Histories and Mysteries of Man Ltd., London, 1990. p. 25.

第六章

「三次元遊戲」

我終於到達了大甬道的盡頭，並登上三英尺高的一座大理石高台。與王后殿一樣，這座高台坐落在金字塔東西軸上面，因此正好成為金字塔南北的分際點❶。外觀看起來有一點像祭壇的這一高台，在王殿入口前形成一個四角的平台。

我稍留腳步，回頭俯視大甬道，再確認頭頂上沒有任何的裝飾或有宗教意義的肖像。與古埃及信仰系統有關的象徵性記號，這裡一樣也看不到。放眼看去，只見一條長達一百五十三英尺，由幾何學創造出來的深遠空間，在冷漠的規則性中，顯現出一股幾乎如機械一般的簡要質樸。

向上，我可以很清楚地看到大甬道上方東面的牆壁上有一個黑洞。沒有人知道這個洞是誰、在什麼時候鑿的，也不知道它有多深，只知道從這裡可以進入王殿上五間減壓室的第一間。一八三七年，霍華德．衛斯進來探險時，為擴大洞穴空間，以進入另外四間減壓室，故意把這洞穴的牆壁打掉。從這裡，我再度往下眺望，可以看到大甬道下西面牆壁的縱向坑洞的入口。這條幾乎呈垂直狀的坑洞長約一百六十英尺，經過金字塔的中心，連接地下深層通道。

為什麼金字塔需要建構如此複雜的縱向坑洞及通道？剛開始時，我完全無法理解。大金字塔中藏有太多詭祕，均非我們能夠輕易理解的。不過我發現，當我們願意付出時間與精力去理解它時，它的回報便會遠遠超越付出。

例如，假設你是很有數字觀念的人，自然會想要知道金字塔的高度、周長，並會對兩者與π之間的關係感到非常有興趣，從這裡，如果你想知道更多金字塔結構裡面暗藏的複雜、難解的數學難題，這些題目多年來就靜靜地躺在金字塔中，等你去發掘、探究。

而當你著手去解開難題時，整個發掘、探究的過程，就像是進入一部預先經過精心設計的程式，冥冥中有一股推動的力量，引導你前進。再一次，我開始思考，金字塔是否可能，從設計之初，便想塑造成一個考驗後人的巨大挑戰，或做成一個龐大的學習裝置，將特定的知識傳承給後人……甚或是一個立在沙漠上的三次元互動性拼圖遊戲，供後人解謎。

前堂探祕

王殿入口僅三英尺六英寸高，任何一個正常人進入時，都必須先彎腰。進去不到四英尺處，便有一間「前堂」（Antechamber），屋頂豁然開朗地拉至十二英尺的高度。東面與西面的牆壁鋪的是紅色玄武岩。牆壁上有四條具相當寬度的縱向渠道。古埃及學者認為當年在這上面必定安裝了厚石板做的吊門。四條渠道中，有三條一路凹到地面，內部則空無一物，但第四條（也是最北面的那條），只挖到入口的屋頂高度（離地面三英尺六英寸），凹槽裡還嵌有一塊巨型的玄武岩石板，大約有九英寸厚、六英尺高。這一塊石板擋在入口前，好似屏障一般，與入口之間只有二十一英寸的空間，與屋頂的間隔也只有二英尺多一點而已。雖然我們不明白它真正的用途，但也對古埃及學者將它視為防止盜墓者進入的裝置一說，礙難同意。

抱著這難解的疑問，我從石板的下方鑽過，再度來到前堂的南側。這間被稱為前堂的房間長約十英尺左右，屋頂的高度維持在十二英尺。雖然被磨損得很厲害，但東西兩面牆壁上，曾放進石吊門的渠道仍然看得很清楚，只是作為石吊門用的石板卻不見了。而在這狹窄的空間中，我難以想像古埃及人如何把那又大又重的石板吊上牆壁的溝渠中。

我想起十九世紀末，有系統地測量過整個吉薩地區的考古學家弗林德·培崔，曾經對第二金字塔有過類似的疑問：「下面通道的玄武岩吊門，顯示建造者在移動大塊石頭上技術高超。我們看到在只能夠容納幾個人的狹窄空間內，準確地安置著終需四十到六十個人才搬得動的石塊，顯示當時建造者搬運技巧之高超。」這正是我對大金字塔的吊門不解的

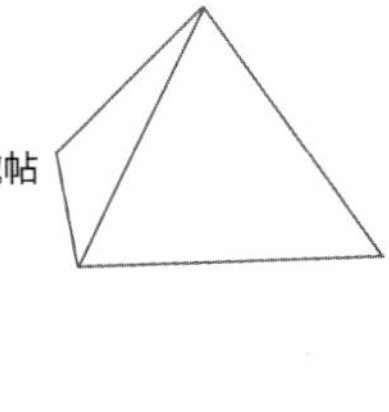

地方。而且如果真的有吊門的話，它們還應該可以往上推、往下滑才是。

如果吊門需要上下的話，門必須小於屋頂的寬度，這樣在墳墓關閉前才能夠隨意將門吊高以讓人進來，或將門緊閉以排除不受歡迎的人。但這卻表示，當石板從上放下，以堵住前堂入口的同時，吊門的上端與屋頂之間，便會出現一個至少與門等大的空間，讓盜墓者可以輕易地爬入。

吊門為金字塔之謎又多添了一則。與其他謎題一樣，吊門的構造複雜，但卻看不出任何明顯的用途。

離開前堂的出口，也就是一個與入口一樣高、一樣寬，並同樣鋪著紅色花崗岩的隧道，開在南面的牆壁上（牆壁本身也為花崗岩，不過最上面則鑲了一層十二英寸厚的石灰岩）。往前走大約九英尺後，便進入了寬

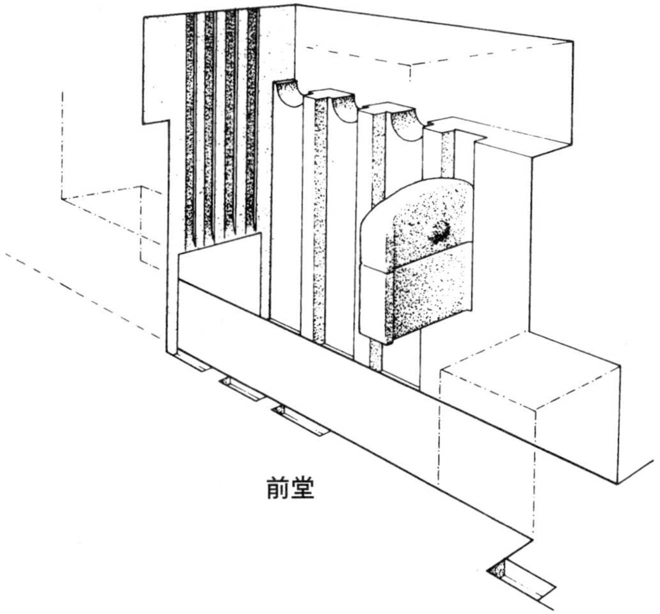

前堂

敞的王殿。在進入這全部以紅色花崗岩鋪陳的房間後，立刻可以看到它散發出的不尋常力量與能源。

像奶油般的硬石

王殿的縱軸貫穿大金字塔的正東與正西，橫軸則面正南與正北，房間內高十九英尺一英寸，長與寬則分別為三十四英尺四英寸與十七英尺二英寸，呈二比一的比例。地板共動用了十五塊花崗岩石板。牆壁是以一百個大型的石塊堆砌而成，每塊重至少七十噸，上下共五層。屋頂上有九塊石塊，每塊也至少有五十噸重。我走至房間的正中央，感受大量而巨碩的石塊，發出一股強力的壓迫感。

王殿西側擺著的，便是許多古埃及學者相信整個大金字塔建造的目的——古夫王的石棺。這座上面無蓋的長方形器物，是由暗巧克力色花崗岩雕鑿而成，花崗岩上充滿了長石、石英、雲母等的硬粒子。石棺內部長六英尺六點六英寸，深二英尺十點四二英寸，寬二英尺二點八一英寸；而外部的長則為七英尺五點六二英寸，深三英尺五點三一英寸，寬三英尺二點五英寸。有趣的是，這具石棺的寬度正好比房間下方的出口（目前被堵塞住的那一個）多上一英寸，無法從這個出口抬到外面的上坡通道❷。

從這具石棺照例可以找到不少的數學謎題，例如石棺的內容積為一一六六點四公升，正好為外容積二三三二點八公升的一半。這種分毫不差的「巧合」應該不是偶發的才是。另外，石棺壁之堅硬，與所需要的精巧製作技術，已超越現代機器時代，顯示古代的石工不論技巧或經驗都應該非常高超。弗林德．培崔在仔細調查過大金字塔以後，帶著幾分懊惱的認定，古代石工一定有一些工具「是一直到最近才重新被我們發明出來的。」

培崔仔細測量後，發現石棺必須用一條至少長八英尺的直鋸，從大塊花崗岩上裁切下來。由於花崗岩的硬度非常高，他只能假設這些鋸子至少應該是用鋼（理論上當時所知最堅硬的金屬）做刀片，並在「切點」上鑲以「寶石」：「從工作的特性來看，這寶石應該為鑽石才對。但是，由於鑽石非常稀少，在當時的埃及並不存在，使得我們無法驟下結論……」❸

至於石棺內部挖空的工程技術更加令人費解，因為在難度上，這工作比將岩石從石基上鋸下更上一層樓。培崔設想當時埃及工人的工作情形是這樣的：

他們使用的不是直線，而為圓形的鋸子。將加工用刀刃設定為圓筒狀，拉扯之間，逐漸切入石塊，造成一個內槽，然後，將槽內的石頭敲碎取出，而逐漸擴大內部的空心部分。這是最節省力氣的工作方式。圓形鋸鑽的直徑從四分之一英寸到五英寸的都有，刀刃的厚度則應在三十分之一到五分之一英寸之間。❹

當然，培崔也承認，古埃及學者從來沒有發現過鑲鑽的鋸子或鑽子。但是，在仔細檢查過石棺後，他認為動用過這類工具的痕跡非常明顯，使他不得不推斷，這類東西必定存在無疑。於是，他開始對古埃及使用的工具發生興趣，將他的研究範圍從王殿的石棺，擴大至花崗岩文物，以及許多他在吉薩地區蒐集到，被他鑑定為用鋸子掏出來的「石芯」。然而，他愈研究，就愈被這些先人的硬石切割技術所迷惑：

> 用鋸子或鑽子由上往下在切割硬石時，必須從上方施以相當大的壓力，工具才能夠順利切入石塊中。大約每用一個四英寸的鑽子切花崗岩時，上面至少要施加一到二噸的重力才行。第七號花崗岩芯，六英寸圓周外的螺旋狀態切割痕跡，大約有一英寸深，要製造如此深的切痕，需要非常大的力量……快速地深入花崗岩，製造出這麼深的螺旋狀凹洞，非從鋸子的上面施加巨大的壓力不可……。❺

這難道不是一項奇妙的現象？四千五百年前，我們以為人類文明剛露曙光時，古埃及人卻已經擁有了工業時期才發明得出來的鑽石技術，隨便地便在鑽子上放個一兩噸的壓力，然後就好像用奶油刀切熱奶油一般地，輕易切割起硬石來。

培崔發展出古埃及人有先進工具的假說以後，卻無法利用他的假說，解釋古埃及遺跡中的謎題。雖然他在吉薩地區發現了第四王朝的閃綠石（diorite bowls）盤子上的象形文字，但對那些文字是如何刻入閃綠石，卻無法提出具體的解釋：「盤上的象形文字，一定是用尖端異常銳利的工具雕刻而成。而且，這些文字絕對不是用鋸子等切鑿而成，而是用刀刃割進石表……」

理論派的培崔，對自己的觀察深感苦惱。他知道閃綠石是地表最堅硬的石頭之一，但是古埃及人卻有辦法以不可思議的巨大力量，在上面雕刻圖樣，而他們所使用的工具，人類竟然至今仍不明：

〔盤上的〕線條只有一百五十分之一英寸寬，顯然切割用工具的尖端，不但比石英還要堅硬，而且還非常耐用，而不至於在切割時破碎瓦解。這個切割工具的尖端，最多不會超過二百分之一英寸寬，才能雕刻成如此纖細的平行線，線與線之間，從中心到中心的距離只有三十分之一英寸。❻

換句話說，培崔的想像中，埃及人擁有一種工具，如針尖一般尖銳，如鑽石一般堅硬，能夠輕易切入閃綠石，並在作業時承受莫大的壓力。這會是怎麼樣的一種工具？如何從上面加壓？如何刻畫成距離僅三十分之一英寸的平行細線？

就如同培崔自己說的，做石棺時用的鑽鋸，我們多少還可以把它想像成一個圓形、如鑽又如鋸，齒尖上鑲有鑽石的工具。但是，要想像一個西元前二千五百年前用的，雕刻象形文字的刻刀，就沒有那麼容易了。尤其如果我們不承認古埃及的技術能力比學者專家們所認定的要高得多的話，便絕對無法想像出他們是如何完成那些高難度的作品。

而且古埃及的高超技術層次，不僅展現於上述的象形文字或閃綠石的作品，更在普遍的工藝品製作中。我數次至埃及訪問，看到許多石器皿，都是從閃綠石、玄武岩、水晶岩、變質岩等大片石塊中雕挖出來的，有的甚至完成於前王朝（pre-dynastic）的時代。當時人是如何做的，著實令人費解❼。

而這類器皿現在發現的，僅在沙卡拉，第三王朝的卓瑟王「階梯金字塔」內下層房間內，就至少有三萬個以上❽，顯示那些器皿只可能比卓瑟王年紀大（大約西元前二六五○年左右），不會比他年輕。理論上，它們年紀可能比卓瑟還要更大一些，因為在前王朝時代的遺跡中，發現有完全相同的器皿，經證明至少可以追溯到西元前四千年。而我們知道，埃及自上古以來，便一直有將家寶世世代代傳給子孫的傳統，所以這些器皿產生的年歲可能比西元前四千年還久遠。

這些屬於「階梯金字塔」年代的精巧工藝品，不論是在西元前二千五百年，還是四千年或更久遠以前的作品，到底是用什麼工具做成的，至今我們仍無法想像。

為什麼無法想像？例如，在容器中，有許多高瘦、細頸型的石花瓶，內部中空，肩部膨起。但是至今為止，人類應該還沒有發明任何工具，能夠在創造一個細長而美麗的頸部線條後，還能夠深入頸部，在膨起的肩部線條內部，創造出一個圓潤的空間。我們無法想像，在花瓶的內部，應該施以多麼大的向上及向外壓力，才能創造出這種效果。

從卓瑟金字塔和其他古蹟中挖掘出來的神祕器皿，不勝枚舉：有手工精細，用一塊石頭雕刻出的帶把花瓶；有頭頸線條細長優美，但肚大如鼓的花瓶；有開口碩大的碗；也有似乎必須用顯微鏡才能夠完成的玻璃器皿；更有以岩片做成，奇妙的車輪型物品，從兩頭向內側彎曲，邊緣薄如紙一般。最令人驚歎不已的，是這些石製器皿，不論外觀或內部製作都精緻細膩，互相接續的曲線與曲線之間完全吻合，而表面光滑至極，完全看不出有任何道具使用的痕跡。

這些器皿，不但無法以今日所知的古代埃及工藝技術水準複製，即使用現在最先進的碳化鎢鋼工具，也無法做出如此高藝術水準的藝術品。換句話說，我們不得不推論，古埃及擁有我們至今尚不知曉的祕密技術。

仰躺在千年石棺裡

我站在王殿中，面朝西，也就是同時被古埃及和馬雅文明都視為死亡的方向。我將兩手輕輕放在那幾乎所有古埃及學者都認為古夫王的遺體曾睡過的石棺邊緣，往棺材黑暗的底部望去。房間的電燈光線昏暗，無法照到棺底，只見浮塵如黃金色的雲朵一般，漂浮在棺內。

我知道雲朵僅是光與影造成的幻象。王殿中充滿了類似的幻象。拿破崙於十八世紀後期征服埃及時，曾經單獨在此房間內度過一夜。第二天早上，他渾身發抖，滿臉蒼白地走出房間，顯然遭遇到令他非常困惑的事。但是終其一生，他始終沒有說出到底是什麼事。

難道他嘗試在石棺中睡覺嗎？

在一個突發的衝動下，我也爬進石棺並仰身躺下，頭朝北，腳朝南。

拿破崙是個小個子，他應該可以躺得很舒服。可是，古夫躺下時也一樣舒服嗎？

我放鬆自己，嘗試不去想萬一金字塔的守衛衝進來，發現我在這頗令人尷尬、而且可能非法的姿態時該怎麼辦，並希望能夠獲得幾分鐘的寧靜。我把雙手放在胸前，口中發出低沉的聲音。在王殿的其他位置，我也曾嘗試做類似的音響，並發現牆壁和天花板似乎不但有集音的效果，而且還能將聲音擴大後，投射回發聲的方向，讓我從雙腳、頭殼和皮膚上的顫動，感受到回聲的效果。

我躺在石棺發出聲音時，果然感受到同樣的效果，而且回聲的震動，比在房間其他角落嘗試時增強並且集中了許多、許多倍，就好像進入了一個設計只反射一個聲音用的大音箱內一般，感覺非常強烈。我想像音波從棺材中出發，遇到紅大理石牆和屋頂後彈回，從北南兩條通氣孔（ventilation shaft）射出，如一朵朵聲音的蘑菇雲，籠罩在吉薩高原上。

我閉上眼睛，任低吟的音波震動著石棺和我的身體，靜心感受自己狂野的夢想。幾分鐘後，我睜開眼睛，看到的卻是一幅非常令我失望的景象：六名老少不等的日本男女觀光客，兩名站在石棺的東面，兩名西面，南北各一，圍繞在我身邊。我可以從面部表情上看到他們內心的訝異；而我也很訝異看到他們，因為那一陣子伊斯蘭極端份子非常活躍，幾乎把所有吉薩的遊客都趕走了，我以為王殿除了我以外，不會有人來參觀的。

遇到這種情況應該怎麼辦？

端出一副莊重、尊嚴的樣子，我站起來，對周圍稍事微笑，並揮掉身上沾到的灰。日本遊客讓出一條路，而我則擺出這種事稀鬆平常，不值得大驚小怪的樣子，冷漠地走出人圈，踱步至離王殿北牆三分之二的地方，開始仔細觀察古埃及學家所稱的「北通氣孔」。

我原本就知道，這通氣孔寬八英寸、高十英寸，而長度則達二百英尺以上，經金字塔第一百零三層石階通往戶外。通氣孔直指北半球天空的仰角為三十二度三十分，在金字塔時代的西元前二千五百年左右，氣孔正好面對著天空中的天龍座（Draco，是北方的星座）主星❾。這一切應該不是巧合，而是經過精巧設計的結果才是。

令我感到非常慶幸的，日本遊客很快地參觀完王殿離開，甚至沒有回頭看我一眼。等他們離開後，我便轉身至王殿的另一邊，以觀察南通氣孔。自從幾個月前我來過以後，氣孔的外觀改變了許多，因為它的後面最近裝上了一套龐大的空調系統。而負責裝空調的魯道夫．甘登貝林，就在我參觀王殿之際，也正在檢視那被人遺忘的王后殿通氣孔。

由於古埃及學家一致認為通氣孔的目的為通氣，所以在他們看來，裝設一套空調設備，利用現代科技改善通氣效率，沒什麼不好。但是，真的是為通氣的話，為什麼當時會將孔道建成有坡度的？理論上，水平通道在通氣上的效率比斜坡道要高。王殿的南通氣孔以四十五度角直指南空，絕非偶然。在金字塔時代，那方向正對著的是獵戶星座三顆星中最下面的尼他克一星（Zeta）。我在後來才逐漸瞭解，獵戶三星的排列，在金字塔研究中扮演著極重要的地位。

玩弄巨石的大匠

獨踞王殿的我，從南牆再踱到西牆，從石棺的後方向東望去。

這個碩大的房間內，隱藏了無數的數學謎題，例如房間的高度（十九英尺一英寸）正好是地板對角線（三十八英尺二英寸）的一半；王殿的構造呈長方形，長寬比例為一比二，正是希臘人發明的所謂「黃金分割」（golden section）比例，想來金字塔的建造者對這一點不可能不知道。

黃金分割率又被稱為ϕ，為五的平方根加一再除以二；和圓周率的π一樣，是一個用算術無法求盡的無理數，大約等於一點六一八〇三。這就是「在費波那契數列的零，一，一，二，三，五，八，十三……中相鄰的二數值的極限值——費波那契數列的特性是每一數都等於前二數的和。」

另外，ϕ的數值也可以圖解表示。將直線AB在C點前分割，使得整個直線AB的

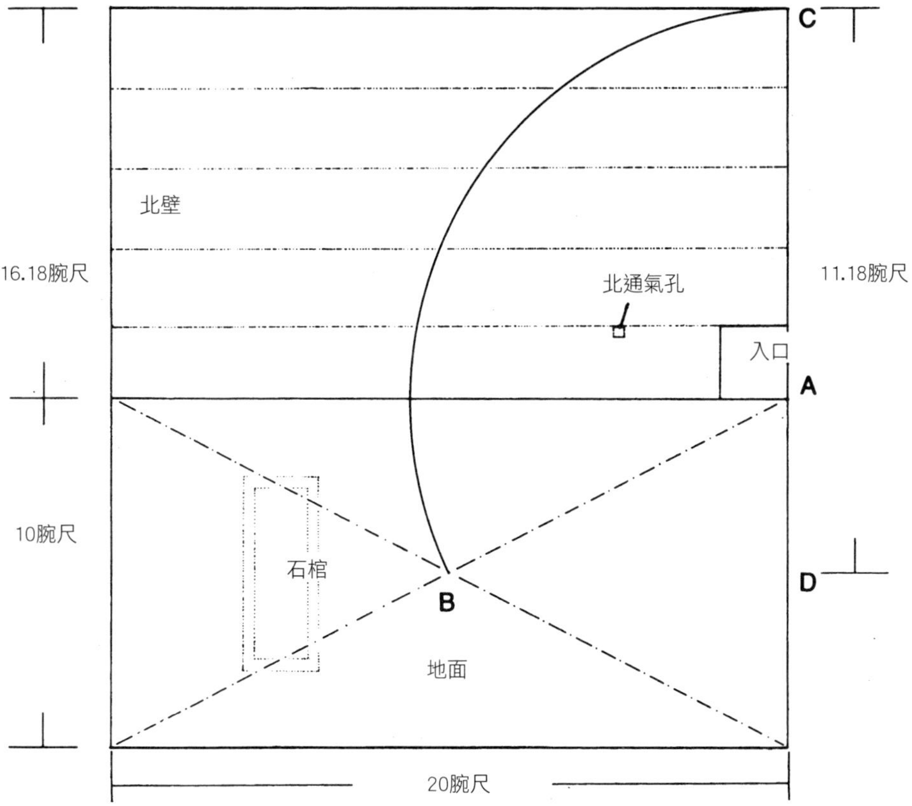

王朝歷史開始前，埃及人從不知名的先人處，繼承了一套神祕的測量系統。根據古代的測量方法，王殿的地面（三十四英尺四英寸x十七英尺二英寸）為二十x十腕尺，而旁邊牆壁的高度則為十一・一八腕尺。地面對角線長度的一半ＡＢ的長度也正好為十一・一八腕尺。也就是說將ＡＢ豎直，便成了房間的高度Ｃ了。Ø的值為（$1+\sqrt{5}$）÷2＝1.618。ＣＤ的距離（王殿的牆壁高度加上地板橫幅的一半），則恰好為一六・一八腕尺，是否也純屬偶然？

長度除以較長一半ＡＣ的比值，恰等於ＡＣ除以ＣＢ的比值。這個比值被證實為人眼看到最和諧的，據說是希臘畢達哥拉斯學派所發現的，而被他們應用於雅典的帕德嫩神殿（Parthenon）。然而，絕對無庸置疑地，φ已於神殿建造的二千年前，在吉薩的大金字塔的王殿中出現了。

要瞭解這一點，必須先把王殿的長方形地面想像為兩個面積相當的正方形的合成體，正方形的每邊長為一；如果這兩個正方形再各被分為兩個長方形，而如果較靠近王殿中央線的長方形的對角線被旋轉到底邊上側，它的頂端碰觸到底邊的那一點就是φ，也就是一點六一八倍於原正方形的邊長（另外一個得到內建於王殿中的φ值的方法，可參見前頁圖）。

古代埃及學者將這一切都歸諸於偶然。可是，就金字塔建造者而言，沒有一樣是偶然的。不論這些先人為何方神聖，他們必定是最具有數學頭腦，並且思考最有系統的一群人了。

頭腦中塞滿了算術遊戲，我離開王殿，不過心中仍然念念不忘王殿的位置正好是在第五十層石階，離地面一百五十英尺處等數字。我記得弗林德．培崔曾經非常驚訝地指出，金字塔的建造者將王殿放在不論垂直或水平的正中央位置上[10]。從垂直上來看，它正好坐落在所有石階的半數，而從它水平切面來看，地板面積正好是整個水平切面的一半，而房間對角的對角線長度，正好是地基的長度，且側面的寬度等於地基對角線的一半。

金字塔的建造者自信而有效率地將六百萬噸巨石玩弄於股掌之間，任意地創造出近乎完美對稱的迴廊、甬道、房間、氣孔、通路，不但維持每個角都是正直角，而且方位正確，從不紊亂。除此之外，尤其是大金字塔的建造者，還行有餘力地在巨大的建築體上放進許多的小數學遊戲。

為什麼古代埃及人會建造起這麼一座充滿謎題的建築物？他們想說或者做什麼？而且為什麼在它建造完成好幾千年後的今天，仍然能夠捕捉住許許多多、各行各業人的心，前來與它接觸？

獅身人面像就在附近。我決定到那兒一逛，或許對解開謎題會有所啟發。

【註釋】

❶見弗林德・培崔《吉薩的金字塔及神殿》，頁二一五。

❷見愛德華茲《埃及金字塔》，頁九四～九五。I.E.S. Edwards, *The Pyramids of Egypt*, Penguin, London, 1949, p.94～95.

❸見《吉薩的金字塔及神殿》，頁七四。

❹同上，頁七六。

❺同上，頁七八。

❻同上，頁七五。

❼見《金字塔：謎題揭曉》，頁一一八。Dr. Joseph Davidovits and Margie Morris, *The Pyramids: An Enigma Solved*, Dorset Press, New York, 1988.

❽見《埃及：法老之地》。頁五一。*Egypt: Land of the Pharaohs*, Time-Life Books, 1992, p. 51.

❾見羅伯・布法爾《埃及學的討論》，第二十九號。Robert Bauval, *Discussions in Egyptology*, No. 29, 1994.

❿見《大金字塔：個人導遊手冊》，頁六四。Peter Lemesurier, *The Great Pyramids: Your Personal Guide*, Element Books, Shaftesbury, 1987.

第七章 〔回到過去〕

埃及吉薩。一九九三年三月十六日，下午三點半

我動身離開大金字塔時已是下午。順著昨夜到此地的來時路，我和桑莎回頭從北面朝東，然後沿著東面朝南，經過一些瓦礫和零散的古墳，終於來到吉薩高地上一塊朝東南傾斜、被砂岩覆蓋的石灰岩台地。

這斜坡緩和的台地的最下端，也就是離開大金字塔約莫半英里的台地西南角，便坐落著由岩石削成的獅身人面像。獅身六十六英尺高、二百四十英尺長，而人面則有十三英尺八英寸寬的這個大雕像，為世界上最大，也可能是最有名的石像。

人面獅身，
仰望天際，無情如日。❶

我從西北方朝著獅身人面像的方向走去，必須經過第二金字塔與被稱為卡夫拉河岸神殿（Valley Temple of Khafre）之間的一條古道，因此順道進入神殿一遊。河岸神殿坐落在離大獅身人面像以南僅五十英尺，也就是在吉薩古蹟群的東端，是一棟極不尋常的建築。

按照一般的說法，河岸神殿其實建築在卡夫拉王即位前許久。十九世紀的學者一致認為，神殿在有文字歷史以前便已存在，與埃及王朝並沒有任何關係。但是後來這種說法又被全盤推翻，因為後人在神殿的附近發現了好幾座卡夫拉的雕像，雖然大部分都被嚴重破壞，但仍然有一座相當完好，頭下腳上地被埋在前堂下深層處。從這座以堅硬如寶石般的閃綠石為材料的雕像，我們彷彿看到第四王朝的法老卡夫拉坐在王位上，沉穩地凝視無限的未來。

發現新雕像後，古埃及學者又提出了一套理論，發表後立刻銳不可當，令人無言以對。他們聲稱由於河岸神殿中挖掘出卡夫拉的雕像，因此神殿必為卡夫拉所建。連向來明理的弗林德．培崔也表示：「由於在神殿中唯一能找到顯示年代的文物為卡夫拉的石像，使我們不能不認定此建築物是在卡夫拉王時代建築而成的，而無法想像它是由更古老時代的人建造完成後，遭卡夫拉佔為己有。」

何以無法想像？

在整個埃及的王朝歷史中，有太多法老佔用先人的建築。有的時候，連原始建築者的記號都被抹去，換上佔用者的記號。我們沒有理由假設卡夫拉故意想與河岸神殿維持距離，不將自己的名字與神殿相連，尤其如果這座神殿與過去的統治者沒有關係，卻與將古埃及文明帶至尼羅河低地的遠古神話，和神話中主管「萬物之神」的神明相連的話，我們更有理由相信卡夫拉王願意創造自己與神殿之間的關聯性❷。與古代的神力沒有特別關係的卡夫拉王，必定覺得將自己美麗的等身大石像永遠保存在這神殿中，也能為他帶來永恆的益處。神殿中，以河岸神殿與復活之神歐西里斯（每個法老都以死後能追隨他為目標）的關係最深❸，因此如果我們將卡夫拉把自己的石像放在神殿中，為的是象徵性地加強他與歐西里斯的關係，便更容易讓人理解了。

巨人的神殿

通過古道後，我選擇了一條要經過瑪斯塔巴（Mastaba）古墳群的碎石路，往河岸神殿的方向走去。瑪斯塔巴是一塊似板凳的石台，為第四王朝的低位貴族及神職人員專屬的墓地（現代阿拉伯語中，瑪斯塔巴即「板凳」之意，而這墳墓群也因此而得名）。我沿著神殿的南牆曲行，不禁聯想起神殿和大金字塔一樣，也是坐北朝南（誤差僅圓弧的十二分）。

神殿的基座為正方形，每邊長均為一百四十七英尺，但由於它建築在一個西高東低的斜坡高台上，所以雖然西南的牆壁高僅二十英尺多一點，但東面牆壁的高度卻超過四十英尺。

從南面望去，神殿呈楔型結構，強而有力地蹲踞在一塊高地上，但是走近仔細觀察後，它映在現代人眼中的，卻是一些奇異、無法解釋的特徵，想必在古埃及人眼中，它也應該同樣地奇異、無法解釋。首先，不論內外，神殿中沒有任何碑文或裝飾。關於這一點，河岸神殿可以和吉薩高地上其他幾個同樣無法辨識年代的重要建築物，如幾個大金字塔（以及阿比多斯地方的神祕建築物歐希里恩〔Osireion〕，下一章中將有更詳細的解說）相提並論，但是除此之外，它與所有典型的、知名的古埃及藝術和建築，都迥然不同。因為所有古埃及建築中，都有豐富的裝飾以及大量的碑文。

河岸神殿另外一個重要的特徵在於，整個建築物都是用異常巨大的石灰岩石塊堆積而成的。大部分石塊的長、寬、高約為十八×十×八英尺，但是有的卻大到三十×十二×十英尺。每個石塊的重量都超過二百噸，相當於一個現代柴油火車頭的重量，而一座建築物所用的石塊何止數百❹。

這種現象豈非不可思議？

但是古埃及學者似乎並不覺得有任何不可思議之處。幾乎沒有人對石塊之大，或古埃及人如何將這些巨石堆積起來，提出深入的評論。在前面章節中我們也提過，大金字塔王殿所用的石塊，每塊的重量達七十噸，相當於一百部家用汽車堆在一起。古埃及學者對這一點根本見怪不怪。因此，河岸神殿內的巨石未能引起他們的好奇，或許也是理所當然的。但是，那些石塊之大，的確非比尋常，反映出的不僅是另外一個時代，而且是另外一種價值觀，一種生於現代的我們無法理解的審美觀、對結構的關切，以及對事物規模的感覺。例如，現代人絕對無法理解，當時的人為什麼會堅持用這些重達二百噸的粗壯石塊來建造神殿，而不在堆積前，先將石塊切割成十、二十、四十，甚至八十塊比較小而且比較容易處理的小石塊？為什麼，在用其他比較簡單的方法也可以達到同樣視覺效果時，他們卻堅持以最困難的方法建造？

而且，古代建築者是以什麼方法，將巨石舉離地面四十英尺之上的？

目前世界上僅有兩部地上用大型吊車，可以吊起河岸神殿巨石般的重物。即使在營造科技發達的今天，這兩部巨大產業機械的吊車臂長達二百二十英尺，機身上更需壓上一百六十噸的相對重量，以防止吊車將巨石吊起後往前翻倒。而且，啟動吊車吊起巨石前，必須先召集二十名專業技術工人，並施以六星期的訓練，才能上陣操作吊車❺。

換句話說，即使在所有現代科技與工程知識的輔助下，人類今天仍幾乎無法將一個二百噸重的物品吊上空中。但是，吉薩高地的建造者們，卻如家常便飯一般，輕易地將巨石作為建築材料，蓋起一座大神殿來。他們是如何辦到的❻？

我往河岸神殿下方的南牆走去，意外地發現巨大的石灰岩石塊不僅大得不可言喻，而且以各種角度排列在牆壁上，形成一個拼圖般的圖案，而且圖案本身，與祕魯薩克賽華曼城以及馬丘比丘古城（請參照上冊第二部）的建蓋手法十分相似。

另外我還注意到，河岸神殿外側的牆壁似乎是經過兩階段完成的。牆壁的壁身是用二百噸的石灰岩石塊堆砌而成的，石塊至今仍殘存（但腐蝕耗損的情形嚴重），不過它們的外表，另外以打磨過的花崗岩將石灰岩從裡外兩面覆蓋住。從建築物的內部，至今仍然可以看到非常完整的花崗岩石片，但戶外的覆面石已被天候嚴重腐蝕。不過，有少數殘留的花崗岩雖然已與石灰岩石塊剝離，但仍然附著在它上面。仔細觀察下，我非常驚異地發現，花崗岩石板塊的裡側，似乎有依照石灰岩被天候腐蝕的凹凸形狀而修整的痕跡。也就是說，牆壁中央的石灰岩石塊可能單獨存在了

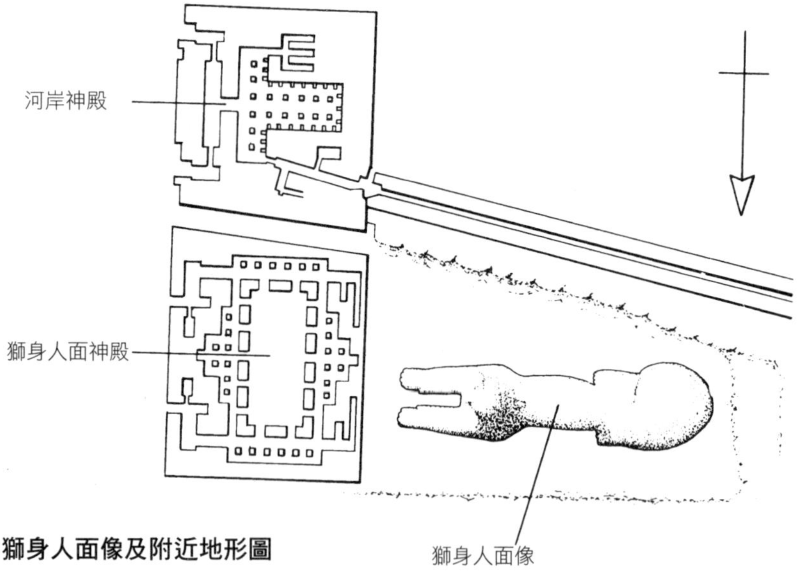

獅身人面像及附近地形圖

圖1 從西南方看埃及吉薩遺跡，前景的三座「衛星」金字塔後方，即為三大金字塔中最小的曼卡拉金字塔。接著便為最上面的幾層仍覆蓋著原始覆面石的卡夫拉金字塔。最遠一座、頂部已經不見的則為古夫金字塔，也就是被稱為古代第七大奇蹟的大金字塔。這三座金字塔一般認為是經第四王朝的三個法老之手所建，不過這種說法並沒有確切的理論根據。

圖2 吉薩的獅身人面像，面向正東，遠眺春分與秋分的日出。根據最新地質學及天文學的考據，這座在一整塊石頭上雕成的石像，比過去考古學家以為的年份還要早上好幾千年。

圖3 作者坐在大金字塔中央的王殿。這房間的牆壁是由一百塊巨石堆積而成的，每塊石頭的重量都在七十噸上下。至於屋頂，則由九塊石頭組成，每塊重量約為五十噸。這樣一個房間，建於地面一百五十英尺的高度上，其工程上的難度，不言可喻。

圖4 作者橫躺在王殿的石棺中。這個石棺為四千五百年前，用一整塊花崗岩雕鑿而成。當時所使用的圓形鋸鑽（在埃及人的遺物中已無法找到任何類似的工具），效率至少要比現代人使用的鑽石頭電鋸快上五百倍。

圖5 大甬道。是向下，還是向上看？總長度一百五十三英尺、高二十八英尺的這條甬道的屋頂，採取懸臂（corbel）式建築方式，上下均維持著二十六度的角度。這種構造在工學、建築學上，為幾近不可能的工程奇蹟。

圖6 王后殿。在東面的牆壁上以及南面的牆壁上，皆可看見通氣孔的入口處。從這個通氣孔可直通一長達二百英尺的急坡道。一九九三年三月，德國人用機器人發現頂端有一扇門。

圖7 曼卡拉王金字塔的三個房間中最下面的一間。屋頂上的塗鴉出自現代人的手筆。十八塊巨大的花崗岩厚板組成的尖拱型屋頂，從下面往上面看，呈半木桶橢圓狀的立體屋頂型式。

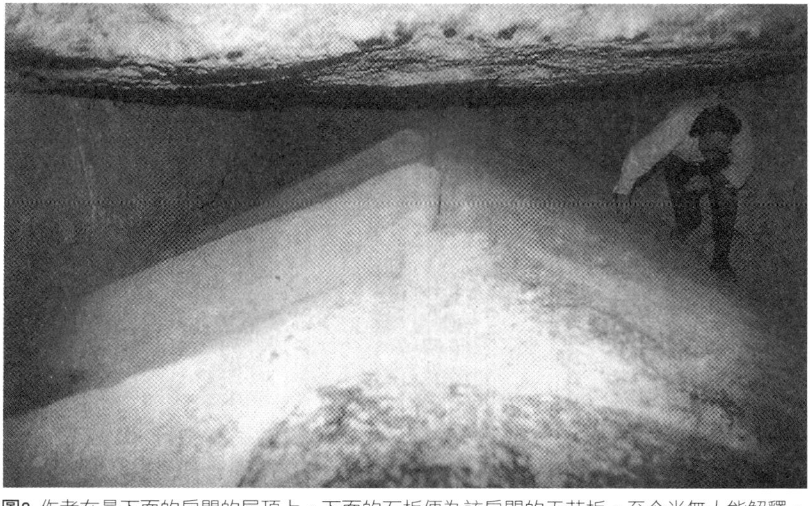

圖8 作者在最下面的房間的屋頂上。下面的石板便為該房間的天花板。至今尚無人能解釋，古埃及人如何能在這麼狹窄的空間中，將石板提升至這種高度，並安放在預定的位置中。

圖9（上）現在僅存的古夫王雕像。古夫王相傳為大金字塔的建造者。

圖10（左）第二金字塔建造者卡夫拉王的美麗雕像。

圖11 卡夫拉王金字塔的主要廳堂。歐洲探險家吉奧維尼．貝索尼的塗鴉仍保留於牆壁上。

圖12 四千五百年前建造完成的流線型航海船隻。雖然設計精密，可航行於大海，卻被埋藏於大金字塔旁邊的地下。最近，在上埃及的阿比多斯郊外沙漠中，也發現了形體相似，但比這艘船更古老的船隊。

圖13 埃及前王朝時代最古老的圖畫藝術品，現保存於開羅博物館。圖畫手法雖仍粗拙，但明顯可發現與上一頁輪廓相似的船隻。

圖14 這種船隻，不可避免地讓人聯想到古代埃及「開天闢地」創世時期，將文明帶給埃及的神明們所乘坐的船隻形式。同時請參照上冊第88頁的圖19、20。

圖15 從幾何學的角度來看，埃及的大金字塔為一完美的作品，這個高度幾達五百英尺，由第四王朝法老古夫王於西元前二五五〇年左右建造的金字塔，不管從哪一方面來看，均為一偉大的建築，且充滿了令人不可思議之處，例如它實際上是北半球四萬三千二百分之一的數學縮體。

圖16 吉薩附近，西元前二四五〇年左右，君臨埃及的第五王朝法老薩胡雷（Sahure）王的金字塔，現已化為廢墟。西元前二五五〇至二四五〇年，僅僅一百年間，埃及人的建築水準竟然退步如此之多，該如何解釋？

相當一段時間，經過風雨摧殘後，發生腐蝕，然後才被人在它上面以花崗岩的石板覆蓋住的。

羅斯陶的統治者

我沿著神殿的外牆，一路來到河岸神殿的入口處。神殿的入口坐落於高達四十三英尺的東牆北端。這附近的花崗岩覆面石仍保存得很好，大致保持著原來的狀態，每塊的重量在七、八十噸之間，就好像武士的盔甲一般，不分晝夜，忠實地保護著裡面的石灰岩柱。從晦暗但堂皇的大門，我踏入了一條高挑、狹窄、沒有屋頂的迴廊，先由東往西行，不遠處經過一個直角轉彎，方向轉南，最後到達一間寬敞的前堂。卡夫拉等身大小的石像就是在這房間中被發現的。以閃綠石雕成的卡夫拉石像顯然在某種宗教儀式下，頭下腳上地被埋藏在房間內極深的穴洞中。

前堂中唯一的裝飾，便是牆壁上以花崗岩石板拼成的圖案（整個建築中到處是這種拼圖一般的圖案）。圖案本身極為複雜，石板在與其他石板相接之處，還削成各種角度，互相拼湊，構成了與印加帝國中，一些怪異而巨大的建築物中非常相似的圖案。特別值得一提的是，有很多石板在角落與收尾的地方，與其他石板接合得非常緊密，值得注意。

從前堂我經過一條風格優雅的西向迴廊，來到一個寬敞的T型大廳。站在T字的頂端往西看去，石柱林立，每根的高度都近十五英尺，長、寬則均為四十一英寸。石柱所支撐的花崗岩橫樑，也正好呈四十一英寸長、寬的正方形狀。T型的南北向平面上也有六根大柱，上面同樣支撐著一根橫樑。整體而言，大廳的造形簡潔、莊嚴而洗練。

為什麼要建蓋這個大廳？為什麼要建蓋河岸神殿？按照認定這是卡夫拉王神殿的古埃及學者的說法，理由很簡單：法老身後需要一間便於舉行淨身、轉世等儀式的神殿。但是古埃及的文獻中，並沒有任何碑文支持這種說法。反而，我們從現有唯一的文字證據中可以肯定，河岸神殿不可能（至少在一開始時）和卡夫拉有任何關係。理由也很簡單：神殿建造於卡夫拉統治埃及前很久。這裡所指的唯一文字證據，就是「庫存表石碑」（請參照本書第三章）。根據這份碑文，不論大獅身人面像，或大金字塔，都是在更古早的年代便已完成。

從「庫存表石碑」碑文中，我們可以看出，河岸神殿在卡夫拉王以前的古夫王時代便已存在。而且當時此神殿便已被視為從太古遺留下的舊建築。不過再仔細研讀碑文的話，其實不難發現河岸神殿並不是太古時代的法老所遺留下來，而是「最早」前來尼羅河平原居住的「諸神」所建造而成的。碑文將河岸神殿稱為「羅斯陶（Rostau）統治者，歐西里斯之家」（羅斯陶為吉薩都會的古名）❼。

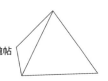

正如本書第二部中所詳述，歐西里斯從很多方面而言，與將文明帶至中美洲和安地斯山的半人半神的神祇維拉科查和奎札科特爾非常相似，不但是賢明的導師，更是法律的制

訂者。因此，他在大金字塔和獅身人面像所在的吉薩地方，建立起「家園」（也可以稱為聖地、神殿），似乎並無不可思議之處。

未知的遠古

遵循「庫存表石碑」碑文的指示——獅身人面像應在歐西里斯之家的西北方——我沿著河岸神殿T型大廳的西牆向北行，經過了石灰岩的出口和一條漫長的坡道（同為西北方向），終於到達可直達第二金字塔的古道下方。

從古道入口的這一端，我可以完整地看到坐落於正北方的獅身人面像全貌。這個石雕像大約有一條街的厚度，和六層樓的高度，面向正東，每年在春分與秋分這兩天，可從正面看著太陽升起。石像蹲踞的姿態，就好像它在沉睡好幾千年以後，終於決定要提起腳步向前的樣子。在地點的選擇上，想必當時人曾做過非常仔細的考察測量，才決定了在這個俯視尼羅河谷的位置，就地取材，取比附近的山丘要高上三十英尺的石灰岩山頭之石，雕成了獅身人面像的頭和頸部分。山丘下側的長方形石灰岩則被雕成身體，並為和周圍的環境做成區隔，以凸顯雕刻物，當時的建造者還特別在雕像的周遭挖了一條十八英尺寬、二十五英尺深的壕溝，使得獅身人面像能夠傲然獨立，自成一格。

獅身人面像給人的第一個、也是最深刻的印象，便是它真的非常、非常的古老，不止如一般相信的和第四王朝的法老那般有個幾千年歷史的古老，而是那種真正的、非常遙遠的、無法探知的古老。在各個歷史階段中的古埃及人，都是如此看待獅身人面像。他們相信獅身人面像會守護「肇始世界開始的吉祥地」（The Beginning of all Time），並認定它有「能夠遍及全域的神力」，而對它加以崇拜❽。

正如前面所述，其實這就是「庫存表石碑」碑文想傳達的訊息。更精確地說，這也就是西元前一千四百年左右，第十八王朝的法老圖特摩斯四世（Thutmosis Ⅳ）立起「庫存表石碑」時，想要傳達的訊息。至今仍然靜靜站在獅身人面像雙爪之間的花崗岩製「庫存表石碑」上記錄道：在圖特摩斯四世統治前，獅身人面像除了頭以外，全部被埋沒在沙土中。圖特摩斯四世將沙土清除以後，便建立起這塊石碑，以茲紀念。

在過去五千年來，吉薩高地上的風沙氣候並沒有重大的改變，也就是說，這些年來，獅身人面像和它的周圍受到的風沙之害，應該不比圖特摩斯四世的時代所遭受的更大。的確，從近代的歷史中，我們不難看見，獅身人面像只要稍有疏忽，便可能被砂土埋沒。一八一八年，卡維格里亞為了他個人的挖掘計畫，曾清除過一次獅身人面像上的沙土。到了一八八六年，瑪斯佩羅（Gaston Maspero，法國埃及學者，一八四六～一九一六）為了挖掘遺跡，不得不再度清除。但是經過了三十九年後的一九二五年時，沙土再度將獅身人面像從頸部以下全部封住，迫使埃及考古廳出面，清除沙土，使它恢復原貌。

然而，我們是否可以推論，建造獅身人面像的年代，與今天的埃及氣候大不相同？如果即使建造成這麼大的雕像，但過不多久就會被完全埋沒於撒哈拉沙漠的沙土中的話，何必還要建造呢？從另外一個角度來看，撒哈拉沙漠在地理上是個非常年輕的沙漠，吉薩地域在一萬一千到一萬五千年前，土壤還相當肥沃。我們是否應該完全推翻以前的假說，從完全不同的角度重新思考？有沒有可能，獅身人面像在吉薩一帶仍然油綠蔥蔥的古老年代中，便已雕刻完成？有沒有可能，現在風沙滿天的沙漠地帶，也曾有過遍地草木、土質安定的好日子，就好像今天的肯亞、坦尚尼亞一帶一樣？

假設當時的環境如上面所述的青蔥快意，那麼在那樣的風沙上建造一個一半在地上、一半在地下的石雕像，就不違背思考常識了。或許當時建造獅身人面像的人，並沒有預料到吉薩高地會日漸乾燥，而有轉化為沙漠地帶的一天。

然而，獅身人面像如果真的建造在一片青蔥之上的話，那該是多麼、多麼久遠前的事！我們能夠想像得出來嗎？

在後文中我們也將陸續看到，現代的古埃及研究學者，對這種想法憎惡有加。不過，連他們也必須承認：「沒有任何直接的方法，瞭解獅身人面像建造的日期，因為它們是從天然石中雕刻而成的。」（吉薩地圖化計畫主持人馬克．列那博士〔Dr. Mark Lehner〕之言）。在無法做進一步客觀調查下，列那博士指出，現代考古學家只能從各種蛛絲馬跡的前後對證來判斷年代，而既然獅身人面像位於吉薩古蹟群，也就是最有名的第四王朝所在之地，因此一般學者便一口認定，獅身人面像應屬於第四王朝。

但是對這樣的推理，至少十九世紀的一些著名古埃及學者並不以為然。他們曾有一度提出，獅身人面像為第四王朝出現很久很久以前，便已建造完成的理論。

誰造的獅身人面像

法國著名的古埃及學者瑪斯佩羅，在他一九〇〇年出版的《遙遠的帝國》（*Passing of Empires*）中，特別研究了圖特摩斯四世立的獅身人面像石碑，並寫道：

> 獅身人面像石碑的第十三行空欄中，冒出來一個卡夫拉王的徽紋記號……顯示卡夫拉曾經主持過一次清除獅身人面像沙土的復原工作。因此，我們可以推斷，獅身人面像至少在古夫王，或他以前的王朝所建，然後被埋在沙土中……

另外一位著名的法國古埃及學者瑪利艾特（Auguste Mariette，一八二一～一八八一）也同意這個說法。瑪利艾特為最早發現「庫存表石碑」（如前面所述，碑文中清楚記載道，獅身人面像早在古夫王以前便存在於吉薩高地）的探險家，他認為獅身人面像早已存在於吉薩高地，並不令人感到意外。

另外，布路池（Heinrich Brugsch Bey，著有《法老下的埃及》〔*Egypt under the*

Pharaohs〕，一八九一年出版）、弗林德．培崔、賽伊斯（Sayce）等多位學者也都持相同的看法。另外一方面，一些旅行作家，如約翰．華德（John Ward），也相繼認定「獅身人面像必定比金字塔要老上不知道多少年」❾。而且一直到一九〇四年，大英博物館的古代埃及遺跡管理室長，極受圈內人士尊敬的學者華理士．布奇爵士，也毫不遲疑地支持這種說法：

世界上最古老而精美的獅身人面像，應該就是吉薩高地上的那一座了。它在卡夫拉建造第二金字塔以前，不但早已存在，而且極有可能在當時便被視為古物……一般認為，它與外國人或王朝存在前的宗教，有某種程度的關聯。

但是從二十世紀初到二十世紀末的不到一百年間，古埃及學家對獅身人面像的看法，有了極大的轉變。現代的正統派古埃及學者中，沒有一個再願意認真地考慮、討論獅身人面像的年代，而它在卡夫拉統治埃及的數千年前便已存在的說法，在十九世紀末，還被視為常識，但是到了今天，卻成了大膽妄言。

例如，埃及考古廳負責吉薩及沙卡拉地區的札希．哈瓦斯（Zahi Hawass）博士便認為，許多過去的理論都已「隨風而逝」，因為「我們掌握了非常堅實的證據，可以證明獅身人面像其實是屬於卡夫拉時代的產物。」

同樣地，加州大學柏克萊分校的考古學家卡洛．雷蒙（Carol Redmont）表示，獅身人面像的年代比卡夫拉久遠的這種說法「簡直令人無法置信」。她認為：「獅身人面像沒有任何可能比卡夫拉久遠，因為吉薩地域在卡夫拉王統治前的幾千年，不但沒有那種工藝水準，更沒有必備的管理組織，和建造起那種規模的建築物時所需要的意志力。」

當我剛開始著手研究這個題目時，也和札希．哈瓦斯一樣，相信一定會有新證據出現，解開誰才是獅身人面像建造者的謎。但是事實不然。當我們前後仔細對證後，發現現代學者其實只有三個間接的理由，支持獅身人面像是由卡夫拉王所建的說法：

理由1.因為圖特摩斯四世所建的獅身人面像的石碑，在第十三行的空欄中，冒出卡夫拉王的徽紋記號。

瑪斯佩羅對卡夫拉王的徽紋記號，提出了一個完美的解釋：圖特摩斯四世將獅身人面像復原後，便立了一個石碑，以對曾做過同樣行動的先人表示敬意，而他表示敬意的物件，就是第四王朝的卡夫拉王。這個解釋強烈暗示獅身人面像在卡夫拉時代即已非常古老。然而，現代的古埃及學者並不接受這說法。現代的古埃及學者似乎頭腦都一樣地食古不化，眾口一致地認定，圖特摩斯四世在石碑上放上的那個徽紋記號，是為了要紀念原始獅身人面像的建造者（而非復原者）。

由於石碑上殘留下來的只有那個唯一的徽紋記號，其他前後文均已佚失，學者竟然能夠如此鐵口直斷，一口認定獅身人面像非是第四王朝時代的作品不可，這種結論難道不會太不成熟嗎？只因為一個第四王朝法老的徽紋（石碑本身還是第十八王朝的法老所建的），便認定整個雕刻為當時的作品，這算是哪門子的「科學」？而且時至今日，連那個徽紋都已開始剝落模糊……

理由2.因為鄰近的河岸神殿，也是卡夫拉王所建的。

這種說法的證據相當薄弱（因為河岸神殿為卡夫拉王所建的說法，建立在神殿中有卡夫拉王的雕像之上。然而，雕像很可能是後來的人將它放進去，而非原始便在那兒的）。但是，古埃及學者卻對這種說法擁護有加。他們不但認定河岸神殿是卡夫拉王所建，順便也把獅身人面像的建造，算在卡夫拉的頭上（因為兩者之間顯然有一些關聯）。

理由3.因為很多人認為，獅身人面像的面相，與河岸神殿的洞穴中發現的卡夫拉雕像，非常相似。

這顯然是個人見解的問題。我個人便從來不覺得兩者之間有任何相似之處。而紐約警察局專門製作蒙太奇像片的專家，在用電腦比較後，也認為兩者並無相似之處（本書第二部中將另有詳述）。

無論如何，一九九三年三月十六日，日近黃昏時，我遠眺著獅身人面像，心裡暗自想著：最終學術「判決」還沒有出來。「陪審團」至今還在思考，誰才是這個巨大雕刻的建造者。會是卡夫拉王嗎？還是史前一些擁有高度文明，卻尚不為人知的建築家們？不論在這個月（或這世紀）學者們決定他們比較喜歡哪一種說法，兩者都仍有可能。在缺乏完整的、堅實的、毫無質疑餘地的證據下，沒有人知道真實是屬於哪一邊。

【註釋】

❶見葉慈詩《二度降臨》。W.B. Yeats, *The Second Coming*.

❷見第二部，有關「開天闢地」的討論全文。

❸見第二部的討論，以及上冊第三部有關歐西里斯重生的宗教及古墨西哥宗派的比較。

❹有關石塊重量，見《埃及金字塔》，頁二一五；《天空之蛇》，頁二四二；《古埃及旅行之鑰》，頁一四四；《金字塔：謎題揭曉》，頁五一；《獅身人面像的神祕》（*Mystery of the Sphinx*），美國國家電視網（NBC）節目，一九九三。John Anthony West, *Serpent in the Sky*, Harper & Row, New York, 1979.

❺與魏斯特個人通信。同時見《獅身人面像的神祕》，美國國家電視網。

❻見利其海姆《古埃及文學》，第二冊，頁八五～八六。Miriam Lichtheim, *Ancient Egyptian Literature*, University of California Press, 1976, Volume II, P.85～86.

❼見《埃及歷史》，卷四，頁八十。*A History of Egypt*, 1902, Volume 4, p.80ff, Stela of the Sphinx.

❽見本書第三章。

❾有關整體性觀察，見約翰．華德《金字塔及進程》，頁三八～四二。John Ward, *Pyramids and Progress*, 1900, p.38～42.

第二部

埃及 II
宇宙神靈

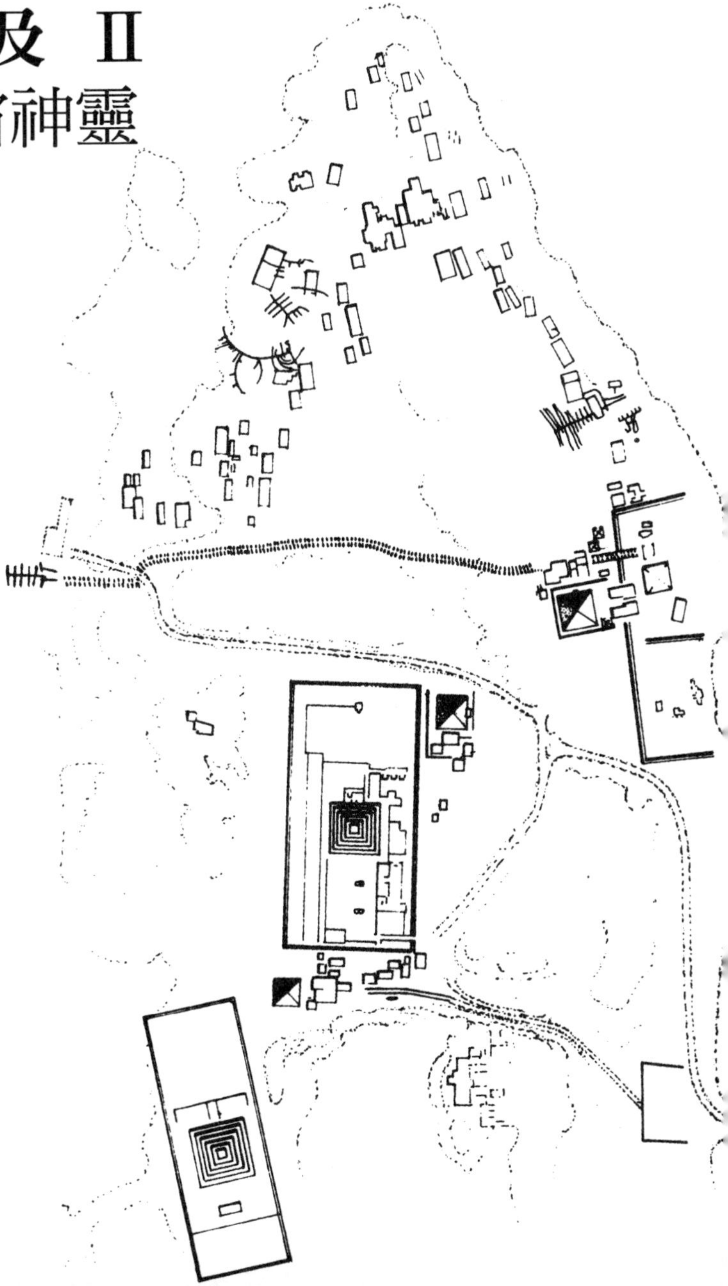

第八章

「殘留在埃及的祕密」

一九二二年十一月二十六日黃昏，英國考古學家霍華德．卡特（Howard Carter，一八七四～一九三九），與他的資金贊助人卡納文（Lord Carnarvon，一八六六～一九二三）爵士，進入了西元前一三五二～西元前一三四三年間，統治埃及第十八王朝的一位年輕法老的墳墓。此法老，正是後來馳名世界的圖坦卡門❶。

兩天後的二十八日夜晚，卡特撬開法老墓中的「寶庫」，發現裡面竟然藏滿了黃金財寶，而寶庫的尾端帶連接著另外一個房間。最令人感到奇妙的是，另外這一間房間，雖然到處都是炫目而高貴的寶物，但卻連一扇門也沒有，只有在入口處，站著一個胡狼頭的阿努比斯神雕像，栩栩如生，雙耳豎直，如野犬一般地蹲站著，前腳向外伸展，搭在一個金邊的木箱上，擔任守護的任務。木箱的長度大約為四英尺、高三英尺、寬二英尺。

開羅市埃及博物館，一九九三年十二月

祭祀用的「胡狼神」阿努比斯神雕像，雖然雙腳仍然搭在那口鑲金邊的木箱上，但它的形體已被收納於博物館的玻璃展示櫃內。我站在展示櫃外，凝視許久，發現它是以粉刷過的木塊雕刻而成的，漆黑的身體上，以非常精細的嵌工，裝飾著黃金、白銀、雪花石膏、方解石、黑曜石等珍寶。眼睛附近嵌入的白銀裝飾，尤有畫龍點睛的效果，使得阿努比斯感覺上不但眼光銳利，而且深沉警覺。強勁的肋骨與柔軟的肌肉線條之間，清楚地表達出阿努比斯的力量、能源與優雅。

在感覺到從阿努比斯木雕中釋出的那股神祕而強烈的力量的同時，我不禁聯想到世界各地都有的關於歲差的神話。過去幾年中，我花了相當大的精神研究歲差與神話。神話中，犬類的存在不容忽視，令人感覺在這些故事的背後，犬代表著某種特殊的意義，而且我懷疑，犬、狼、胡狼等的象徵，正是遠古的神話作者，想引領我們進入一個已經失落的科學知識寶庫的線索。

而且我相信，歐西里斯的神話，也屬於這個神祕的科學知識寶庫中的寶藏之一❷。歐西里斯的神話其實不算神話，因為它已超出神話的範圍。古埃及將它編成神祕戲劇，每年定期演出，使得它已成為從史前傳承下來最重要的、「有情節」的文藝作品之一。正如上冊第五部中所述，神話中暗含的許多表達歲差運動的數字，不但非常精確，而且一致性高，絕不可能是偶然湊成的。另外，每齣神祕劇都以胡狼神為主角，也絕非偶然。在這些戲劇中，胡狼經常扮演歐西里斯的精神領導的角色，帶領歐西里斯在冥界旅行。此外，古埃及的祭司向來將阿努比斯視為「玄祕及聖書的守護者」，其中也必定有某種重大的意義。埃及博物館中的木雕阿努比斯，前腳所搭的木箱邊緣上，有一行雕刻的象形文字，寫著：「進入祕密之門」❸。另外，也有人將它翻譯為「在祕密之上的他」或「祕密的守護者」。

不過，埃及還有任何祕密嗎？

在經過一百年考古學者的挖掘後，這個古代土地的沙土下，還能隱藏著什麼驚人的祕密嗎？

布法爾的星星和魏斯特的石頭

一九九三年，埃及又出現了驚人的新發現，使世人察覺，關於古埃及，我們還有太多需要學習的地方。帶領我們找到這最新發現的，並非那些一直堅持己見的考古學者，而是一個外行人：一位名叫羅伯．布法爾（Robert Bauval）的比利時土木工程師。布法爾對天文研究很有興趣。他發現天空和吉薩的金字塔之間很有關係，而這是只注意地面，卻忽略了天空的古埃及學專家們始料未及的。

布法爾發現，從吉薩的南面天空上可以看到獵戶星座的三顆明星，不過這三顆星星的排列並非在一直線上。如果我們以下方的兩顆，尼他克（Al Nitak）和尼蘭（Al Nilam）為準拉一條直線的話，第三顆星明他卡（Mintaka）勢必落在這條直線的左邊，也就是在偏東的位置上。

而吉薩高地上三座神祕的金字塔，在地面上的配置關係，恰好與這三顆星的排列方式完全相同。布法爾發現，如果從空中往下看吉薩古蹟群，會發現古夫的大金字塔正好與尼他克對應，卡夫拉的第二金字塔與尼蘭對應，而曼卡拉的第三金字塔與其他兩個金字塔相較，則稍微偏東，建構成了一幅完整的獵戶星座構圖。

吉薩的金字塔果真是依照星座而排列的嗎？我知道布法爾後來的一些研究成果，被數學家及天文學家全面肯定，證明了他的直覺是正確的。他證明（本書第十七章中另有詳述），三座金字塔與獵戶星座的三顆明星之間的對應關係，精確到令人難以置信的地步，不但位置上完全呼應，連三顆明星不同的光度，都以金字塔的大小表示出來。而且，這天空地圖還可向南北延伸，將吉薩高地上的其他建築結構都非常精確地囊括進來。不過布法爾的天文計算中，真正令人感到意外的是，儘管從天文學的觀點，大金字塔本身和金字塔時代確有一些關聯，但是吉薩高地上建築配置所記錄下來的，並非西元前二千五百年左右的第四王朝，而是——唯一可能是——西元前一萬零四百五十年左右的天空模樣。

我此行來埃及的目的，便是和布法爾一起到吉薩一遊，並訪問他星座論的詳細內容。同時，在一萬多年前遙遠的古代，如果已有人類社會的話，那個能夠精確探知星座方位，

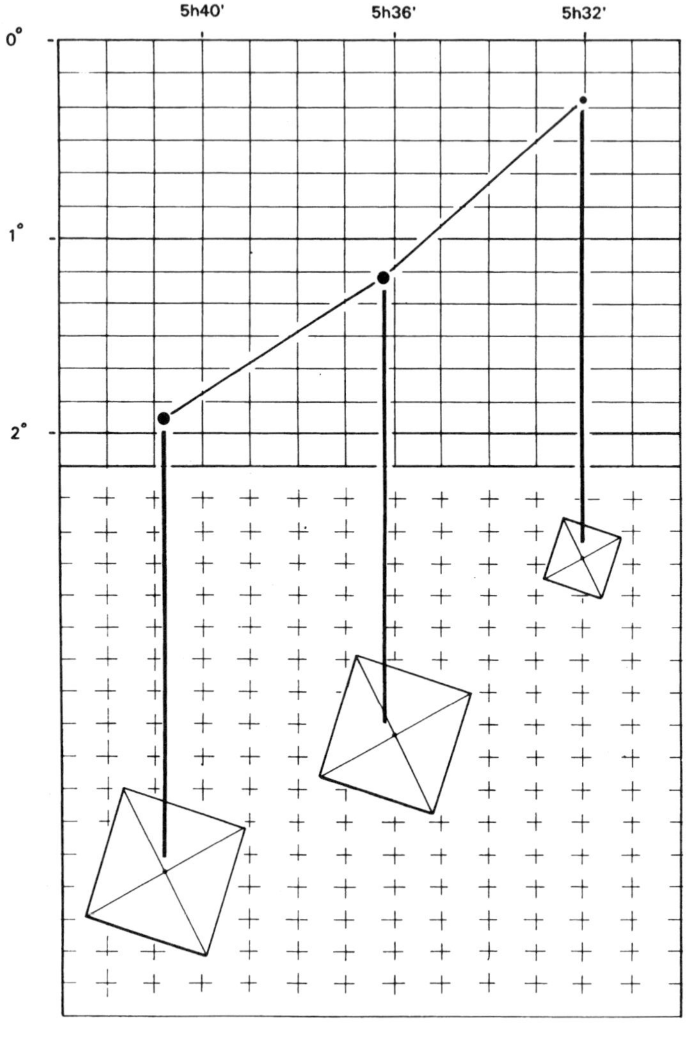

吉薩地面的三大金字塔和獵戶三星的關係

並徹底以數學的、全盤性的眼光規劃吉薩古蹟群的，會是一個什麼樣的社會，這一方面我也想知道他的意見。

另外，我也想趁這次來埃及之便，訪問另一位挑戰正統派古埃及學的研究者約翰．魏斯特（John Anthony West）。美國學界出身的魏斯特，找到一些非常明確的證據，證明早在西元前一萬年時，尼羅河谷便已有高度的文明了。正如布法爾所掌握的天文學資料，其實能夠證明古文明存在的資料相當多，但是沒有一件能引起高高在上的正統派古埃及學者的注意。魏斯特認為專家們沒能注意到那些資料，並不是因為他們當初沒有找到。他們顯然找到並看過資料，只是沒能正確地理解、闡釋它們而已。

魏斯特掌握的證據，主要在一些重要的建築古蹟上，包括著名的獅身人面像、吉薩的河岸神殿，和上埃及古都阿比多斯的神祕建築歐希里恩。經科學驗證，在這些聳立於沙漠的建築物上，發現了很多被雨水沖刷耗損的痕跡。從石塊被沖刷、侵蝕與耗損的情形來看，當時的降雨量應該不小。而吉薩一帶，有如此大量雨水的時期，則非冰河時代的末期，也就是西元前一萬一千年左右莫屬了。

一位英國的專題研究記者如此寫道：

魏斯特的存在，可謂學者最害怕的噩夢成真，因為他從一個學術界從來沒有思考過的角度，經過縝密的思考，提出了一個前後一貫的理論。他蒐集到豐富的資料，讓學界毫無反駁的餘地，並逼得學界人士走投無路。到了這個地步，學術界也不知道該如何反應，只好採取漠視的態度，希望魏斯特的理論會因此消失於無形……但是它不會消失。

儘管我們「能幹的古埃及學者」不以為然，但是魏斯特的新理論卻獲得科學家庭中另外一支學者——地質學家——的支持。波士頓大學的地質學教授羅伯・修奇（Robert Schoch）博士，在證實魏斯特推算獅身人面像的年代正確性上，扮演了重要的角色。修奇博士的說法，在一九九二年美國地質學會的年度大會上，也獲得了三百名同儕一致的支持。

於是，地質學家與古埃及學者之間，私下展開了一場激烈的辯論❹。雖然除了魏斯特以外，鮮有學者發表公開的談話，但這場辯論卻關係著人類文明進程的理解，是否會被全面顛覆。

根據魏斯特的說法：

過去我們一直認為人類文明發展的進程是直線的——從頭腦簡單的洞穴人，逐漸發展到會製造氫彈和擠出有花樣牙膏管的聰明人。可是如果我們能夠證明獅身人面像比考古學家以為的要古老上好幾千年，甚至比埃及王朝還要古老好幾千年的話，那麼我們便可肯定，傳說中一再出現的主題——在遙遠的太古時代中，曾經有過非常成熟的文明——確有其真實性。

經過四年的調查旅行與研究，我非常驚訝地發現，那些古老的傳說可能不僅是傳說，而是事實。正因為如此，我決定回到埃及，與魏斯特及布法爾見面。最讓我感到驚異的是，魏斯特及布法爾之間的調查與研究，表面上並沒有任何關聯，實際上卻能完全結合❺，從天文、地質兩個不同的角度，他們分別找到了失落文明的指紋。這個文明或許是，或許不是，從尼羅河谷中發展出來的，不過可確定的是，它早在西元前一萬一千年，便已出現在地球上。

胡狼一族

阿努比斯，祕密的守護者，埋葬室的神明，專門為死人開路的胡狼頭神，歐西里斯的指導者兼夥伴……

下午五時，開羅博物館差不多該休館了。就在桑莎說她已經照夠了那些晦暗木雕像的照片時，我們正好聽到樓下的守衛吹哨、拍手聲，趕走最後的一批遊客。遊客來來往往，但在這棟有上百年歷史的建築物二樓，阿努比斯卻不分晝夜地維持它幾千年來一貫安靜的、警戒的、蓄勢待發的姿勢。一切都停頓在原點上。

的陽光下。

我們走出昏暗的博物館，進入依然炫目，遍灑在開羅喧嘩的塔希瑞爾（Tahrir）廣場的陽光下。

即使走出博物館，我的心思仍盤旋在阿努比斯的身上。阿努比斯在神話中的角色為靈魂的指引者和祕卷的保護者，與另外一個神——「開路神」烏普奧特——非常接近。同樣以胡狼為象徵的烏普奧特，名字本身都有「開路者」的意思❻。從最遠古以來，這兩隻犬神便和阿比多斯有很深的淵源。阿比多斯的神祇肯提阿曼杜（Khenti-Amentiu，字面的意思非常奇妙，為「最初的西洋人」），也以犬狼為象徵。它通常橫臥在黑色的蠟燭台上。

這些神祕而有強烈象徵性的犬狼族一再出現，代表著什麼意義？從這裡我們可以解開什麼樣的祕密？這些問題都很值得探討，因為阿比多斯的歐希里恩建築物，根據魏斯特的研判，可能比考古學家所認定還要古老得多。再說，我已經安排過幾天要到上埃及的路克索（Luxor），也就是離阿比多斯不到二百公里的一個城鎮，去拜訪魏斯特。我原本準備從開羅坐飛機去的，後來卻發現我不但可以乘坐汽車前往，而且還可以順路探訪幾個古蹟。

我們的司機穆罕默德．華利利（Mohamed Walili）還在塔希瑞爾廣場旁邊的地下停車場等我們。身材魁梧、個性溫和並已有相當年紀的華利利，平日經常開著他自有的標致計程車，在吉薩的美納館（Mena House）旅社前面排隊等客。我們和他攀上交情後，每次來埃及都坐他的車。我們花了一點時間和他講價。有很多事必須先考慮清楚，例如往阿比多斯及路克索的路上，正是激進派恐怖份子經常出沒的地方。終於，我們講定了一個價錢，並安排好第二天清晨出發。

【註釋】

❶古埃及新王國時期第十八王朝法老，在位時期大約是西元前一三三四～一三二五或一三二三年。

❷例見大衛，《阿比多斯宗教儀式之介紹》，頁一二一。Rosalie David, *A Guide to Religious Ritual at Abydos*, Aris and Phillips, Warminster, 1981, in particular p.121.

❸見可特吉安尼《開羅博物館所見法老的埃及》，頁一一八。Jean Pierre Corteggiani, *The Egypt of the Pharaohs at the Cairo Museum*, Scala Publications, London, 1987, p.118.

❹亦即美國科學協進會一九九二年辯論：獅身人面像有多老？：American Association for the Advancement of Science, Chicago, 1992, Debate: How old is the Sphinx?

❺魏斯特及布法爾在互相不認識的情況下，分頭進行其獨特之調查研究，直到筆者介紹兩人認識。

❻見華理士．布奇《埃及諸神》，第二部，頁二六四。E.A. Wallis Budge, *The Gods of the Egyptians*, Methuen & Co., London, 1904.

第九章

〔胡狼的房間〕

穆罕默德．華利利第二天清晨六點，天還濛濛亮的時候，便來到旅館接我們。

我們在路邊攤喝了一小杯濃烈的黑咖啡後，便上了一條人跡稀疏但灰塵滿天的道路，往位於西邊的尼羅河開去。我請華利利繞過梅但（Maydan al-Massallah）廣場，因為我想要看一眼坐落在廣場，世界上最古老而完整的埃及方尖碑（Egyptian obelisks）❶。這座石碑是以粉紅色的花崗岩做成的，重三百五十噸，高一百七十英尺，為法老色努色勒特一世（Senuseret I，西元前一九七一～西元前一九二八年）所建。它原是海里歐波里斯（Heliopolis）的太陽神殿（Heliopolitan Temple of the Sun）入口處的兩個大石碑之一。四千年後的今天，神殿和第二塊石碑已完全消失，事實上，太陽城的古都遺跡也幾乎完全消失，原來那些優美的石板等建築材料，也被幾千年來的開羅市民剝奪殆盡，只剩下這一根石柱。

海里歐波里斯（太陽城之意），在《聖經》上的名字為「翁」（On），而在古埃及文中則被稱為伊努（Innu），或伊努・梅鋭特（Innu Mehret），亦即「柱」或「北之柱」的意思。那是一塊非常神聖的地方，與九個太陽和星座之神都有奇妙的關係。色努色勒特選擇這地方來建他的尖塔時，太陽城便已經是一塊歷史悠久的土地了。一般相信，吉薩以及更遙遠的南方古都阿比多斯，都和伊努／太陽城一樣屬於「開天闢地」（First Time）——創世時代——土地的一部分。這裡就是神祇們開始治理地球時，最先降臨的地方。

太陽城的創世神話中，有不少非常獨特而令人感興趣的地方。根據地方傳說，宇宙最初被稱為「南」（Nun），是一個黑暗而充滿水的虛無之地。慢慢地，從宇宙的大洋（被形容為「沒有形狀，比最暗的暗夜還要黑暗」）中，升起了一塊乾燥的土地。太陽神「雷」以自己的化身，創造了亞檀姆（Atum，經常被描繪成一個留著鬍髭、拄著木杖的男性）❷。

天空還沒有創造出來。土地已經創立出來了。地球上還沒有孩童或爬蟲……只有我亞檀姆一個人……沒有人與我共同工作……

感到非常孤獨的不滅之身亞檀姆，於是創造了兩個同樣為聖體的子孫：空氣與乾燥之神「修」（Shu）、濕氣之神「太夫納」（Tefnut）：「我把我的陽器合於雙手之中。我使種子進入我的手中。我把它倒入我的口中。我排洩，修顯形，我放尿，太夫納顯形。」

儘管出生的方式不怎麼榮耀，但修和太夫納（經常被形容為雙胞胎，有時還同時以獅子形象出現）長大以後，結合，並生下了孫輩：土地之神葛布，天空之女神奴特。他們兩人也結合，生下四名子女：歐西里斯、愛瑟絲、賽特和內普特斯（Nepthys），因而完成了太陽城九神家族。九個神明中的雷、修、葛布、歐西里斯等四神先後統治埃及後，埃及王位便傳給了荷羅斯（Horus），和最後一個，卻統治埃及達三千二百二十六年之久的指揮之神索斯。

這些人——或者我們稱呼他們為生靈，甚至神明——到底是誰？他們只是祭司想像力的產物，還是具有某種象徵意義的實體或暗號？這些故事會不會是真實事件，但經過記憶的扭曲而成為神話？或者，這些故事其實為太古傳下的符號化訊息，為超越時間，傳達給後人而編造出來的？它們會不會是現在才正準備解開的訊息？

這些想法或許聽起來很花俏、甚至無稽。不過，令我無法釋懷的是，在有關愛瑟絲和歐西里斯的神話中，隱藏著許多顯然屬於太陽城傳統的一部分的歲差運動計算，精確無比。而擔負有保護太陽城（伊努）傳統的祭司，在埃及向來以才智兼備著稱，不但能預言，而且還精通天文、數學、建築、魔術等。他們也因為持有一個神聖而強有力的神器——本本（Benben）——而聞名。這些都顯示神話的背後應該隱藏著一些我們無法解釋的深意。

埃及人將太陽城稱為伊努，亦即「柱」之意，因為根據傳統，自古以來便保存於人間的「本本」，最早被保存在一根石柱的頂端。

一般人相信「本本」很早以前便從空中落下人間。但很不幸的，「本本」在非常久以前便已遺失，西元前一九七一年色努色勒特（第十二王朝）即位時，已沒有人記得它的樣子了。當時人只記得，「本本」是呈金字塔形狀，而這份記憶便成為後來所有埃及方尖碑的原型。「本本」也從此成為金字塔型，或在金字塔頂上的石頭的意思。從某種象徵性意義上來看，「本本」和雷及亞檀姆之間的關係緊密而直接❸。關於雷及亞檀姆，古代文件上記載道：「你們升高，像本本石一樣，到鳳凰的宅邸之上……」

鳳凰的宅邸指的是太陽城原始神殿，也就是當初收藏「本本」的地方。從這裡，我們不難看出「本本」這個神祕的器物，同時也是傳說的神鳥鳳凰的象徵。鳳凰之名為貝奴（Bennu），它的出現與消失，被視為與宇宙大週期及世界的崩壞及再生有關❹。

相同的指紋

早上六點半，車子向太陽城的郊外移動。我閉上眼睛，嘗試在內心描繪出神話「開天闢地」創世時，太陽神亞檀姆以島嶼之姿，從水之神「南」的洪水中冒出來的景象。想到這裡，我不能不聯想到南美安地斯山的古老傳說。根據安地斯的傳說，文明之神維拉科查，在一場毀滅性洪水之後，從的的喀喀湖中升起。同時，我們必須考慮到歐西里斯的存在。歐西里斯不僅下巴蓄著鬍髭，與安地斯文明中的維拉科查及奎札科特爾外形很相像，而且在埃及的故事中，他也同樣為有名的賢君，廢止埃及人食人的習俗，教導民眾務農、飼養家畜，並將文字、建築及音樂等介紹給人民，這些地方也都與安地斯的神明功績相同。

我們很容易便可看出新大陸與舊大陸傳統之間的相似之處，卻不知應如何闡釋這些相似之處。純屬偶然的可能性也有，但更有可能的是，它們同樣代表未知的太古文明留下的指紋。不論中美洲的神話、安地斯的神話或埃及的文化中，基本上都是相同的指紋。太陽城的祭司或許將創世紀傳播給人民，但是他們的知識又是誰教出來的？這些故事就這麼無中生有地出現嗎？還是，故事中的教條和複雜的象徵性意義，反映出經過長時間洗練的宗教思想？

果真如此的話，這些思想又是從哪兒來的呢？

我抬頭看窗外，發現我們已經離開太陽城，進入了彎曲狹窄、嘈雜混亂的開羅街道。通過「十月六日大橋」（6 October Bridge），到達尼羅河西岸後，車子很快便進入了吉薩。約莫有十五分鐘的時間，只見厚實的巨型金字塔一個接一個地從右車窗外晃過，然後汽車便向南轉往上埃及的道路，沿著世界最大的尼羅河的南岸疾駛而去，而窗外的景色也從無情的紅色沙漠一轉，成為一排排綠色棗椰樹與田地。

古埃及人一切的世俗及宗教生活，都受到太陽城的祭司和他們的思考、想法的影響。然而，這些祭司又受到誰的影響呢？他們的思想觀念，是從埃及本地發展出來的，還是從外地傳進尼羅河谷的？我們應該從埃及人和太陽城的傳統中，為這些問題找到明確的答案。太陽城所有的智慧，有人說都來自於傳統，而那些傳統正是神明傳承給埃及人的遺產。

神明的禮物？

汽車駛離大金字塔約十英里左右，我們離開幹道，進入沙卡拉古蹟區。聳立於沙漠邊緣的這個古蹟區的重心，為第三王朝的法老卓瑟所建立的「階梯金字塔」。莊嚴肅穆的階梯金字塔共有六層，高六十公尺，四周有優雅的圍牆，完成於西元前二六五〇年左右，被考古學者認定為人類最古老的巨石建築物。根據傳統的說法，建築此金字塔的是太陽城的一位祭司，有「魔術巨匠」（Great of Magic）稱號的印何闐（Imhotep，卓瑟王的御醫和大臣）。印何闐還有許多其他的稱號，包括賢者、魔術師、天文學家、醫者等。

在後面的章節中，我們還會對階梯金字塔有更詳細的敘述，不過在這裡，我這一次造訪的目的並非參觀階梯金字塔，而是要進入附近另外一個由第五王朝烏納斯（Unas）法老所建的金字塔，並花一點時間進入它的地下墓窖中。烏納斯王統治埃及的時間為西元前二三五六年到二三二三年。其實，我已造訪過烏納斯金字塔好幾次，並且對它從天花板到地板的牆壁上，雕滿了的金字塔經文（Pyramid Text）相當熟悉。金字塔經文為非常古老的神聖經書，以豪華絢爛的象形文字書寫而成，上面記載了許多令人矚目的思想。因為金字塔經文的存在，使得第五王朝的金字塔，與沉默無言的第四王朝金字塔形成強烈的對比。

第五、第六王朝所建的金字塔中的經文，正是這兩個朝代（西元前二四六五～西元前二一五二年）最大的特色之一，其中有一部分，為西元前二〇〇〇年左右由太陽城的祭司撰寫而成；另外一部分，則為一些祭司從王朝時代開始以前的先人手

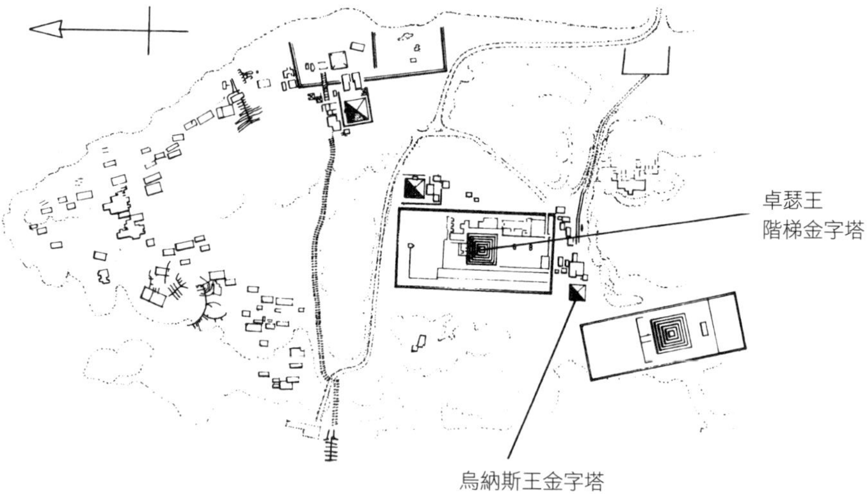

沙卡拉

上傳承下來的❺。我對這一部分特別感興趣，並於此次造訪前的好幾個月便著手研究。我感覺很有趣——同時也有一點迷惑的是：十九世紀的法國考古學家們，幾乎就像被「開路者」神明指點一般，打開金字塔後，便直接進入了這間有金字塔經文的祕密房間。根據相當可信的資料顯示，一個參與沙卡拉考古挖掘行動的埃及工頭，有一晚徹夜未眠，天亮左右，他發現自己置身於一個被摧毀的金字塔旁，一頭琥珀色眼睛在閃爍發光的胡狼，站在他面前：

那動物簡直就在嘲笑人類觀察者……並邀請這個表情困惑的男人來追逐它。胡狼緩慢地往金字塔的北面行進了一會兒後，剛停住腳步一會兒，突然就消失在一個洞穴中了。這位好奇的阿拉伯人決定要一探究竟。他隨著胡狼，也鑽進那狹小的黑洞，發現自己進入了一個房間。提起手上的光源，這名工人發現整個房間的牆壁，從頭到腳，都是象形文字的碑文，而那些在堅硬的石灰岩壁上的文字雕刻，不但手工精緻，旁邊還嵌有土耳其玉和黃金。❻

今天，要進入烏納斯金字塔中雕滿象形文字的地下室，必須從北面入口，並通過一條冗長的下坡走廊才能到達。這條長廊是法國的考古小組，在那埃及工頭的驚人發現後所挖掘出來的道路。地下室其實有兩個長方形的房間，中間的隔間上，開有一個相當矮的出入口。兩個房間的屋頂都採用山形牆構造，上面畫著無數的星星。將身體儘量縮成一團，通過長廊，桑莎和我先進入了地下室的第一個房間，再通過小出入口，進入了第二個房間。一眼望去，便知道這是典型的墓窖。烏納斯王碩大的黑花崗岩石棺，就置放於這房間的西端，而牆壁上的金字塔經文，好像在誇示法老的存在一般，包圍著整個房間。

面對滿壁的雕刻，我感到這些象形文字在直接對我們說話（而不像大金字塔，透過樸素的牆壁、謎樣的數字拼圖傳達意思）。但是，它們到底在說些什麼？我知道，就某種程度來說，這要看我們用的是哪一種翻譯版本。金字塔經文因為使用了太多古代的字眼，和引用了許多一般並不熟悉的神話，使得學者們不得不用大量的「猜功」來解讀它們❼。不過，大部分的人都同意，倫敦大學古埃及語言學教授傅克納（R.O. Faulkner）的翻譯本最為權威。

傅克納的譯文，我曾逐行仔細研究過。他形容金字塔經文為「現存資料中，對古埃及宗教及葬儀保存最完整的文件。而且，這種文件最值得信賴，是研究埃及宗教的學者最基本的資料……」至於（如大多數學者都同意的）為什麼這些資料這麼重要，則是因為那是連接人類記憶力所及的最近的過去，以及人類已經逐漸遺忘的遙遠過去之間，唯一的開放道路：「這些碑文，對已失落的世界的思考與語言的記錄雖然已經模糊不清，卻清楚地告訴在現代的我們，在遙遠的過去，那些生活在史前的人們，他們的思考和語言仍然保留在這塊土地上……一直到現代的我們能完全理解為止。」

我們不能不同意這種感覺：經文顯然傳達的是一個已經失落的世界的模樣。但是這令我感到困惑：那個失落的世界中居住的不是野蠻人（一般人聽到史前，便聯想到野蠻人），而是一些精通宇宙科學的男男女女。總體來看，我們可以從兩方面解釋這件事：金字塔經文中，有相當成分的原始要素，但另一方面，它也有許多高深的法則與觀念。我每次沉浸於這些古埃及學者所稱的「古代咒語」時，都不能不被從那一層層阻礙理解的厚壁背後，隱約傳來的高度知性所感動，並提醒自己，那絕對不是原始野蠻的「史前人」應該會有的複雜思考與概念。換句話說，金字塔經文透過象形文字的媒介，就如同大金字塔透過建築的媒介，傳達給後人一個令人震撼的印象：史前人擁有並知道如何使用高度的技術。但以現代人的常理，我們推定，太古時代的人類絕對不可能有高度的技術水準……

【註釋】

❶「沙卡拉，埃及：考古學家發現一塊綠色大理石的方尖碑，也是現在所知最早且最完整的方尖碑，是為接近四三〇〇年前的法老佩皮一世（Pepi 一）之妻子英提（Inty）所建。英提死後被尊奉為神。」節錄《倫敦泰晤士報》及《倫敦電報》。Times, London, 9 May 1992; See also Daily Telegraph, London, 9 May 1992.

❷見《古埃及百科全書》，頁一一〇；《古埃及旅行之鑰》，頁六六；《古埃及之神》，頁一四〇。*The Encyclopedia of Ancient Egypt*（ed Margaret Bunson）, New York and Oxford, 1991, p.110; *Traveller's Key to Ancient Egypt*, p.77; E.A. Wallis Budge, *From Fetish to God in Ancient Egypt*, Oxford University Press, 1934; p.140.

❸見亨利・法蘭克福《王與神》，頁一五三。Henry Frankfort, *Kingship and the Gods*, University of Chicago Press, 1978. p.153.

❹細節請見《獵戶星座之謎》，頁一七。布法爾認為本本為一顆流星：「根據描述，這個流星應該有六到十五噸重……隕落時必定非常恐怖……」頁二〇四。Robert Bauval and Adrian Gibert, *The Orion Mystery*, Wm Heinemann, London, 1994, p. 204.

❺見《古埃及地圖》，頁三六。

❻摘自《獵戶星座之謎》，頁五七～五八。

❼見《古埃及旅行之鑰》，頁一六六；《古埃及金字塔經文》，頁V：「金字塔經文……包括了非常古老的經文……其中有許多神祕或幻象用語，無法以今天的語言翻譯。」*The Ancient Egyptian Pyramid Texts*, p.V.

第十章 「迷惑的歷史年代」

置身於烏納斯法老（Unas，第五王朝最後一位法老）的墓窖，放眼望去，灰色的房間牆壁，從上到下都填滿了象形文字——一種被稱為金字塔經文，已經沒有生命的文字。但是令人感到好奇的是，經文中反覆提到的卻是生命——永遠的生命。法老經過再生，成為獵戶星座的一顆明星後，便可獲得永生。正如上冊第十九章中對墨西哥宗教觀的觀察，金字塔經文中，有幾個地方非常明確地表達出再生的願望：

> 噢，王喲。你是偉大的明星，獵戶星座中的旅伴……你從東方的天空升起，因適當季節而新生，並在適當的時機重生……。❶

儘管境界極為淒美，但是並沒有任何特殊之處。法國考古學家瑪斯佩羅因此認為，金字塔經文應該是「經常保持半野蠻狀態」之人的作品。而且，由於瑪斯佩羅是第一個進入烏納斯金字塔的古埃及學者❷，所以他被認定為鑑定經文的權威。我們可以理解，從一八八〇年代他開始發表這些經文的翻譯以來，他的意見是如何主宰著學界。在胡狼的推波助瀾下，瑪斯佩羅將金字塔經文介紹給全世界，不過在這同時，他也將對金字塔經文的偏見傳染給了學界，使得學術界一直以有色眼光看待這方面的知識，而未能及時嘗試去解開一些經文相關的謎題。這實在是不幸至極，因為即使在今天，大家開始以科學、技術的角度，談論吉薩的大金字塔之謎之際，古埃及學的學者們仍不願意正視金字塔經文中一些驚人的文字內容，以及它們代表的意義。

經文的內容讀來相當怪異，好似在嘗試以完全不適合的語法結構，來解釋一些複雜的科學、技術問題。不過或許我們可以想像一下用喬叟式的英語來解釋愛因斯坦的相對論，或用中世紀的德文辭彙來形容超音速飛機，便不難理解為什麼經文內容是如此怪異了。

失落技術的破碎圖像

就以一些幫助法老死後飛往永生星界時使用的一些器材和附屬品為例，經文中有這麼一段敘述：

天際的群神降臨，地上的群神集合至你的身邊。他們將手置於你的身下。他們為你做成一把梯子。你乘坐著梯子，升往天際。天空之門為你大開。群星閃爍的天空，大門為你而開。

升天的法老，時常與歐西里斯結合為一體，也被稱為歐西里斯。我們在前面也提過，歐西里斯經常與獵戶星座連在一起。歐西里斯／獵戶星座被視為第一個攀爬神明做的梯子升天的人。經文中另外幾節的文字中，也非常清楚地交代，這個梯子為繩梯，連接在一塊懸在天上的鐵板上，平常不是由下往天空，而是從空中下降至地面用的❸。

我懷疑，難道經文上的這些敘述反映出的，僅為一些祭司的怪異想法？還是，從這些隱喻中，可以找到其他的解釋？

在經文的第二六一節中這樣寫道：「國王為火焰，隨風飄浮，從天際來到地面的盡頭……國王在空中旅行，在地上旅行……他用從空中降下的方法升空……」

第三一〇節，則以對話的方式這樣寫道：

「哦，那個世界在頭上、在後腦的你，把這個拿來給我！」

「把哪個渡船拿來給你？」

「給我『飛行——著陸』的東西。」

第三三二節，應該是國王本人，吐露心聲道：「我就是那個從毒蛇纏繞中逃脫的人。

改變方向，我在爆發的火焰中升空。兩個天空從後面追我而來。」

第六九六節，經文提出一個問題：「國王在哪裡變成會飛的？」經文又對這個問題提出解答：「他們會給你帶來哈努皮（Hnw-bark，Hnw的意義不明）……（經文遺失）痕鳥（hn-bird，hn的意義不明）。你將與它們同飛……你將飛，並著陸。」

另外，經文中有一些段落，我覺得學者應該更深入探討的，例如：

> 噢，吾父，大王，天窗的入口，已為你而開。
>
> 水平線上的天門為你而開，神祇很高興與你會面……請你坐在鐵的寶座上，正如同在太陽城的大王一樣。
>
> 噢，國王，請你升天……天空為你迴旋，地面為你動搖，不滅的星星因你而生畏懼。我為你而來。
>
> 噢，你的座位隱而不見，我將迎你升天……
>
> 土地說話，天門打開，天神葛布的門為你而開……請你往天上移動。乘坐鐵的寶座。
>
> 噢，我的父王，當你成神而去時，你以神明之尊，在空中旅行……你站在天地交集的地方……坐在神明都驚歎的鐵製寶座上……

雖然常被忽視，但是我們不能不提出，鐵座的一再出現，令人感到困惑。據我所知，鐵在古埃及是一種非常稀有的物質，尤其在金字塔時代，只有在隕石中才能找到。然而，在金字塔經文中，鐵出現之頻繁，幾乎到了令人感到尷尬的地步：天空中的鐵板、鐵製的寶座以外，還有鐵的權杖（第六六五C節），甚至國王的鐵骨頭（第三二五節、六八四節、七二三節），不一而足。

在古埃及文中，鐵被稱之為布加（bja），從字面上可以解釋為「天上的金屬」或「神聖的金屬」，也就是說，有關鐵的知識，被視為神明賜予的另外一項禮物……

失落的科學寶庫

神明在金字塔經文中還留下了什麼其他指紋？

我在讀經文的過程中，竟然在最古老的一些章節中，發現了與歲差運動時間有關的比喻。這些比喻用一套與其他章節完全不同的專業用語，也就是桑提拉納和戴程德稱之為《哈姆雷特的石磨》的古代科學語言，與其他章節的文字幾乎格格不入❹。

讀者或許還記得，四根撐住天空支柱的「宇宙圖」（Cosmic diagram），是古代埃及語言使用的基本思考工具之一。這四根支柱存在的目的，是將因歲差運動而產生的世界性年代的四條線加以視覺化。天文學家將這四條線取名為「秋分、春分、夏至、冬至的分至經線」，並認定它們從天空的北極降下，將星座切成四大塊。太陽以這些星座為背景，每二千一百六十年為一週期，太陽每逢春分、秋分的分點，以及夏至、冬至的至點，便慣性地分別從四條線上升起。

金字塔經文中，似乎賦予宇宙支柱圖很多的變形，而且就好像很多史前神話實際內藏有許多天文學資訊一般，歲差運動與天空戲劇性崩壞的圖像之間也強烈重疊。金字塔經文暗示，「天空石磨大亂」，就是在指每二千一百六十年，星座的十二宮就要輪迴一次的運動，可能會造成一個壞運勢的環境，肇始天空異變，而為地上帶來大災害。

因此，有一段這樣的記述：

> 自己創造出自己的太陽神雷——亞檀姆，原為萬神及人類之神。可是人類開始反抗他的統治，因為他開始老化，狗頭變成銀色，肌肉變成金色，頭髮則變成了藏青色。

發現人類的反抗後，上了年紀的太陽神亞檀姆（令人不能不聯想到阿茲特克族中，嗜血的第五太陽神托納提烏），決定要懲罰那些叛亂者，因此殺掉大部分的人類。他把這個毀滅的任務交給賽克梅特（Sekhmet），賽克梅特以滿身沾血的恐怖獅頭為特徵，有時從自己身體噴火，並以虐殺人類為樂。

恐怖的破壞期持續了相當長的時間。最後，雷終於介入，拯救了「殘餘」的生靈；

而他們，便是今天人類的祖先了。太陽神介入的方法便是發動一場大洪水，讓口渴母獅喝下、睡著。當她醒來時，已經對追求毀滅不感興趣，和平因而來到了這個已飽經破壞的世界❺。

在這同時，雷決定從這個他自己創造的世界中抽手：「我對和人類在一起已感到厭煩。我已經把大部分的人類都殺光了。剩下來的幾個，我已無興趣……」

然後太陽神雷便騎在將自己變身成母牛的天空之女神奴特的背上（奴特是為了接下去的歲差運動的比喻而存在的），升空而去。不久後，母牛開始「昏旋、顫抖，因為她離開地面太遠了」。這個情節，與冰島的安姆洛迪神瘋狂地旋轉石磨，使得軸棒顫動的故事非常相似。當母牛對太陽神抱怨這不安定的狀態時，太陽神雷命令道：「把我的兒子修放在奴特的下面，成為天空支柱，守護著我。蜘蛛與黃昏同時退場。修，把母牛載在你的頭上，安定母牛的身體。」當修把自己放在母牛的下面，安定住她的身體後，立刻，「上面的天空與下面的地便形成了」。就在此同時，正如古埃及學者華理士．布奇爵士，在他的經典名著《埃及諸神》（*The Gods of the Egyptians*）中所述，「母牛的四隻腳，成為天空四個方位上的四根支柱」。

和大部分學者一樣，華理士．布奇爵士假設古埃及傳統中所說的「四個方位」僅為寫實性的描述，所謂的「上天」除了你我頭上的那片天空以外，沒有其他意義。而在這段情節中出現的母牛的四隻腳，也就是東南西北的意思而已。他以為——就算今天的古埃及學者也大都同意他的說法——頭腦簡單的太陽城祭司們，認真地以為天空有四個角落，分別以四根母牛的腳支撐起來，而修更為優秀，不動如柱地挺立在天地的中央，支撐起整個世界。

但是，在桑提拉納及戴程德教授的新發現後，我們必須要重新闡釋這些傳統的故事。修和天上母牛的四隻腳，應該是歲差運動上代表年代區分的古代科學符號：極軸（修）和分至經線（四隻腳，或四個支柱，表示太陽一年經過春分、秋分、夏至、冬至的方位）。

而且，推測這個故事情節中所形容的年代的想法，非常誘人……

因為故事中有母牛，所以很可能發生在金牛座的時代。不過，埃及人還不至於連母牛和金牛不同的常識都沒有。因此比較可能——至少從象徵上的意義來看——是獅子座的年代，也就是西元前一〇九七〇到西元前八八一〇年。其原因在於，神話中毀滅人類的女神賽克梅特，其形體為母獅。沒有比將一個新世紀開始的困頓、混亂，比喻為一頭狂野的母獅更為適合的了，尤其獅子座時代正好為冰河時代的結束，也就是大量的冰塊以磅礴逼人的氣勢融化的時期，地球上許多動物都突然大量消失、被滅種。人類雖然在地震、大規模的洪水及氣候的異變中存活了下來，但是人口大幅減少，生存空間也受到極大的限制。

天狼星的居住者

古埃及人不但能辨識歲差運動，並且有在神話中說明它的能力。由此可見，他們比任何其他古代人，都更瞭解太陽系的運作，並懂得觀測天象。而且，如果古埃及人真的具有如此高深的天文知識的話，他們一定非常重視這些知識，並代代相傳，使它成為太陽城的精英祭司所保管的重要祕密之一。這些祭司想必會非常祕密地，以口傳的方式，只授予經過嚴格挑選的同門後進。萬一因時勢需要，他們必須將這些精奧的知識寫進金字塔經文的話，一定會故意將這些知識以引喻、寓言等的方式呈現出來，以保護他們的祕密。難道這是不可能的嗎？

我緩緩地踱步，在沉重的空氣中，穿過灰塵滿地的烏納斯的墓窖。我將目光放在淡藍與金色的碑文上。牆上這些用暗號寫成的文字，早在哥白尼和伽利略出生前好幾千年，就以「地動說」解釋了太陽系的運動❻。

例如，碑文中記載，太陽神雷，坐在一個鐵製的寶座上，周遭一些官位比較小的神祇，作為他的「扈從」，週期性地圍繞著他。同樣地，碑文的另外一段則這麼寫著：死去的法老被鼓勵「站在一分為二的天空頂點，衡量各個神明說話的份量，那些神明年紀已長，圍繞在雷的周圍。」

如果我們可以證明碑文中所指的那些圍繞在雷身邊的年老神明及守衛的神明，就是我們太陽系的行星的話，那麼我們便可以確定，金字塔經文的作者們必定掌握了非常高深的天文知識。他們必定已經知道由行星圍繞著太陽，而非太陽圍繞著地球和行星轉。這裡所引發的問題是，不論是古埃及人，或繼續古埃及文明的希臘人，甚至後來文藝復興前的歐洲人，都從來沒有過這麼高深的天文資料。然而，在古埃及文明甚至還沒有開化前，經文中便出現了如此這般高深的知識。關於這一點，我們該做何解釋呢？

另外還有一個（或許有關的）謎題，是與天狼星有關的。古埃及喜歡將天狼星與愛瑟絲相連結。愛瑟絲是歐西里斯的妹妹兼配偶，也是荷羅斯的母親。金字塔經文中有一段針對歐西里斯本人而寫的話如下：

> 你的妹妹愛瑟絲來了，你歡喜，你愛。你將她放在你的上面，進入了她。愛瑟絲因有孩子而變大，如賽普特（Sept，指天狼星）一樣。荷羅斯．賽普特（Horus-Sept）以賽普特的居民之姿態生了下來。

這一段文字當然可以做很多種解釋。不過，最令我感興趣的，還是從天狼星「因有孩子而變大」而暗示她有「雙重身分」。而且，在孩子生下後，荷羅斯繼續留下，成為「賽普特的居民」，應即表示他與母親在一起的意思。

天狼星是一顆不尋常的星星。在北半球冬季的夜裡，尤其明亮閃爍。正如金字塔經文中所暗示的，它具有雙重星球系統的身分：天狼星Ａ便是我們看到的部分。另外還有天狼星Ｂ，圍繞在天狼星Ａ的周圍，但因體積小，無法以肉眼看到，一直到一八六二年，美國天文學家艾爾文．克拉克（Alvin Clark）用當時最大、最新的天體望遠鏡，才發現了它的存在。這是西方人第一次看到天狼星Ｂ。然而，金字塔經文中的作者卻早已具備了天狼星為雙重星球系統的知識。他們是如何知道的？

一九七六年，美國作家羅伯．譚普（Robert Temple）出版了一本極為珍貴的書《天狼星奧祕》（*The Sirius Mystery*），並在書中嘗試針對這些疑問提出解答。譚普發現他研究的西非多根族（Dogon tribe），宗教信仰也以天狼星為中心。多根族不但知道天狼星其實為兩顆星星，還知道天狼星Ｂ圍繞天狼星Ａ運轉的週期為五十年一轉。譚普強烈主張，這份高科技資訊，是多根族從古埃及人手上，經過一連串的文化傳承而得到的。因此，要解開天狼星之謎，必須要從古埃及著手。他同時還得到一個結論：古埃及人一定是從天狼星來的外星人那兒，獲得雙星系統的資訊。

我和譚普一樣，從很久以前，便開始相信埃及科學能夠如此發達、洗練，必定和繼承脫不了關係。但是和譚普不同的地方在於，我並不認為埃及人的科學知識一定要從外星人那兒繼承來。太陽城的祭司似乎對星座的知識很豐富，我覺得我們或許可以從失落文明在悠遠的過去，曾經擁有高度技術的角度去解釋這個謎。我們可以想像，建立一個可以發現天狼星Ｂ的大型裝置，對在上冊第一部中所述的，那些能夠製作出令人驚歎的地圖的科學家及探險家而言，或許並不那麼困難。而且，古代馬雅族那些不知名的天文學家與時間測量者，既然能夠製造精密得令人歎為觀止的日曆並傳給後人，他們如果知道埃及人發明了探測天象的大型裝置，想必不會太訝異吧。馬雅人留下的有關天象的資料，必定是經過好幾千年的天體觀測、詳細記錄的結果。不過，他們所得到的天文資料，對一個擁有複雜而發達科技的國家的用處，似乎遠遠超過於對一個「原始」的中美洲王國才是。

數百萬年之旅

金字塔經文中出現非常大量的天文數字，例如太陽神曾經在黑暗而沒有空氣的宇宙中旅行了「好幾百萬年」；智慧之神索斯（以在天空數星星的數目，在地上做測量的工作而知名），有授予死後的法老好幾百年壽命的力量。「永遠的神祇，長久統治者」的歐西里斯，一生花費在旅行上的歲月達數百萬年之久。另外，經文中還經常出現「好幾千萬年的歲月」（以及令人費解的「一百萬的百萬年」）的說法，顯示古埃及中，至少有一部分持有科學觀點的人，已經察覺到時間長遠、巨大的存在性了。

從這裡，我們可以推論：寫金字塔經文的人既然有如此長遠的時間概念，必定擁有非常正確的曆法，而且還是經過精密計算、複雜的曆法。因此，古埃及人擁有和馬雅人一樣複雜的日曆，應不足為奇。然而，古埃及人對曆法的理解，不但沒有隨著歲月進步，反而愈來愈退步❼。給人的印象是他們的知識體系在非常悠遠的古代便已完成，然而隨著時間的沖刷，知識卻逐漸流失。這個觀點，可以在古埃及的文獻中得到佐證。古埃及人公開地表達，日曆是他們的遺產，而且他們相信這份遺產「來自諸神」。

在後面的章節中，我們會對「諸神」的真正身分，做更詳細的探討。不過，不論是何方神祇，他們必曾花了許多的時間觀測天象，尤其在積存關於天狼星的知識方面，著力很多。古埃及人有一套非常便利的天狼星週期曆法概念，他們認定是天神所賜予的（古代埃及曆的週期為一四六〇年，太陽曆法的週期則為一四六一年）。這一點更可以佐證上述的觀點。

天狼星週期，用技術性語言來說，便是「天狼星再度與太陽在同樣地方升起的週期」。天狼星在固定的季節中，會自天空中消失，然後，又會在太陽升空天亮之前，從東方的天空升起。就時間而言，這個週期——除去小數點的尾數後——為三六五點二五日。後面的尾數很長，但簡單地說，就是太陽曆的十二分鐘而已。

令人感到好奇的是，在肉眼可觀察到的二千顆星星中，精準地以三六五又四分之一日的週期，與太陽一起升起的星星只有一顆，而這便是天狼星「正確的運動」（proper motion，這顆星球在宇宙中運動的速度），加上歲差運動的結果。同時，古埃及的曆法，特地將天狼星比太陽先升空的那一天，定為元旦日。而在事前，在金字塔經文編纂地的太陽城，古埃及人便已經計算好元旦日的到來，並通知尼羅河上下所有的神殿。

金字塔經文將天狼星稱為「新年之名」。加上一些其他相關章節（例如第六六九節），我相信天狼星曆至少和金字塔經文的歷史一樣久遠。而它們兩者的起源，都被包圍在遙遠的太古迷霧中[8]。其中最令人不解的謎便是，在這麼久遠的太古時代，誰能有這麼高超的知識技術，能夠觀察、記錄到太陽與天狼星週期之間，非常巧合地差三六五點二五日？法國的數學家史瓦勒·魯比茲（R.A. Schwaller de Lubicz）曾經說過，天狼星的週期為「完全料想不到的意外天體現象」。

> 對於發現這種純屬偶然現象的偉大科學家，我們除了敬佩，無話可說。二重星的天狼星被選中，是因為在無數的星星中，它是唯一以正確的方向，移動了必要的距離的星球。我們一直到最近都忘記，其實早在四千年前，人類便已經知道了這個現象，而能夠發現這個現象前，需要長時間觀察天體運動才行。

從金字塔經文中，我們得到的印象是：長時間正確觀測星象，並做成科學性記錄，是史前的埃及人經傳承而得到的遺產。

另外一個謎題，由此而生……

是繕本，還是翻譯本？

大英博物館埃及古文物管理人，同時也是權威象形文字詞典的作者華理士·布奇，在他去世的那一年，曾經坦承道：

金字塔經文研究有多重的困難。書中出現的辭彙，有非常多意義不明的地方……文章的結構，令嘗試翻譯者非常困惑。句子中有一些完全不知道的字眼，使得文字本身成為無法解開的謎語。我們只能合理地推測，這些文章是用在葬禮上的。但是很明顯地，這些文章被使用的期間，前後不過一百來年。我們完全無法理解，為什麼到了第五王朝時，突然開始使用，到第六王朝結束左右，卻又不再使用。

為什麼只在很短的期間使用？答案可能是，金字塔經文為一古老資料的繕本，第五王朝最後的法老烏納斯，和他在第六王朝的幾個繼承人，曾將這些經文刻在自己的金字塔墓石上，以嘗試永遠保存經文。布奇認為可能性極大。他覺得有證據顯示，至少有一些原始資料是非常古老的：

部分章節顯示，負責摹寫繕本，並讓工匠將它們刻在石板上的人，對內文並不瞭解。我們得到的一向是，負責摹寫的祭司，從幾個不同的時代、內容迥異的文獻中，引用這些內容……

不過，布奇的理論，是建立在古埃及的原始資料的基礎之上。他沒有想到另外一種可能性，那就是祭司們所寫的經文，並非繕謄原始資料，而是將另外一種語言翻譯成象形文字，製作成後來所謂的原始資料。假設那種真正原始的文字包含了許多技術專有名詞，和古埃及中並不存在的觀念、物品的話，翻譯出來的作品，也就是金字塔經文，自然會給人文字怪異的印象了。再說，如果繕謄和翻譯的工作，是發生在第六王朝尾聲的話，其實我們不難理解，為什麼後來便不再有雕刻的金字塔經文：祭司的使命，也就是翻譯神聖文獻，創造一個永久性的象形文字記錄工作，一旦完成以後，這項工作自然沒有必要再繼續了。而這神聖的翻譯工作，在烏納斯王於西元前二三五六年繼位時，應該已經持續了好長一段時間才是。

「開天闢地」的最後記錄？

我和桑莎心不甘情不願地再度上路。希望在天黑以前，儘量趕到最接近阿比多斯的地方，其實我們希望只在古蹟多待一會兒，但是在烏納斯王墓嚴肅的晦暗和自古代傳來聲音的吸引下，我們已不知不覺停留了近兩小時之久了。彎著腰，我們走出烏納斯王墓，攀爬上陡峭的通路，走向古蹟出口。在這出口附近，我們暫停腳步，讓眼睛適應早晨已經相當強烈的陽光。趁這個空檔，我瀏覽了一下金字塔本身，發現它外表分崩離析，已相當荒蕪，只剩下大量的瓦礫，幾乎到看不見原始形狀的地步。一些尚稱完整的裝飾用石板中，可以看出原始的做工相當粗糙，與年代更為久遠的吉薩金字塔的精緻是無法相比的。從一般的歷史角度，我們很難解釋這種現象。通常我們認定人類文明必須是經過一定的進化過程演變而來的，因此，年代接近的文物通常要比年代久遠所建造的物品要精細、成熟才對。但是這個說法無法適用於埃及金字塔。理論上，建造於比較後期的烏納斯金字塔，不論在設計、建築技術上，應該都要優於吉薩的金字塔群；因為，按照正統學派古埃及學者的看法，後者至少比前者要古老上二百年。

但事實並非如此。吉薩的金字塔建築更勝於烏納斯。大部分古埃及學者對這一點也知之甚詳，但是沒有人能夠提出令人滿意的答案。問題的中心在於：不論從哪個角度來看，吉薩的三大金字塔都像是積蓄幾百年、千年的建築技術與經驗，而凝聚出的經典作品。但是，各種考古證據卻顯示，它們是埃及最早期建造的金字塔。也就是說，這三座金字塔不但不是埃及人成熟作品的典範，反而是初次嘗試建造這種大型建築的作品。

更令人費解的事還有很多。古埃及的第四王朝因吉薩的三大金字塔而永生。不論從石塊的重量、堆積的高度、建築的精密與困難度來看，這些金字塔不但前無古人，更後無來者，是獨一無二的。就在這三座金字塔完成後不久，在它們的下面，又出現了第五、第六王朝的金字塔。果然在建築品質上，比三大金字塔要粗糙許多，然而，卻成為永久性保存古代文獻的繕本或翻譯本的殿堂。這些文獻，和三大金字塔一樣，在象形文字的藝術成就上，可以說是前無古人，後無來者，睥睨世界，無人能及。

簡單地說，就如同吉薩的金字塔一般，金字塔經文在毫無預警的情況下，突然在舞台的正中央出現，並前後擔任了一百年左右的主角，接著，又消失於無形，從此沒有同類的文物能夠超越它的成就。

當年，肇始創造經文，將它們雕刻於神廟的國王、聖賢們，想來應該知道他們何以而為吧。如果答案是肯定的話，他們的心中一定有一個全盤性的計畫，那就是如何在第四王朝（建築品質優秀，但沒有任何文字記錄的建築），與第五、第六王朝（建築品質低劣，但殘留有大量碑文的建築）之間，建立起強烈的關聯性才是。

我感覺，在離沙卡拉十五分鐘車程的達斯爾（Dahshur），至少可以找到部分的答案才是。達斯爾因有「曲折」（Bent Pyramid）和「紅色」（Red Pyramid）金字塔而聞名。這兩座金字塔（被保存得相當完整）是由古夫的父親斯奈夫魯所建立的，自從多年前，埃及政府在附近建立起一個軍事基地後，便禁止外人進入參觀……

我們繼續往南移動。雖然置身於十二月的鮮麗色彩中，但我的心思仍然沉溺於金字塔的謎題中：就在這尼羅河谷，在有歷史記錄之前，人類曾經發生過非常重大的事情。幾乎所有埃及的歷史記錄以及傳統都告訴我們，曾經有一個天神統治人類的時代。而這個傳說中的「開天闢地」，也就是埃及所稱的「創始時代」（Zep Tepi），便是我們接下來兩章要探討的主題了。

【註釋】

❶摘自《古埃及金字塔經文》，第八八二、八八三行；同時請見《inter alia》第二一一五～二一一六行。*The Ancient Egyptian Pyramid Texts*（trans. R.O. Faulkner）, Oxford University Press, 1969.

❷瑪斯佩羅進入時間為一八八一年二月二十八日。見《獵戶星座之謎》，頁五九。

❸見《古埃及金字塔經文》，頁七〇。

❹詳細內容見上冊第五部。

❺見《古埃及神話與象徵》，頁一八一。R.T. Rundle-Clark, *Myth and Symbol in Ancient Egypt*, Thames & Hudson, London, 1991, p.181.

❻見《歐西里斯神與埃及的復活神話》，卷一，頁一五八。

❼更詳盡之討論，見珍・謝勒斯《古埃及神祇之死》，尤其頁三一八～三二〇。Jane B. Sellers, *The Death of Gods in Ancient Egypt*, Penguin, London, 1992, p.318～320.

❽由於最近的一些發展，使得考古學的天地已被推至更遠的古代。例如在上埃及發現了一個第一王朝的墳墓，上面刻有「所利斯（Sothis），宣佈新年到來（見《古埃及神祇之死》，頁四十）。」

第十一章

「探索最初的時間」

關於神明統治的創始之時——「開天闢地」，古代埃及人留下這樣的記錄：「開天闢地」是一個「創始時代」，覆蓋住世界的混沌之水退去，原始的黑暗消失，人類進入陽光之中，接受文明的禮物。同時，古埃及人還提到一種介於人與神明之間的半人半神烏許（Urshu）的存在。烏許字面的意思為守望者（watcher）。埃及人對神明記憶尤其鮮明。而神明被統稱為奈特魯（Neteru），強壯而美麗，與人類一起在地上生活，並在太陽城和其他尼羅河的聖地統治人類。有的奈特魯為男性，有的為女性，每個都擁有超能力，隨時可以依自己的想法，變身為男人、女人、飛禽走獸、爬蟲、樹木、花草等。不過，他們的言語及行動，似乎又顯現出與人類一般的情緒，關心人間諸事。儘管他們很強壯，而且比人類聰明，但是在一定的狀態下，他們也會生病，甚至死亡或被殺❶。

史前的記錄

考古學家們堅持，諸神的時代，也就是古埃及人所稱的「開天闢地」的時期，僅出現於神話。但是對自己的過去顯然更為瞭解的古代埃及人，卻不認為如此。神廟中曾保存著有關於歷代埃及王的重要史實，包括了現代學者也承認這些資料可信的歷代王朝的法老名單，有的甚至包括了在第一王朝以前的太古時代的統治者名單。

但是這些名單，能夠通過時代考驗而留下來的，只有兩套，但都離開了埃及，而被保存在歐洲的博物館中。在本章的後段中，我們將對這些名單有更詳細的說明。這兩套名單分別以巴勒摩石碑（Palermo Stone，應屬於第五王朝，也就是西元前二千五百年左右的文物）和杜林紙草（Turin Papyrus）而聞名於世。尤其是杜林紙草，為第十九王朝神廟留下的資料，是用一種西元前十三世紀的草體象形文字寫成的，甚為珍貴。

另外，我們可以從一位太陽城的祭司曼那多（Manetho）的記錄中，證實許多有關古埃及的史實。曼那多在西元前三百年，便完成了一部備受重視的埃及史，並在書中網羅了所有王朝的國王的名字。和巴勒摩石碑及杜林紙草的名單一樣，曼那多將埃及歷史推往太古，從諸神統治尼羅河谷的時代開始敘述。

曼那多所著述的歷史繕本，雖然至九世紀仍廣為流傳，但是今日已經流失，不復存在。不過，倒是有很多史書，引用了不少曼那多著作的段落，例如，猶太人的編年紀錄家約瑟夫斯（Josephus，西元六〇年）、基督教作家阿夫里卡那斯（Africanus，西元三〇〇年）、歐西比斯（Eusebius，西元三四〇年）、喬治・辛斯勒（George Syncellus，西元八〇〇年）等，都先後引用過曼那多大作的片段。而這些片段，正如美國南卡羅萊納大學的麥克・霍夫曼（Michael Hoffman）所說的，提供了「現代人一個研究古埃及的基本架構」。

霍夫曼的話非常中肯。然而，古埃及學者在研究埃及歷史時，雖然採用曼那多的說法，但是卻只肯採用他作品中有關王朝時代的記錄，對他所記錄的「開天闢地」創始時代的內容，巧妙地避而不談。既然信賴曼那多，為什麼卻採取這種選擇性的態度？只接受三十個有文字記錄的「歷史性」王朝的存在，卻拒絕承認那以前的史實。這算是哪門子的邏輯？再說，考古學家早已證實了曼那多的編年史中王朝時代的部分真實性❷。既然如此，對於王朝開始前的編年，我們難道因為無法從考古挖掘中找到真憑實據，就否定它們的存在？這種態度豈非不夠成熟❸？

半神半人

如果我們想要知道曼那多的想法，唯一的辦法，就是從保存有他著作片段的各種史料中去尋找資源，而重要的資源之一，便是歐西比斯著《編年記》（*Chronica*）的亞美尼亞版。這本書，開宗明義便說明，資料摘錄自「曼那多的三冊《埃及歷史》（*Egyptian History*）。該書中記錄了神明、半神半人、死者的靈魂和統治埃及的肉身國王……」。直接引用曼那多，歐西比斯一開始便羅列了許多神明的名字，包括了太陽城的九大神明，如雷、歐西里斯、愛瑟絲、荷羅斯、賽特等等。

他們是埃及最初的統治者。王位毫無間斷地一個個繼承下去……經過一萬三千九百年……在神明之後，半神半人統治了一千二百五十五年，然後，另外一支〈半人半神〉統治了一千八百十七年，然後又有三十個國王，一共統治了一千七百九十年，然後又有十個國王統治了三百五十年，然後由死者的靈魂統治……五千八百十三年。

這些年份加起來，為二萬四千九百二十五年，比《聖經》上記錄的創世紀（西元前五千年）還要久遠得多。也就是說，曼那多有建議《聖經》的記載不實之意。對身為基督徒神學者的歐西比斯而言，這的確是一個棘手的大難題。不過經過考慮以後，歐西比斯想出一套奇妙的方法：「我把年當作陰曆的週期，每年為三十日，也就是說，現在我們稱為一個月的，以前的埃及人以為是一年……」

古埃及人當然不會這麼以為，但是經過這麼一個奇妙的安排，歐西比斯把王朝前的二萬五千年，濃縮成二千年左右，正好涵括了正統派的基督教神學者所認定的，從亞當出生到大洪水之間的二千二百四十二年。

另外一個僧侶喬治・辛斯勒（George Syncellus），則用了另外一套技巧，逃避曼那多記錄中令人困惑的年代部分。辛斯勒選擇以謾罵的方式，譴責曼那多：「埃及被詛咒的神廟僧侶曼那多，他〔告訴〕我們那些從來未曾存在過的神明的事情。他說，那些神統治了埃及一萬一千八百九十五年……」

曼那多著作的片段中，還出現了一些互相矛盾，但卻令人感到極有趣的數字。曼那多反覆敘述，認定整個埃及的文明史，從諸神降臨到第三十王朝的肉身國王的統治，共為三萬六千五百二十五年。這個數字當然是和天狼星年的三六五點二五天（前面章節所述，從天狼星這一次到再度在太陽升空前出現之間的時間距離）有關係，並同時代表了一千四百六十個天狼星年的二十五個週期，或一千四百六十一個太陽曆年的二十五個週期（古埃及的日曆是以「含混年」〔vague year〕的三百六十五日為準），想來也並非偶然[4]。

這些數字，如果有意義的話，代表的是什麼意義？我們很難確定。不過，在數字與解釋的混亂中，至少有一件事我們是確定的：曼那多想要告訴我們的是，過去我們都以為歷史是有秩序地、漸進地發展演進而成的，但是他卻主張，在西元前三千一百年，第一王朝誕生非常久以前，文明的生靈（包括神明和人類）便已存在於這個世界上。

狄奧多羅斯和希羅多德

或許神學家無法同意，但是古代的作家中，支持曼那多的人卻不少。希臘歷史學家狄奧多羅斯（Diodorus Siculus）和希羅多德便為其中的兩個。

例如，西元一世紀狄奧多羅斯訪問埃及。正如翻譯他作品的歐發德（Charles Henry Oldfather）所稱讚的，狄奧多羅斯「未加批判地蒐集資料，找到原始經典，並忠實地呈現出」埃及的歷史。也就是說，他沒有將他的偏見及先入為主的觀念，加諸於他所蒐集到的材料上。由於他曾經訪問埃及的僧侶，並將他們對埃及謎樣過去的見解記錄了下來，因此他的作品特別值得我們重視。當時埃及的僧侶們是這樣告訴狄奧多羅斯的：

> 一開始，神祇和英雄統治埃及將近一萬八千年，最後一個統治的神祇是荷羅斯，也就是愛瑟斯的兒子……人類，聽說，統治了自己的國家差不多五千年……。❺

讓我們「毫不帶批判」地檢查一下這些數字，看相加後為多少。狄奧多羅斯寫上述段落時，是在西元一世紀。如果我們向前推五千年，即為西元前五千一百年，應該到了所謂「人類的國王」統治埃及的時代。如果再往前推一萬八千年，就到了西元前二萬三千一百年，「神祇和英雄統治」埃及的時候，也正好是冰河時期的最高峰。

在狄奧多羅斯以前，還有過一個更會說故事的歷史學家訪問過埃及：西元前五世紀的希羅多德。希羅多德似乎也曾拜訪祭司與僧侶，並詢問他們對在悠遠的過去，存在於尼羅河谷的高度文明傳統的所知，並將所知寫入《歷史》（*History*）一書的第二冊中，記錄史前時代的埃及文明和各種傳統故事。就在《歷史》中，他不帶任何評論地記錄太陽城一位僧侶告訴他的資訊：

在這段期間，他們說，有四次機會，太陽從不同的地方升上……有兩次是從現在沉下的地方升起來，有兩次從現在升起來的地方沉下去。❻

這代表了什麼意思？

根據法國數學家史瓦勒．魯比茲的分析，希羅多德繞了個大圈子，想要傳達（或許說的不是那麼精確）給我們的訊息是一種「時間週期」（period of time）的概念。所謂「時間週期」，就是春分時的日出，以星座為背景，環繞黃道帶（十二宮）一圈半的期間。

正如前面所述，晝夜平分（春分或秋分）時的太陽位置，大約每二千一百六十年，經過黃道十二宮中的一宮，或可說是一個星座。也就是說，太陽走完十二個星座，需要二萬六千年的時間（12×2160）。而走一周半，則需要三萬九千年（18×2160）。

在希羅多德時代，春分的太陽，在日出時面對的是正東方，背景為白羊座。這時候的正西為天秤座。十二小時後，太陽便以天秤座為背景西沉。如果我們將歲差運動的時鐘轉回半圈——也就是在十二宮中往後移動六個星座，或一萬三千年左右的話，黃道的位置就正好反轉過來，春分那一天的清晨，太陽會以天秤座為背景從正東方升起，而以白羊座為背景從正西沉下。如果再往回撥一萬三千年的話，這個位置再度反轉。春分時的太陽重新從白羊座為背景的正東方升起，而以天秤座為背景的正西方沉下。

而這一個太陽的運動週期，將我們帶到希羅多德時代的前二萬六千年。如果我們還往前一萬三千年，也就是半個歲差週期的話，就到了希羅多德時代的三萬九千年前。當時春分的日出再度從天秤座的背景中升起，而以白羊座的背景中沉下。

要點在於：在三萬九千年的一個期間中，太陽有兩次「從沉下的地方升起」（沉下的地方，如從希羅多德時代來看，應該為天秤座，就是在一萬三千年和三萬九千年前），有兩次從「升起的地方沉下」（升起的地方，在希羅多德的時代為白羊座，再一次的為一萬三千年和三萬九千年前）❼。也就是說，如果史瓦勒．魯比茲的解釋是對的——我們有很多理由相信他是對的——希臘歷史學家希羅多德早在西元前五世紀，便已正確記錄下埃及僧侶所提供的，有關三萬九千年前太陽的歲差運動的資料了。

巴勒摩石碑和杜林紙草

三萬九千年這個數字，與杜林紙草（現存兩份第一王朝以前埃及古代國王的名單之一）所記錄的時間，接近得令人拍案稱奇。

杜林紙草，這份原來屬於沙丁尼亞（Sardinia）國王所有的紙草，有三千年的悠久歷史，自然又硬又脆。它送達杜林博物館時，沒有任何包裝，僅粗略地裝在一個盒子中，因此連小學生都能想像，打開盒子時，早已成為無數的碎片。學者們花了好多年的時間，才把它黏合成一個完整的文件。雖然復原的工作做得非常好，仍有過半數的碎片無法再建。

如果當年杜林紙草沒有碎成這麼千千萬萬段的話，我們又能從上面得到哪些關於「開天闢地」創世的知識呢？

從已經接合起來的文件片段中，其實便可找出足夠的資料，令人深感興趣。例如，我們從記錄中讀到十個奈特魯（半人半神）的名字，後面都附加著和埃及王朝時代法老名字後面非常類似的徽紋記號。而且每個奈特魯統治的期間都寫在文件上，只是有的地方破損太厲害，無法讀出那些數字了❽。

在另外一欄中，排列著所有支配上埃及和下埃及的國王的名字，包括了神祇統治以後，西元前三千一百年，第一王朝的第一個法老美尼斯王（Menes）統一埃及以前所有國王的名字。從現存的殘垣斷片中，我們可以讀到王朝時代前的法老的名字，例如，「孟菲斯的尊王」（Venerables of Memphis）、「北方的尊王」（Venerables of the North），以及「賢蘇荷」（Shemsu Hor，荷羅斯的同伴或隨從之意）。賢蘇荷的統治一直維持到美尼斯崛起為止。在同一欄的最後兩行，似乎有總結前面所有記錄的意思，內容最具有衝擊力：「……尊王賢蘇荷統治一萬三千四百二十年；賢蘇荷統治前各王統治二萬三千二百年，共三萬六千六百二十年。」

另外一份刻有史前時代的國王名單的巴勒摩石碑，所記錄的年代不如杜林紙草老。就現在所知，巴勒摩石碑上面最古老的記錄，是一批關於王朝時代開始前，統治上埃及和下埃及的一百二十名統治者的名單，也就是一些埃及統一（西元前三千一百年）以前的記錄。我們並不知道那塊黑色玄武岩的石板上，原來還雕刻有什麼其他或許和更古老的過去相關的資料，因為它本身和杜林紙草一樣並不完整。自從一八八一年以來，最大的一塊被保存在西西里島的巴勒摩博物館中，第二大塊的石板，則展示於埃及的開羅博物館中；第三塊，也就是最小的一塊，則被倫敦大學的貝多禮蒐集室保存。石板原始的大小應該為七英尺寬、二英尺高。曾經有一位專家，亦即已故的華德．艾默瑞（Walter Emery）教授說過：

這個貴重異常的紀念碑，很可能還有很多碎片，只是我們不知道該去何處搜尋才是。光從現在的斷片中，我們已可發現許多有趣的資料，包括古代所有國王的名字的記錄、統治的時間、和在那期間發生的重大事件。這些事件的記錄是在第五王朝，也就是離埃及國家統一不到七百年前編纂而成的，因此誤差的可能性非常小。❾

艾默瑞教授生前專門研究埃及古代，亦即西元前三萬二千到西元前二千九百年的埃及歷史，因此對是否能找到更多巴勒摩石碑碎片非常關切。毋庸置疑，如果巴勒摩石碑能夠全部湊齊的話，當然會使我們對古代埃及的事物有更多的瞭解，但也有可能讓我們對更早的時代——尤其是被稱為神明的黃金時代的「創始時代」有更多理解。

【註釋】

❶見《歐西里斯神與埃及的復活神話》，卷一，頁三五二。

❷見麥克．霍夫曼《法老前的埃及》，頁十一～十三。Michael Hoffman, *Egypt before the Pharaohs*, Michael O'Mara Books, London, 1991, p.11~13.

❸這一點在古埃及學上尤其重要。許多古蹟已在前人的貪婪、蹂躪下，被摧殘無遺。另外還有許多古埃及遺跡不為人知道，或沉入尼羅河，被人遺忘。

❹和馬雅人（見上冊第三部）一樣的是，古代埃及人為行政方便，發展出一民間日曆（或稱為含混年），一年為三百六十五天，但經過與天狼星年的校正後，每一四六一年一次，與天狼星年同月同日。

❺摘自狄奧多羅斯《歷史叢書》，卷一，頁一五七。Diodorus Siculus, *Bibliotheca historicavolume* I, p.157.

❻摘自《歷史》，頁一九三～一九四。一世紀左右，羅馬學者美拉（Pomponious Mela）記錄下類似的事情：「埃及人以世界最古老之民族而自傲。他們自稱，自從他們存在以來，星星已經改變方向四次，而太陽則已有兩次從現在日出的地方落下。」

❼從下面表格，可明顯看出：

春分時間	太陽升起星座	此時正西方星座
西元前五世紀（希羅多德的時期）	白羊座	天秤座
希羅多德前一三〇〇〇年	天秤座	白羊座
希羅多德前二六〇〇〇年	白羊座	天秤座
希羅多德前三九〇〇〇年	天秤座	白羊座

❽細節請見史瓦勒．魯比茲《神聖科學》，頁八六。R.A. Schwaller de Lubicz, *Sacred Science*, p.86.

❾摘自華德．艾默瑞《古埃及》，頁三五。Walter Emery, *Archaic Egypt*, Penguin Books, London, 1987, p.35.

第十二章

「最初的神祇」

根據太陽城的神學體系，埃及最初——亦即在所謂的「開天闢地」——出現的九個神明，分別為雷、修、太夫納、葛布、奴特、歐西里斯、愛瑟絲、內普特斯和賽特。這些神體的後代，有一些名氣也很大，例如阿努比斯、荷羅斯等。另外還出現了一些神祇，如孟菲斯和荷莫波里斯（Hermopolis）等地的諸神。此外，此神學體系中還有一些非常重要而古老的地方宗教，崇拜索斯和普他（Ptah）❶。這些最初的神祇，從某種角度來看，都可以說是創始之神，以他們神聖的意旨將混沌的世界塑造成形。在混亂中，他們開闢出神聖的埃及土地，繁衍了人口，創立了人類的社會，並在人群中以神聖法老之姿，統治了埃及好幾千年。

然而，「混沌」到底是什麼？

太陽城的祭司們，在西元前一世紀，向希臘歷史學家狄奧多羅斯描述古埃及歷史時建議，「混沌」可能就是洪水，而狄奧多羅斯則將此洪水與毀滅地球的杜卡里昂洪水相提並論。杜卡里昂的故事，便是希臘版的諾亞方舟❷：

他們說，當杜卡里昂大洪水來臨時，大部分的人類都遭到毀滅。不過也許埃及南部的居民殘存的機會，比其他人要多一點……他們還說，如果所有的生物都被摧毀後，地上可能會重新出現新的動物。果真如此的話，那麼新生命的創造會發生在這塊土地上……

埃及人為什麼會如此之幸運，有重生的機會？有人告訴狄奧多羅斯，那也許和埃及的地理位置有關。南埃及的太陽很烈。而根據神話，在大洪水過後，大雨仍不斷地下：「落在其他人頭上的雨，帶來了大量的濕氣，混合著埃及灼熱的陽光……濕潤的空氣正適合生物第一代的生長。」

令人感興趣的是，埃及的確在地理環境上得天獨厚。大金字塔所在位置的經緯線（東經三十一度，北緯三十度），分別穿過了兩片最乾燥的土地。同樣令人感到有趣的是，上一個冰河期的末期，北歐因上百萬立方英里的雪塊溶化，造成海面升高，沿岸一帶洪水氾濫。而冰原在溶化時所發生的水蒸氣則蒸發至大氣層，變成雨水，降至地面，到了埃及附近，使得埃及在好幾千年之間，都是一個濕氣重、土地豐饒的地方，因此祭司們記得最初的時期，「濕度高，濕潤的空氣正適合生物第一代的生長」是相當合理的。

令人感到好奇的，是誰告訴狄奧多羅斯這些資訊？他對冰河末期的埃及氣候顯然描述得非常正確，是純屬偶然，還是得到了從遠古傳承下來的資訊？難道這屬於埃及人對「開天闢地」期間回憶的一部分？

聖蛇之氣

一般相信雷是「開天闢地」創始時代的第一個國王。根據古老的神話，雷年輕有活力，埃及在他的統治下，是一個和平的地方。但是隨著歲月的流逝，雷的年華與精力也逐漸消失，到了最後，他已經是一個上了年紀、滿臉皺紋、步履蹣跚的老人了。

雷之後，修繼位，成為大地之王，但是在他統治期間，發生了許多衝突、紛爭。他雖然消滅了敵人，但是在後期卻為病所苦，連他最忠實的部下也反叛了他：「疲於統治，修退位，將王位傳給他的兒子葛布。恐怖的天變地異連續發生了九天，修躲到天上去避難……」

第三位法老葛布順利繼位。他的統治生涯和修一樣，充滿了困頓。神話中，我們可以找到一些有關葛布時代的描述，與金字塔經文中的一些情況，似乎頗能互相輝映。而在沒有直截了當的技術性專門用語的情況下，文字似乎在掙扎中，嘗試以非技術性辭彙描述一個科學想像空間，但表現出來的則為一極為怪異的景象。例如，令人特別感到印象深刻的是，有部分的神話，提到了一個從雷開始傳承下來的「黃金箱」（golden box）。雷在箱子裡放了好幾樣東西，包括他的棍棒（或可說為杖）、一撮他的頭髮和他的「優拉阿斯」（uraeus，一種戴於皇冠上、以黃金打造的蛇形裝飾）。

這個箱子是個強而有力，但也非常危險的符咒，因此即使在雷升天以後，也一直被置放於埃及東區邊防的森林中，多年無人敢於問津。葛布當權後，命人將箱子取出，並當他的面打開。蓋子打開的剎那，火焰（被形容為聖蛇的吐氣）如閃電一般竄出，葛布當場嚴重受傷，而他的手下則全部死亡。

神話中描寫的這一番景象，不禁令人懷疑，那是否有可能為人類製作的機械故障而產生的後果。失落的文明可能留下了某種巨型裝置，當時人們可能對它充滿了敬畏和困惑的感情。這種懷疑並非毫無憑據。從遠古以來，具有高度破壞性與不可預測性的機械，並不止「黃金箱」一個。例如，希伯來神話中的「約櫃」（Ark of the Covenant），便與黃金箱有許多類似之處（兩者均同樣神祕，同樣可發出火焰，在瞬間傷及無辜，而且約櫃也以黃金裝飾，裡面不但置有二塊刻有十戒的銘板，還有一個裡面放著聖食曼那〔manna〕的黃金壺，和一根祭司阿龍〔Aaron〕的權杖）❸。

檢視這些奇妙的箱子（以及各種古代傳統中的「科技」產品）所代表的意義，已超出本書的範圍。在這裡，我們僅想指出，從這裡我們可以看出，太陽城九名神祇，其實經常生活在被危險、怪異、高科技的機器包圍的環境中。

就以愛瑟絲（亦即歐西里斯的妻子及妹妹，荷羅斯的母親）為例。不論怎麼看，都覺得她帶有一股科學研究者的氣氛。根據大英博物館的比提紙草（Chester Beatty Papyrus）記載，她是一個「聰明的女性，智慧高於諸神……上至天空，下至地面，她無事不知曉。」擅長魔術及魔法的愛瑟絲，在古埃及中特別以「語言強烈」而聞名，她懂得利用強烈的辭彙，「以正確的發音，在說話中不停頓，即使在命令時，使用辭彙的方法也完美無缺。換句話說，她只要發出聲音，便可以改變現實，超越物理原理。」

具有同類力量，但功力更高的，據說便是智慧之神索斯了。索斯雖然不屬於太陽城九大神祇家族，不過根據杜林紙草，卻為第六（有的時候被算為第七）個埃及的神明法老。索斯經常在神殿或墓壁上以鳥或鳥頭人的身形出現，在傳說中是一個專門負責解釋及計算天空相關事務的神祇，同時，具有增加時間能力的他，也是字母的發明者和魔術的保護者。尤其對天文、數學、測量、地理等事務嫻熟，被形容為「會計算天空、數星星、測量地面」的神，不但「瞭解並能解答所有隱藏於太空的謎題」，同時會將這些知識傳達給經他圈選的凡人。據說，索斯祕密地將他的知識寫成書，藏在地下，準備留給後代，讓那些「有資格得到這些知識的人」發現，而將那些知識用在對人類有用的地方。

很顯然，索斯不但是古代的科學家，而且是科學文明的保護者。在這一方面，他和在他之前的法老歐西里斯有很多相似之處。歐西里斯是第四個神明法老，也是金字塔經文的高位神祇，「名字為Sah（獵戶星），腿很長，走路的步伐很寬，為南面土地之

主……」❹

歐西里斯和永生之王

在經文中偶爾被稱為neb tem或「宇宙之主」的歐西里斯，同時也是一個具有超能力的超人。他高高在上，統禦支配，卻也如人類一般，承受痛苦。此外，他二元化的性格還表現於一面統治天空（以獵戶星座之身體），一面君臨地上的凡人。和中美洲的奎札科特爾和安地斯山的維拉科查一樣，他的手法聰明詭異而神祕多變。和南美的神祇一樣，歐西里斯長得非常高，臉上蓄著只有神明才有的鬍子，雖具有超自然能力，但非不得已才會使出。

我們在上冊第十六章中便已敘述過，統治墨西哥的人神奎札科特爾，在傳說中，經過海路離開墨西哥後，便乘坐一條蛇筏，往東海而去。因此，在讀古埃及《亡靈書》時，我們很難避免沒有一種先入為主的觀念（Déjà vu）。歐西里斯的住居也在水上，他的牆壁是用生蛇做成的❺。至少，這兩個神明使用的象徵符號中，有如此眾多雷同之處，不得不令人感到震驚。

除了上面舉出的例子以外，還有很多。

我們在前面的章節中，便對歐西里斯的故事有相當詳細的描寫，這裡不再重複。我們只想提出的是，他和奎札科特爾及維拉科查一樣，主要留給後人的印象為人類的保護者，為建立文明而付出相當的代價❻。例如，歐西里斯因廢止食人習慣，幫助埃及人建立農業，尤其是種植小麥和大麥而聞名於後世。而且由於他嗜酒（神話中沒有提到他從哪裡學到這種嗜好），特別教人類「種植葡萄，保存酒類……」。他不但教導人類如何過良好的生活，並且幫助他們「戒除悲慘野蠻的生活態度，頒布法律」，並為埃及人帶來宗教信仰。

把一切的秩序安排妥當之後，歐西里斯將國家的控制權交給了愛瑟斯，離開埃及，漫遊世界，而他的目的只有一項：

> 訪問所有人類居住的地方，教導他們種植大麥和小麥，因為他知道，如果他能夠讓人類停止野蠻的行為，溫和有禮地過日子的話，他一定會在施予巨大的恩惠之餘，得到不朽的名聲……

歐西里斯首先到了伊索比亞，教導當地原始的狩獵民族農耕及飼養家畜的方法，並在當地從事大規模的治水工程：「他建造運河，裝設水門和其他調節裝置……他在河岸上堆土、建堤，防止尼羅河氾濫……」從那裡，他又到了阿拉伯及印度，建立了許多城市。當他移動到希臘的色雷斯（Thrace）時，曾殺了一個野人國王，因為那國王拒絕使用他的方

法治理國家。但這個作為，與歐西里斯的行事風格相去甚遠。他在埃及人心目中是：

從來不強迫他人做事，總是以溫和的道理訴求，並和人講道理，成功地誘導他們用他推廣的方法。他的許多賢臣都詠唱詩歌給願意聽的人聽。歌曲的後面，有美麗的伴奏。

再度地，我們必須指出歐西里斯與奎札科特爾及維拉科查之間相似之處。在黑暗及混沌的時期——或許和洪水有關——中，在埃及（或玻利維亞或墨西哥）出現一個有鬍鬚的神或人，精通實用科學技術，而且還擁有成熟的高度文明技術，無私地為人類帶來廣泛的利益。他生來溫和，但是在必要時卻也表現出堅定、嚴厲的一面。他在強烈目的感的驅使鞭策下前進，在太陽城（或帝華納科或特奧蒂瓦坎）建立了他的總部後，又選擇了一些同伴，巡迴世界，重建失落的秩序❼。

我們不妨把歐西里斯到底是人還是神，是原始幻象的產物還是真正存在的人物這個問題，暫且放在一邊，而將焦點置於他周圍的人。希臘和中南美洲的神話中，文明者的身邊都有一些同伴：奎札科特爾有同伴，維拉科查和歐西里斯也各有他們的隨從。有的時候，他們也會發生嚴重的衝突，甚至為權力而發生鬥爭，例如賽特和荷羅斯之間，泰茲喀提波卡和奎札科特爾之間等，都有過衝突。而且，不論神話的舞台是在中美洲，或安地斯山，或埃及，最後的結果都差不多：將文明帶給世人的人被陰謀陷害，無可奈何地離開那塊土地，或者甚至被殺害。

神話中，奎札科特爾和維拉科查被迫離開後，再也沒有回到過原來的土地（顯然，我們也曾提到，西班牙征服中南美洲時，人民曾期待他們回來）。不過，歐西里斯卻回去了。雖然他在完成了他的世界之旅，並讓世人放棄「野蠻行為」以後不久，就被賽特謀殺而死，但是經由獵戶星座，他得以再生，並且借此成為強而有力的冥界之王，而得到永生。從此以後，他在天界審判靈魂，成為有責任、有愛心的王者楷模，並在整個有歷史的期間，統御了古埃及的宗教與文化。

和平的安定

如果安地斯與墨西哥的文明，當初也有如埃及文明一般強而有力的傳承系統的話，今天會發展成什麼樣子？我們沒有辦法猜測，不過可以肯定的是，埃及在製造象徵性的傳承方面，有其獨特的手段。的確，雖然金字塔經文和一些古代歷史資料中顯示，埃及古代也曾經有過混亂的時期，並發生過賽特（和他七十二名「歲差運動」性的共謀者）奪權未果的事件，但是從文獻記錄中，我們也看到荷羅斯、索斯和其他神明法老順利地繼承統治權，過程圓滿。

凡人的法老承襲了前人的權力接續方式，延續了好幾千年之久。王朝時代從開始到結束，每個法老都自認為是神明的子孫，歐西里斯的兒子，荷羅斯在現世的代表。一代傳過一代，每個法老都認為他們死後會在天空中再生，成為「另一個歐西里斯」，而下面一個繼承王位的，則成為「另一個荷羅斯」。

這種簡單、洗練而安定的思考方式，在第一王朝開始以前的西元前三千一百年便已完成建構，而且行之有年。學者都能接受王朝開始時，已有完整的權力承繼系統理論。而且大部分也同意，這承繼系統是從一種非常進步而洗練的宗教發展出來的。然而，令人感到奇怪的是，鮮有古埃及學者及考古學者質疑埃及的宗教是從哪裡成形的。

一個像這樣以信仰歐西里斯為中心的社會和神學體系，在西元前三千一百年的一夕之間，突然從埃及冒了出來，是不太可能的。甚至，這樣一個複雜而成熟的信仰系統，如一些古埃及學者所認為的，只經過三百年的時間便建構成形，也是很不合邏輯的想法。向來埃及的宗教觀，是經過好幾千年的時間逐漸成形的。而且，從任何一種現存的古埃及文獻，只要談到過去，古埃及人便主張他們的文明是神明的遺產，神明是埃及的「第一個統治者」。

文獻與文獻之間，在細節上有不少無法互相輝映之處。例如有的記錄埃及文明的歷史比較長，有的則比較短。但不論長短，所有的都非常清楚地指向一個非常、非常遙遠的時代——可能早到在第一王朝開始的八千到四萬年之遠的過去。

考古學者堅持，他們在埃及找不到任何那麼早期的高度文明的工藝品，但是這種說法其實並不能完全成立。在本書第一部中，其實我們已經看到，現存的好幾樣物品和建築，我們都無法用任何科學方法確定它們的年代。

古代都市阿比多斯也有很多無法認定年代的謎樣建築物……

【註釋】

❶見《王與神》，頁一八一～一八二；《古埃及百科全書》，頁二〇九、二六四；《埃及神話》（*Egyptian Myths*），頁一八～二三；以及詹姆士《古埃及之介紹》，頁一四五。T.G.H. James, *An Introduction to Ancient Egypt*, British Museum Publication, London, 1979, p.145ff.

❷見上冊第四部。

❸見《希伯來》第九章第四段。有關約櫃力量的詳細情形，見作者之《失落的約櫃》，頁二七三。Hebrews 9：4. Graham Hancock, *The Sign and the Seal*, Mandarin, London, 1993, Chapter 12, p.273ff.

❹見《歐西里斯神與埃及的復活神話》，卷二，頁三〇七。

❺同上，CXXV章，卷二，頁八一。

❻見上冊第二、三部。有關歐西里斯文明特性，見《拉路斯最新神話百科全書》，頁一六。*New Larousse Encyclopedia of Mythology*, Paul Hamlyn, London, 1989.

❼見《歐西里斯神與埃及的復活神話》，卷二，頁二七三；亦見《古埃及金字塔經文》。

第十三章 「人類與神的使命」

坐落於阿比多斯尼羅河道以西八英里地方的塞提一世神殿，在古埃及所有神殿遺跡中顯得非常獨特，不但天花板完整地保存下來，而且連接好幾英畝的壁雕也完美無缺。塞提一世為埃及盛世第十九王朝的一位法老，在西元前一三〇六至西元前一二九〇年間統治埃及。

塞提一世最引人津津樂道的，是他生下一個有名的兒子：拉美西斯二世（Ramesses II，西元前一二九〇～西元前一二二四年），也就是《聖經》〈出埃及記〉中的那位法老❶。不過，塞提一世出國征討，建立武功，不但建造起幾個非常精良的建築，並非常用心地修復了不少古建築。他在阿比多斯建的神殿，即取名為「萬萬年之家」（The House of Millions of Years），在這個屬於他的神殿中，祭祀的是「永生之主」歐西里斯。金字塔經文中有這麼一段記述：

你已經走了，但是你將會回來。你已經睡了，但你將會醒來。你已經死了，但你將會生還……乘著水，向上游……以神明賦予你聖靈的姿態，漫遊阿比多斯。❷

阿提夫王冠

早上八點，在這緯度不高的地方，已是天色明亮而萬物活躍的時刻了。但當我們進入塞提一世神殿的瞬間，感受到的卻是一片寂靜與昏暗。除了牆壁上有從地板打上來的微弱電燈光線外，神殿內部大部分仍依法老的建築家的原始設計，以自然光照明。幾條光束從外側石縫中穿透進來，宛如聖光逼人。光束中灰塵的微粒舞動，和沉重的空氣以及支撐著這多柱式建築屋頂的巨大石柱，成為強烈的對比。我們幾乎可以感受到歐西里斯的聖靈，仍然在這裡。這不單是想像，也是現實，因為周圍的牆壁，佔滿了美麗而調和的浮雕作品，全都在描繪以散播文明為天職的歐西里斯，如何在死後扮演冥界之王的角色。其中還有一幅浮雕，繪著他即位為冥界之王，而他美麗、神祕的妹妹愛瑟斯則在一旁觀看的景象。

我逐一觀察牆壁上的浮雕作品，發現歐西里斯在每一幅浮雕中戴著的王冠都極為華麗，並各有特色。王冠對古代的法老而言，顯然是服裝中一個重要部分。至少從浮雕中我得到這樣的印象。然而，令人感到奇怪的是，多年來如此大規模的挖掘行動中，卻從來沒有一位考古學者發現過任何王冠，或王冠的碎片，更不用說「開天闢地」的神明所使用的漩渦狀儀式用頭飾了。

所有王冠中最令人感興趣的還是阿提夫（Atef）的王冠。這個王冠形狀奇妙，除了有皇家徽紋的蛇形飾物（亦即優拉阿斯。墨西哥用的是響尾蛇，埃及則是用昂頭、隨時準備出擊的眼鏡蛇）以外，正中央描繪著上埃及人的白色戰鬥用盔甲的圖案（這個也只有在浮雕中可見，沒有實物可供參考）。王冠的兩側看起來是兩塊如樹葉一般的薄片金屬，與前面一個機關相連。王冠上面的金屬片形成兩

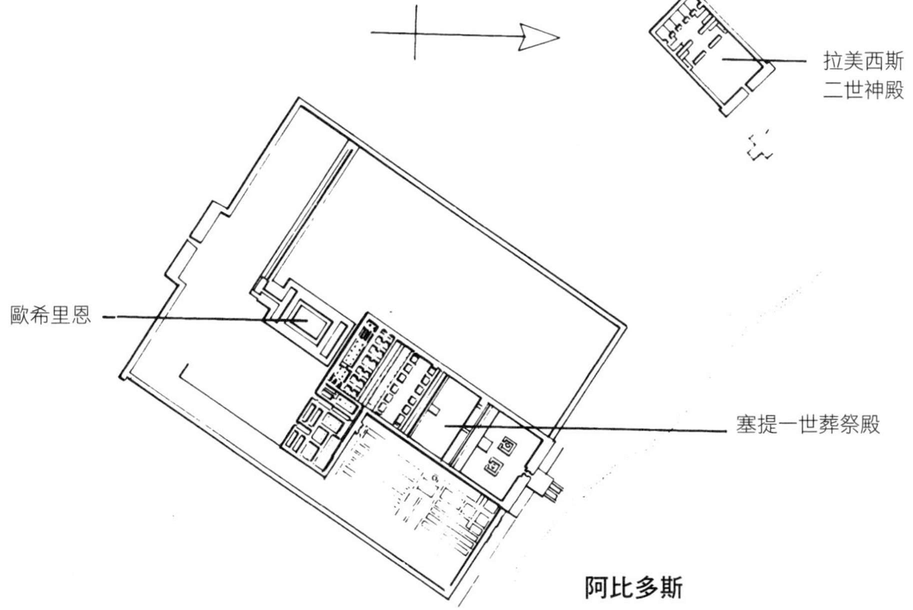

阿比多斯

片波浪形狀的刀刃，學者一般認為那象徵著一對雄羊角。

塞提一世神殿浮雕作品中，有好幾幅是以戴著阿提夫王冠的歐西里斯為主題的。王冠看來大約有二英尺高。根據《古代埃及亡靈書》的記載，王冠是雷送給歐西里斯的，「但是，歐西里斯戴上的第一天，頭部開始劇痛，雷晚上回來時，發現歐西里斯的頭因為戴王冠的關係而腫脹。雷為他取膿。」❸

《古代埃及亡靈書》只是平鋪直敘地講出一個故事。但我們不妨仔細想一想：一個會發出熱能，使皮膚發炎、出膿的王冠，會是什麼樣子的東西？

十七個世紀的國王

我走進黑暗，一直到路盡頭的眾王之廊（Gallery of the Kings），也就是從神殿入口進去二百英尺的多柱式大廳東側的通道。

通過眾王之廊，就好像通過時間之廊一樣。在我的左側牆壁上，雕著的是古埃及一百二十名神祇的稱謂和他們主要的管轄聖地。在我右手邊，則有一塊十英尺乘六英尺大的地方，刻著塞提一世以前的七十六位法老的名字，而且每個名字都以象形文字，刻在一個個橢圓形的徽紋記號中。

這個圖像的文獻，就是一般所稱的「阿比多斯國王名單」（Abydos Kings List）。這

個金光閃閃的雕刻名單，文字從左向右排列，將所有名字以縱向五段與橫向三段的區隔，記錄下從西元前三千年，第一王朝的第一位法老美尼斯後一千七百年，所有法老的名字。名單上最後一個法老的名字，即為大約於西元前一千三百年左右統治埃及的塞提。在名單的最左邊，浮雕著兩個人物，一個是塞提，另外一個就是他的兒子，也就是未來的拉美西斯二世。

史特拉保之泉

在歷史價值上與杜林紙草及巴勒摩石碑不相上下的「阿比多斯國王名單」，對埃及王室的傳承做了明白的交代。而這份傳承史料中非常重要的一環，便是對悠遠的過去、諸神共同統治的「開天闢地」時期的信仰。所有的神明都以歐西里斯為中心。因此，我們不難理解，為什麼緊接著眾王之廊後面的，是一條直達神殿後方，並進入另一座與歐西里斯相關建築的通路。這座宏偉而美麗的殿堂「歐希里恩」，從埃及有文字歷史以來，便因與歐西里斯有關聯而聞名於世。希臘地理學家史特拉保（Strabo，西元前一世紀曾造訪阿比多斯）形容它為：「用堅硬的石頭建造起的一座令人驚歎不已的建築……在很深的地方，有一口泉水。要進去時，要先經過一個用巨石做成、做工精緻、宏偉驚人的圓形屋頂建築。裡面建造了一條運河，從尼羅河引水……」

史特拉保造訪後幾百年，古埃及的宗教信仰逐漸被另外一個新興宗教——基督教——所取代，河川的淤泥和沙漠的細沙，一寸一寸、一點一點地流入這充滿傳奇的歐希里恩，終於將它的石柱以及入口上面的橫石完全掩埋起來，消失於眾人的眼前，同時也消失於大家的記憶中。二十世紀初期，考古學家弗林德·培崔和瑪格麗特·穆瑞（Margaret Murray，一八六三～一九六三，英國考古學家），在此開始了一項大規模的考古挖掘活動。一九〇三年，他們發現在塞提一世神殿西南方二百英尺的沙漠中，有一座大廳和一條通道，從建築形式來判斷，應該為第十九王朝的作品。不過，在塞提一世神殿的後側和新發現的廳之間，兩位考古學家判斷，絕對還有另外一個「大型地下建築物」被埋藏在地底，關於此「地下室」（hypogeum），穆瑞寫道：「培崔教授顯然認為，就是史特拉保提到的水泉，也就是一般所說的史特拉保之泉（Strabo's Well）。」弗林德·培崔和穆瑞猜測的不錯。但是，因為他們資金有限，無法繼續挖掘，工作到中途便停頓了。一直到一九一二至一九一三年，才有另一位納維爾（E. Naville）教授，在「埃及考古基金會」（Egypt Exploration Fund）的支持下，有機會證實弗林德·培崔和穆瑞的假設。納維爾教授發現了一間狹長的房間，東北向的盡頭，有一座巨大的花崗岩及沙岩所建造的入口。

在接下來一季，一九一三到一九一四年的挖掘活動中，納維爾組織了六百名當地工人，辛勤地將整個龐大的地下建築物挖了出來。納維爾寫道：

我們發現的巨形建築物，大約有一百英尺長、六十英尺寬，其使用的石塊之大，在埃及也應屬絕無僅有了。四面牆壁，鄰接著十七個小房間，每個約僅一個人高，裡面沒有任何裝飾。建築物本身以三個通廊組合而成，中央一塊通廊比兩邊的兩塊大。間隔通廊的為兩列柱子，每根柱子各由一塊完整的花崗岩中切割成形，支撐著一塊同樣大小的楣樑石。❹

納維爾驚異、詳實地記錄，他是如何測量建築物北側通廊的石塊，並發現每塊竟然近二十五英尺之長。更令他驚訝的是，從牆壁伸出的小房間，地上並沒有地板，而挖開地面往下挖時，竟然發現下面的土壤非常潮濕：

小室僅以寬二至三英尺的平台相接。房間另外一端的中央，另外還有一塊平台，而房間裡面沒有鋪設任何地板。當我們往下挖掘至十二英尺深處時，開始有水滲出。即使後方入口處也沒有地板。從這些事實，我們可以推測，過去這裡盈滿著水，進出小室必須利用小船。❺

埃及最早的石造建築物

水，水，到處都是水。一九一四年納維爾教授和他的工作人員開始大規模挖掘行動時，發現橫躺在那個大洞穴下面的祕密建築物歐希里恩的核心，似乎就是水。歐希里恩正確的位置是在塞提一世神殿地板水平面下五十英尺左右的地方，幾乎與地下水的水面同高。現在，我們可從東南方一座現代人製作的階梯走下去。我沿著這樓梯下去，先經過了納維爾和史特拉保都描述過的入口巨大橫楣石，再穿過一條狹窄的木造橋，來到了一個沙岩平台。

平台大約寬四十英尺、長八十英尺，是用巨大的鋪道石建造而成的，周圍被水包圍。以平台中央為軸，旁邊有兩座大游泳池，一座長方形，一座正方形。在軸的尾端，另外還有一座樓梯往下，可到達水面下十二英尺的深處。另外，平台同時還支撐著納維爾報告中也提到的兩大柱廊。每個柱廊都由五根粗短的粉紅色花崗岩支柱組成，而每根支柱高約十二英尺，四面寬度均為八英尺，重則達一百噸。這些巨大的柱子上面，還有花崗岩的橫石，顯然整座建築物，過去不僅曾覆蓋在大型的屋頂之下，可能還曾使用更大的橫楣石。

要瞭解歐希里恩的構造，必須能夠在心中將自己拉至高處，俯視它。由於當時的屋頂已經不見，因此在心中描繪整體構造的工作就更容易了。而且由於建築物中的游泳池、小室的運河等現在都盛滿了水，一直滿溢至離平台只有幾寸的地方，顯然很接近原始設計的模樣，當然也有助於我們的想像。

以這個方式往下看，我們立刻可以瞭解，平台是一個四周被寬約十英尺的壕溝所包圍

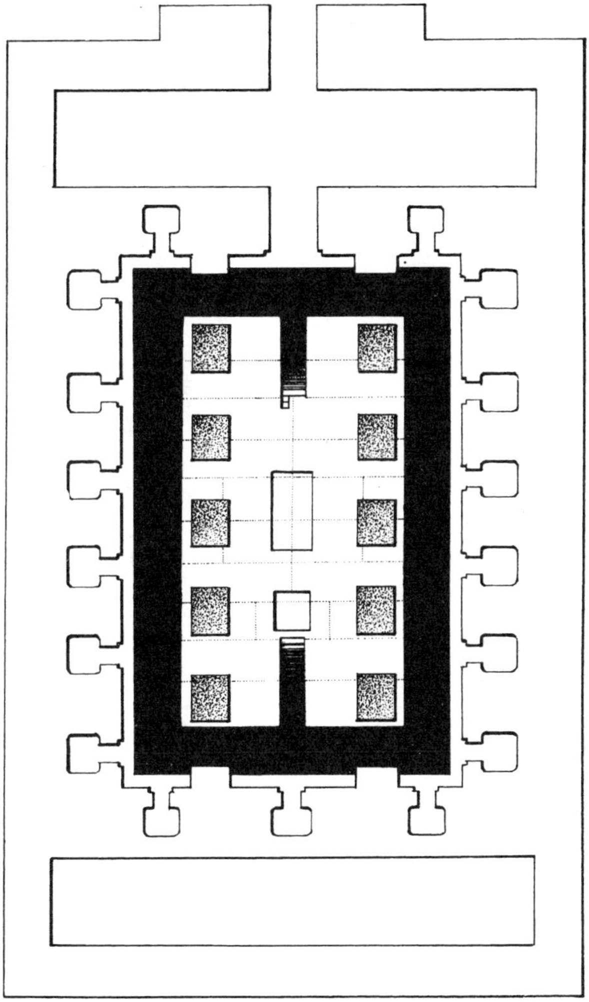

歐希里恩平面圖

的四角形島❻。壕溝的四面，則被厚達二十英尺的牆壁所包圍。這些用紅色沙岩堆積而成的巨牆，呈現著多角形的拼圖花樣。通過厚牆上的開口，我們便可進入納維爾報告中所描述的十七間小室：東面六間、西面六間，南面二間，北面三間。北面三間的中央一間，房間的內側，連接著一間長方形的大廳，上面還有一部分石灰岩的屋頂。南面也有一間類似的長方形大廳，但是已經沒有屋頂了。整個建築構造的外面，有一圈石灰岩的外壁，使得整體的構造，從外往內，連成牆、牆、壕溝、平台的順序。

歐希里恩另外一個令人感到好奇的地方，是它的方位不但不正，而且反倒像墨西哥的特奧蒂瓦坎古城的「亡靈之路」，是向著稍微偏東的正北方。由於埃及古文明向來在方位上相當精確，因此我不得不懷疑，這個偏斜的方位絕非偶然。相隔不到五十英尺外的塞提一世神殿便完全照準著歐希里恩的方位，可見這背後，必定有一個特殊的理由。問題是神殿與歐希里恩，哪個年代更久遠？是神殿比照歐希里恩的方位，還是歐希里恩比照著神殿的方位而建的？這個問題，現在已被大多數人遺忘，但是過去還曾引起過一場極大的爭論。二十世紀初，討論獅身人面像及河岸神殿的建造年代時，曾經有很多著名的考古學家主張歐希里恩是一座非常古老的建築。一九一四年三月倫敦的《泰晤士報》上，刊登過納維爾教授的簡介：

歐希里恩引發幾項重要的疑問。首先就是它的建造年代。由於這座建築物與獅身人面

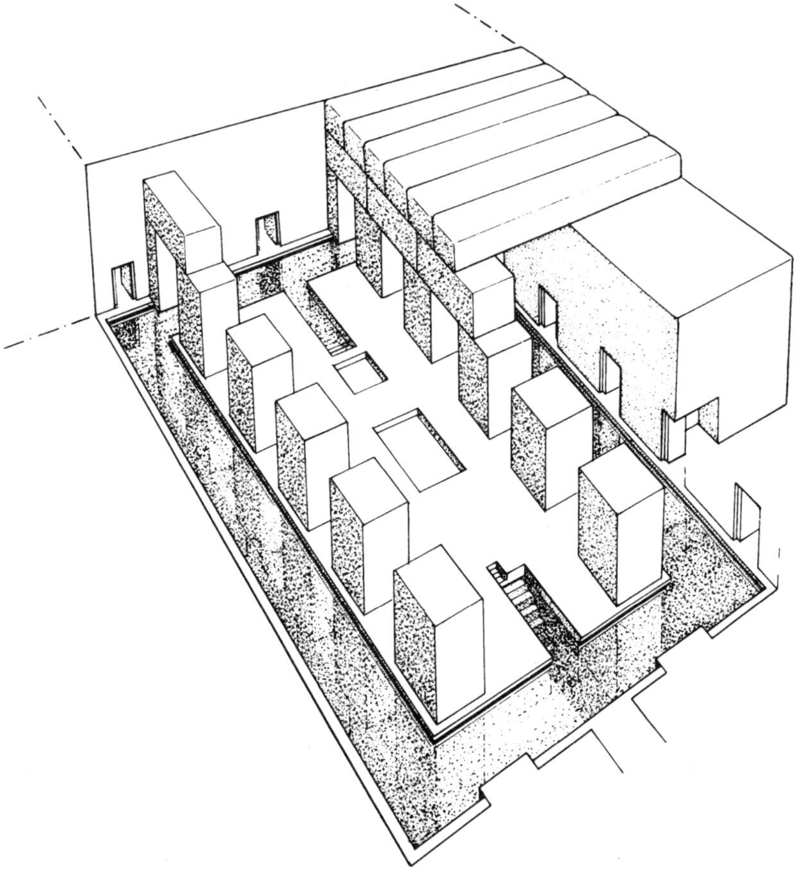

歐希里恩遺址示意圖

像神殿（亦即河岸神殿當時的名稱）極為相似，兩者均為巨石建造，沒有裝飾，表露出當時建築的特徵無遺。從這裡，我們可以推斷，歐希里恩和獅身人面像一樣，應屬於埃及最古老的石造建築。

自稱完全震懾於這座建築物中央大廳的「壯麗與徹底的單純」，並且由衷佩服那些「從遠方搬運巨石而來並堆積成建築物的古代人」的納維爾，在歐希里恩的功能方面，認為：「顯然這個巨大的建築構造，是為尼羅河水漫溢期間而建造的蓄水池……應該是建築史初期的作品，既不是神殿，也不是墳墓，而是巨大的水池，一個給水設備。這一點，令人極感興趣……」

的確令人感到有趣，並且想要更進一步調查。納維爾本想在下一個調查季接著做更深入的調查研究，可惜戰爭爆發，連續幾年都無法在埃及從事考古活動。一直到一九二五年，「埃及考古基金會」才重新組織考古調查隊，但是新的隊長不是納維爾，而是一位年輕的古埃及學者亨利．法蘭克佛（Henry Frankfort）。

法蘭克佛的證據

後來成為倫敦大學前古典太古時代（Pre-classic Antiquity）專家而名噪一時的法蘭克

佛教授，接下這個考古任務後，從一九二五至一九三〇年，連續主持了好幾季的歐希里恩考古活動，徹底地挖掘、調查了該地的古蹟，並就他所知的，找到了足夠的證據，「確定了建築物的建造年代」。他找到的證據主要有：

1.中央大廳主要入口處南端的上方，有一個花崗岩的鳩尾榫（dovetail），上面雕刻有塞提一世的徽紋記號。
2.中央大廳的東面牆壁的內側，有類似的鳩尾榫。
3.北側長方形房間的屋頂上，有一幅描寫天文光景的圖畫，和一些塞提一世的碑文浮雕。
4.南側的長方形房間中，也有描繪著類似風光的浮雕。
5.在入口通路上發現了一塊石灰岩的破片，上面刻著「塞提侍奉歐西里斯」。

讀者或許還記得旅鼠集體自殺（lemming behavior，旅鼠繁殖到達頂點後，便往海洋方向移動，大量溺死的行為）之類的社會行為。學者對於獅身人面像和河岸神殿的年代問題，也發生過向相反方向大移動的集體自殺行為（原因只因為發現了幾個石像，和一個卡夫拉王的徽紋記號）。法蘭克佛在阿比多斯的發現，也造成了學界對歐希里恩的年代問題上，有一百八十度態度大轉變。一九一四年，學者們還口口聲聲說歐希里恩是「埃及最古老的石造建築」，到一九三三年時，他們卻突然轉而相信那是西元前一千三百年左右，塞提一世統治時代的一座死者紀念碑了。

然後又經過了十年，古埃及學的教科書已普遍認定歐希里恩的建築為塞提一世的豐功偉績，而且寫的就好像那是經驗與觀察而得到的史實，而非一種觀測而已。但是我們知道它不但不是史實，而且只是法蘭克佛基於他發現的物證，而發表出來的個人見解罷了。

對於歐希里恩，我們唯一能確定的便是一些塞提一世的碑文及裝飾品的出土物，而可以讓我們與人物、年代等連結的就只有這些了。從這些文物與塞提一世之間的關聯，我們當然可以解釋歐希里恩為塞提一世所建造的。法蘭克佛便是如此主張。不過，我們還可以有另外一個解釋，那便是由於出土的裝飾品其實相當的破舊寒磣，而碑文上的徽紋記號也並不豐富，或許這些並非存在於原始建築時，而是在修繕、復原它的時候加在其上的（也就是說，採信納維爾和一些其他學者的建議，歐希里恩是在塞提以前的年代所建的）。

也就是說，關於歐希里恩的起源，其實有兩個完全不同，甚至互相抵觸的假設：（A）它是埃及最古老的建築物，（B）它是新王朝時代的作品。讓我們來看看這兩種假設分別有哪些優劣之處。

現代古埃及學者接受的為（B）假設，認定歐希里恩是塞提一世所建立的死者紀念碑。但是，如果我們仔細檢討，會發現碑文、徽紋記號等均屬間接證據，不但不能證明什麼，有的甚至會與法蘭克佛的見解互相矛盾。例如，有一塊刻著文字的石灰岩破片中，我們發現「塞提侍奉歐西里斯」的字樣。這不像對一位原始建造者的讚美，倒像是對修復者的讚美，讚美塞提一世修復，甚至增築了「開天闢地」的神祇時代所有的太古建築。另外還有一件小事，其實相當棘手，也被學者忽略了。那便是被發現有塞提一世裝飾及碑文的兩間南北向的「扁長室」（transverse chambers）的位置，是在歐希里恩二十英尺的厚壁之外。在厚壁之內的巨石建築物中，並無任何的裝飾。這使得納維爾合理地提出懷疑（法蘭克佛卻有意忽略），認為後來的兩間扁長室與建築本體並不屬於同一年代，房間可能是在建築本體完成後經過許多年，在塞提一世時代「當他建設他自己的神殿時」才加出來的。

因此，我們認為假設（B）的基礎，是建立在法蘭克佛從少數的出土文物中做的一些不足採信的解釋之上。

相對地，假設（A）的歐希里恩的中心建造物是在塞提一世時代以前好幾千年便已完成的說法，則是建立在對建築物樣式的觀察上。根據納維爾的觀察，歐希里恩和吉薩的河岸神殿形式相近，顯示兩者是出於同一時代，同一個用巨石建築的時代。同樣地，瑪格麗特．穆瑞至死仍相信，歐希里恩不是死者的紀念碑，更不可能是塞提的紀念碑。她說：

> 這座建築物是為讚美歐西里斯的祕跡而建，在埃及現存的建築物中極為特別，顯然年代非常久遠。它使用的大型石塊，正是古王朝時代的特徵。而且簡單的式樣，正說明了它來自一個古老的時代。裝飾為塞提一世所加上的。塞提用這個方法來主張他對建築物的所

有權。過去很多法老都以放上自己的名字，來主張對以前法老的建築物的所有。因此，名字的意義並不大。在考證埃及建築物的年代時，有意義的是建築物的式樣、石工技術的種類、石塊切合的方法等，而非上面刻著的國王的名字。

法蘭克佛對這一番忠告應該更注意傾聽才是，因為他自己也不禁對他所謂的「死者紀念碑」有所困惑，而曾表示過：「我們必須承認，第十九王朝中並無類似的建築物。」其實不止第十九王朝。和歐希里恩類似的建築物，除了河岸神殿和吉薩的巨石建造物以外，在漫長的埃及歷史中，竟然一座也沒有。而河岸神殿等幾個所謂老王朝建築的巨石作品，似乎獨樹一格，互相有很多的類似點，但和其他地方的其他建築便截然不同，而它們原始的建築者到底是誰，至今仍無人知道。

為什麼我們非要將這些建築物派給法老時代，而不願意承認它們可能是在史前時代時便已完成？從獅身人面像、河岸神殿，到現在的歐希里恩，沒有一樣直接證據，可以斷然證明它們是由誰建起來的。僅憑著一些模糊假設和少數的證物，我們便硬將這些建築與某個特定的法老（如卡夫拉、塞提一世）拉在一起。除了徒增這些建築物的神祕性外，有什麼好處？那些少數的證物，難道不會僅為後來的法老，在修復古老的建築物時，為與古老時代建立連結，而故意遺留下來的物品？

張帆航向砂與時間的海

離開阿比多斯之前，我還想去確認一樣謎題。那謎題被埋沒在離歐希里恩西北一公里左右的沙漠中，被滾滾黃沙包圍的古代墳場之下。

墳場的大部分墳墓屬於王朝時代初期，或更久以前時代的統治者，胡狼之神阿努比斯和烏普奧特統治時代的文物。身為開道者、靈魂守護者的胡狼，一直是很多神祕故事的主角。阿比多斯每年都以阿努比斯的神話故事為藍圖，演出祭神儀式，而且這儀式顯然從有古埃及歷史以來便已存在。

阿努比斯守護的似乎不止亡靈，還有更多的謎題，而歐希里恩便是最大的不解之謎之一。難道學者們不該做更深入、詳細的調查？學者的任務不就是要解開這類的謎題？沙漠中埋藏著十二艘船首高聳的航海船，難道不是一個大家都急切想知道答案的謎題嗎？

而我要做的正是通過胡狼神的墳場，到埋藏那十二艘船隻的地方，一探究竟。

英國衛報（*Guardian*），一九九一年十二月二十一日：尼羅河深處發現古埃及皇家艦隊。一隊由美國及埃及考古學家所組合的探險隊，最近在離尼羅河岸八英里的阿比多斯地方，發現了十二艘古埃及木船……根據專家表示，每艘船大約長五十至六十英尺，至少有五千年的歷史，是現在所找到的埃及最古老的船隻……專家還說這些九月份便發現的船隻，可能是為陪葬法老，讓他們的靈魂能夠到遠方旅行而造的。「我們從來沒想到會發現這種船隊，尤其在離尼羅河這麼遠的地方。」探險隊長，同時也為賓州大學博物館埃及文物組長的大衛・歐康諾（David O'Connor）說……

艦隊被埋藏於一個由泥磚圍起來的庇蔭中，而這一塊地方則被認為是西元前二千七百年左右，統治埃及的第二王朝法老卡色卡漢維（Khasekhemwy）的葬祭殿。不過，歐康諾卻很有把握地認為那些船隻和卡色卡漢維沒有直接關係，而與附近（而且大都崩壞）的「第一王朝初期的法老德賀（Djer）的王墓有關。船墓不像比王墓更為古老，有可能就為德賀王所建，不過還需要經過證明。」

沙漠突然吹過一陣強風，細沙滿天飛舞。為了避風，我躲到卡色卡漢維王殿堂的圍籬牆壁下。這裡與賓州大學的探險隊重新將船隻埋入的地點（他們在正當的防護理由下，再度將船隻埋回地下）已非常接近。一九九一年偶然發現那船隊以後，考古學家們原本希望一九九二年能夠回來繼續挖掘，但是在許多事情的拖累下，一直到一九九三年，他們還沒有重新回來的計畫。

在我做研究的過程中，歐康諾曾經寄給我他一九九一年正式的挖掘報告，中間提到那些船隻其實可能長達七十二英尺❼。他同時還提到，埋葬這些船隻的船形磚墓，在早期的王朝時代，很可能是在地上，一個個挺立於沙漠中。在全新的時候，那種磚牆林立的景象，必定相當壯觀：

每個墳墓，原始時候，必定都抹有厚厚的泥土，並塗上白色外裝，因此，視覺上就好像十二艘（或更多）巨大的船隻「停泊」在沙漠上，在埃及燦爛的陽光下，大放光芒。這些船隻處於停泊狀態的意識強烈，在數個墳墓的船首和船尾下，發現有形狀不一的玉石。這些玉石不可能是偶然或天生，而必須是有意擺放在那裡的。從位置來看，玉石也一定是故意，而不是無意放置著的。我可以把它們想成是幫助船停泊的「錨」。

正如同吉薩的大金字塔旁地下發現的一百四十英尺航海船（見本書第一章），從阿比多斯的船隻構造上，我們不難發現，它們足以應付大洋上任何惡劣的天候和激蕩的波浪。德州A&M大學的航海考古學家雪兒．海丹（Cheryl Haldane）認為，這些船隻的設計精良，「使用高度的技術，而船姿優美更不在話下」。因此，和大金字塔的船一樣的是（不過至少要更古老五百年），阿比多斯船隊似乎很明白地顯示，埃及人在三千年悠久歷史的最初期，便已積蓄有豐富的航海傳統。而從早在埋藏阿比多斯船隻的一千五百年以前（也就是在西元前四千五百年左右），在尼羅河谷中發現的最早的埃及壁畫中，我們便已看到了流線型高性能的大船在水上航行❽。

是否有可能，早在有正式文字歷史前的西元前三千年，便有一支具備豐富航海經驗的人們，來到尼羅河谷，並與當地的土著居民有了接觸？如果這個說法成立的話，我們便不難解釋從埃及沙漠中發現船隻這種重複出現、無法解釋的怪現象了（金字塔經文中也描寫到非常複雜的船隻構造，有的長度更達二千英尺）。

在提出這些疑問的同時，我還懷疑船隻在古埃及所代表的象徵意義。很多學者都先後指出過，船隻是為了載運法老的靈魂而建造的。不過，我覺得，象徵意義並不能夠解答為什麼埋藏於地下的船隻，是以如此高度的技術水準製造而成的。這種高超的設計與製作技術，必須是有多年的經驗發展出來的。難道我們不應該探究一下——就算為了否定有這種可能——吉薩和阿比多斯的船隻，不是由那些熱愛自己土地，在河邊定居，從事農業的古埃及人所製造出來，而是出自於另外一批更高等的、有航海文化的人手中？

既然有高度的航海文化，這批人必定知道如何從星象的觀察探知方位，並且為能航行遠洋，而發展出製作地圖的技術。

是否有可能，這個文化，同時也精於建築與石工，專門製作以多角形的巨石蓋起如河岸神殿、歐希里恩之類的建築物？

而且，有沒有可能，這些人與「開天闢地」創始萬物的神明們，有某種程度的關係，不但帶給埃及人文明、建築、天文、算術與文學的知識，而且還傳給他們許多實用的技術，包括埃及人受惠最深的農業。

我們從各種跡象中發現，尼羅河谷在北半球冰河期的末尾曾經有過農業文明，以大規模的農業栽培實驗，創造了地方的「飛躍」性發展。然而，從它飛躍的特質來看，這個農業文明不是由本土發展出，而只有可能是經外來、不知名的思考的引介，才得以發展出來的。

【註釋】

❶日期出自《古埃及地圖》。有關法老拉美西斯二世的資料，見奇臣《勝利的法王：拉美西斯二世生平》，頁七〇～七一。K.A. Kitchen, *Pharaoh Triumphant: The Life and Times of Ramesses II*, Aris and Phillips, Warminster, 1982, p.70~71.

❷摘自《古埃及金字塔經文》，頁二五三、二八五。

❸見傅克納譯《古代埃及亡靈書》，一七五章，引用於《古埃及神話及象徵》，頁一三七。R. O. Faulkner, trans., *Ancient Egyptian Book of the Dead*, British Museum Publications, 1989.

❹倫敦《泰晤士報》，一九一四年三月十七日。

❺同上。

❻見納維爾《阿比多斯考古挖掘活動：歐西里斯的水池及墳墓》，卷一，一九一四年，頁一六〇。E. Naville, *Excavations at Abydos: The Great Pool and the Tomb of Osiris*, Journal of Egyptian Archaeology, Volume 1, 1914, p.160.

❼以傳真直接送給筆者，一九九三年一月二十七日。

❽見《古埃及金字塔經文》，頁一九二：「噢，晨星，荷羅斯，你有一個靈魂，你出現在七百七十求比特大的大船上……請帶我到你船隻的艙內。」

第十四章

「西元前的第十一個千禧年」

如果不是有歐西里斯如此逼真的神話，如果這個以創造科學、制定法律聞名的神祇沒有在「開天闢地」的寓言期將農耕活動帶至尼羅河谷，那麼即使早在西元前一萬三千年到西元前一萬年之間，埃及便有了「早來的農業發展」——被一般歷史學家認定為世界最古老的農業革命——也不會這麼受人矚目了。

正如前面數章中所討論的，各種埃及史料，如巴勒摩石碑、杜林紙草等，顯現出的歷史年代都不一樣，有的甚至互相矛盾❶。不過，這些資料的編年中唯一的共同處，便是大家都同意歐西里斯的「開天闢地」創始期，也就是神明統治埃及的黃金時代，發生在非常、非常久遠的年代。另外，所有的資料在極端重視西元前一萬一千年這一點上也不謀而合。西元前一萬一千年，也就是西元前十一個千禧年前，從歲差運動來看，為獅子座的時代，也是北半球巨大的冰原正在大規模溶解的時候。

或許是偶然，從一九七〇年代開始，霍夫曼（Michael Hoffman）、哈珊（Fekri Hassan）、溫道夫（Fred Wendorf）教授等地理學家、考古學家、史前史學者等，先後提出新的論證，證明西元前一萬一千年的確為埃及史前史中重要的年代。在這期間，尼羅河低地發生過多次的大規模洪水，對地方產生嚴重的破壞。哈珊並推測，長期性災害至西元前一萬零五百年左右，威勢加猛（定期發生，持續至西元前九千年左右），將還處於雛形的農業實驗破壞殆盡。

無論如何，不論是什麼原因肇始的埃及農業實驗，到西元前一萬一千年左右都完全終止，並且在往後的五千年之間，都毫無復甦的跡象[2]。

外來的革命？

埃及所謂的「舊石器時代農業革命」（Paleolithic agricultural revolution），有許多令人費解的地方。下面為從一般教科書（霍夫曼的《法老前的埃及》〔*Egypt before The Pharaohs*〕，以及溫道夫和史其德的《尼羅河谷的史前史》〔*Prehistory of the Nile Valley*〕）中所引用出來，對冰河時代末期，我們認識非常有限的埃及農業飛躍發展的一些描述：

1. 西元前一萬三千年後不久，出現了石臼及前端部分閃閃發光的小鐮刀刃等舊石器時代的工具（小鐮刀刃上黏有石英）。石臼的目的顯然是為了調理植物性食物而存在的。

2. 在完全同樣的時期，在許多河邊的先人遺址中，魚類的殘骸突然間消失，顯示魚類在飲食生活中的重要性驟然降低。「魚類不再為重要的食物，和地上的穀物食物的大量出現很有關係。調查相關的花粉，我們可以發現當時種植的穀類以大麥的可能性為最大。然而令人感到有趣的是，這裡大麥的花粉，在第一批定居者進入這地區前不久才開始出現……」❸

3. 舊石器時代後期，尼羅河谷的農業出現得突然，衰退得也極為突然。最令人費解的是，西元前一萬零五百年後不久，過去使用頻繁的石臼與小鐮刀刃突然消失，整個埃及反而開始使用在舊石器時代以前便有的狩獵、漁獵、採集用的石器。

雖然證據並不完整，不過我們應該已經可以看到全貌：埃及在西元前一萬三千年開始，因穀物生產豐富，進入了一段黃金時代，但是到了西元前一萬零五百年左右，這突如其來的農業文化卻又驟然停頓、消失。從引進大麥種植後，尼羅河谷便突然繁衍出好幾個新的農耕部落，每個部落的人民都使用高效率的工具與方法從事農耕。但是到了西元前一萬一千年左右，那些人卻又回到了原始的生活形態。

面對這樣的資料，我們不禁要發揮想像力，在謎團中搜尋答案。但是，如此得出來的答案純屬臆測，沒有可信度。唯一值得相信的是，所有的資料沒有一件可以證明舊石器時代所發生的埃及農業革命，是在當地發芽、成長、茁壯而成的。反而，從各種跡象顯示，農業化可能是一場由外人帶進來的革命，突然間因環境的變異，如同它的開始一般，在尼羅河大氾濫以後嘎然而止。

當時的氣候如何？

我們在前面的章節中已經提過，撒哈拉在地理學上是一個年輕的沙漠，直至西元前一萬年，遠至上埃及都還是一片蔥綠的大草原，到處可見湖光閃爍、百獸嬉戲的景象。至於北部三角洲，則有許多大而肥沃的島嶼。總體而言，當時氣候比現在要涼爽、多雲，也要多雨。的確，在西元前一萬零五百年以前的二千至三千年或其後的一千年間，當地不停地下雨、下雨、下雨、下雨，一直下到大洪水來，並帶來環境大變為止。等洪水過後，氣候變乾，而乾燥期一直持續到西元前七千年，接著又是一千年的新石器時代準多雨期。接下來的二千年溫和、多雨的溫和氣候，建構了一個適合農業發展的環境：「在那期間，沙漠中植物開花，許多原本不適合人居的地方，都搬進了大批的人口。」

不過，到了西元前三千年左右，埃及王朝誕生期，氣候再度轉變，日漸乾燥，直至今日。

上面敘述的，便是埃及文明之謎上演的大環境背景：西元前一萬三千年至西元前九千五百年的洪水，然後至西元前七千年的乾燥期，經過一段雨期（逐漸頻繁，但仍不算經常）到西元前三千年，再度回到現在為止的漫長乾燥期。

這齣歷史神祕大戲的上演時間，在天候轉變的背景下，前後拖長至一萬年以上。但是如果我們將焦點放在解開「黃金時代」發生的年代的話，那麼便應該將目標指向西元前一萬三千年至西元前一萬零五百年，神祕的農業實驗時期。

隱形的關聯

那個時期不僅對古埃及，對鄰近的民族而言也都非常重要。正如我們在上冊第四部中所見的，在這個時代中，天候經歷了極大的變化，海平面上升，地面動搖，洪水湧上，火山爆發，瀝青雨起，天色變黑，使得世界上現存的許多大災害的神話，都以這個時代為背景。

而這個時代是否有可能真如神話所說，是一個人神共存的時代？

玻利維亞高原上的神被稱為維拉科查，與可能在西元前一萬一千年大洪水發生以前，便以巨石建設完成的城市帝華納科很有關係。根據亞瑟·波士南斯基教授的說法，大洪水退去後，「高原上的文化不再興盛發展，反而陷入了全面的、無可挽回的衰微。」

當然，波士南斯基的結論具有頗多爭議性，我們必須從理論上正面地評價檢討。不過，令我們感興趣的是，玻利維亞高原與埃及的文明同樣在西元前一萬一千年被大洪水沖毀。而兩個地方，都顯示出先有利用外來引進的技巧開始從事農業實驗，然後又被放棄的跡象。同時，兩個地方有許多遺跡的年代都未獲公認。例如，波士南斯基教授認為帝華納科的普瑪門和卡拉薩薩雅廣場，可能為一萬五千年前所建的，而約翰．魏斯特及波士頓大學的地質學家羅伯．修奇則分別證明了，埃及的巨石建築如歐希里恩、獅身人面像、吉薩的卡夫拉王河岸神殿等，應完成於西元前一萬一千年。

埃及與南美洲美麗而神祕的巨石建築，傳授人類文明的神祇歐西里斯和維拉科查，兩個文化都發生於西元前一萬三千至西元前一萬年的農業實驗之間，會不會有一些隱形的關聯存在？

重寫人類文明史

從墳墓區出來，我們驅車從阿比多斯開往路克索，去會見約翰．魏斯特。我有一個感覺，如果建築物的年代這個中心議題能夠解決的話，其他疑問都會迎刃而解。也就是說，如果魏斯特的地質研究能夠證明獅身人面像有一萬二千年以上的歷史的話，那麼人類文明史就必須重寫了。而在改寫人類文明史的過程中，過去被認為怪異的、不斷出現於世界各地的其他「上帝的指紋」，就會開始變得有意義……

當魏斯特一九九二年於「美國科學協進會」（American Association for the Advancement of Science）的年度大會中，發表他的調查結果時，至少芝加哥大學的古埃及學家，和吉薩地圖化計畫主持人馬克·列那（Mark Lehner）博士也參加了討論，而且出乎所有與會者意料的是，列那當場竟然無法提出有力的反駁論點。他為魏斯特的論文結論道：

> 如果你認為獅身人面像的年代在西元前九千年到西元前一萬年的話，顯示你認為當時埃及文明程度一定非常高，高到能夠製作獅身人面像的地步。身為考古學者，我必須問的問題是：如果獅身人面像是當時建造的，那麼文明的其他部分到哪裡去了？❹

列那其實沒有說到重點。

如果獅身人面像的確是在西元前九千到西元前一萬年的作品，魏斯特並不需要證明埃及當時已經有高度文明，是古埃及學家和考古學家必須要解釋他們為什麼會錯了，而且錯了那麼久，錯得那麼離譜，錯得那麼固執。

然而，魏斯特能夠證明獅身人面像年代古老嗎？

【註釋】

❶另一個例子為狄奧多羅斯（西元前一世紀）所記述埃及高僧告訴他的話：「從歐西里斯及愛瑟絲，到亞歷山大統治，這期間超過了一萬年……亞歷山大在埃及建立了一個以他為名的都市。」見《歷史叢書》，卷一，頁七三。*Bibliotheca Historica*, Volume 1, p.73.

❷見《古埃及歷史》，頁二一。Nicholas Grimal, *A History of Ancient Egypt*, Blackwell, Cambridge, 1992, p.21.

❸見溫道夫與史其德，《尼羅河谷的史前史》，頁二九一。Fred Wendorf and Romuald Schild, *Prehistory of the Nile Valley*, Academic Press, New York, 1976, p.291.

❹見美國科學協進會一九九二年辯論：獅身人面像有多老？

第十五章 「獅身人面巨石」

「古埃及學者，」約翰．魏斯特說：「是世界上最不願意承認有例外存在的人了。」

在埃及，例外的事太多了。魏斯特所指的是第四王朝的建築物。它們是例外，因為和第三、第五及第六王朝相比較之下，可說是意外連連。沙卡拉（第三王朝）的卓瑟階梯金字塔以宏偉誇耀於世，但它使用的石塊比較小，容易處理，五、六個人就可以扛起一塊，而金字塔內部房間的構造也比較簡陋。第五、第六王朝的金字塔內部雖然發現令人驚歎的金字塔經文，但是結構本身卻非常粗糙，現已完全崩壞，成為一堆瓦礫。只有吉薩的第四王朝金字塔，建造非常完整，經過幾千年的歲月摧殘，仍然能夠在原地屹立不搖。

魏斯特認為，古埃及學者理應注意到這種建築技術的變遷代表的意義才是。「在建造了相當粗糙的金字塔後，突然改變風格，建造出令人難以相信的宏偉金字塔，然後再度走回劣質路線。這在道理上說不通，令人無法理解，就好像汽車業在發明T型福特自用車以後，突然開始製造九三年型的保時捷汽車，但造了沒有幾部後，突然忘記製作方法，再回頭來製造T型福特汽車一樣……文明的路，不是這麼走的。」

「那麼你認為應該如何呢？」我問，「你認為第四王朝金字塔，根本不是在第四王朝所建的嗎？」

「我的直覺的確如此。它們和周圍的瑪斯塔巴古墳區的建築完全不同。不僅如此，它們一點也不像第四王朝的東西……彼此不調和……」

「獅身人面像也如此嗎？」

「獅身人面像也一樣。不過有一點不同的是，在獅身人面像上，我們不必依賴直覺，便有證據證明，它是在比第四王朝要久遠許多的時代所建立的。」

天空之蛇

從到埃及旅行以來，桑莎與我一直非常崇拜約翰・安東尼・魏斯特。他所著的《古埃及旅行之鑰》（*The Traveller's Key to Ancient Egypt*）介紹我們認識了這塊古老土地上許多不解之謎。我們一直將它帶在身邊。同時，他的學術著作，有名的《天空之蛇》（*Serpent in the Sky*）更讓我們打開眼界，認識一個革命性的新觀念：埃及文明可能並非從尼羅河谷中發展出來的產物，而是從一個更早、更偉大，比古埃及更古老好幾千年，我們還不知道的文明傳承下來的遺產。他並且舉證歷歷，說明了如何從埃及古文明的遺跡中，一再發現與那個時代不相符的高度科學的痕跡。

前來與我們會面的魏斯特，身材高大，年約六十出頭，留著整齊的白髭，一身卡其色的撒哈拉服，戴著一頂十九世紀的遮陽帽，看起來老當益壯，精力充沛，而且眼光炯炯有神。

我們三個人坐在一艘尼羅河遊船上層甲板上，遊船停泊在離路克索冬宮旅社（Winter Palace Hotel）數碼的下游岸邊。河對岸的西面，正要從帝王谷（Valley of the Kings）絕壁之間沉下的太陽，在空氣的折射下顯得又大又紅。我們的東面，則是正在崩壞但仍面容高貴的路克索遺跡和卡納克（Karnak）神殿。遊船下面，我們可以清楚地感覺到河水正輕輕地流向遠方河口三角洲。

魏斯特第一次將獅身人面像年代的問題端上檯面，是在《天空之蛇》一書。他在書中，詳細地解釋了數學家史瓦勒·魯比茲的發現。魯比茲於一九三七年到一九五二年之間，至路克索神殿調查，發現他可以用數學證明埃及的科學與文化，比當時學者所願意承認的要高深、複雜得多。不過，正如魏斯特所說的，這些證據「用難解至極的複雜語言寫成……能夠就這麼一口氣讀下去的讀者大概沒有幾個，就好像從來沒有受過相關訓練，而想輕鬆讀高能源物理學書籍一樣困難。」

魯比茲的主要作品，一套三冊：將焦點置於路克索的法文巨著《荷姆之神殿》

（*Temple de l' Homme*），和比較通俗的《法老殿堂》（*Roi de la theocratie Pharaonique*）。後者後來譯成英文版《神聖科學》（*Sacred Science*）出版。魯比茲在書中，幾乎是偶然地順便提了一筆，說西元前一萬一千年，埃及因大洪水和下雨成災，受害匪淺。他說：

在大洪水之前，埃及必定已存在一個偉大的文明。吉薩西面崖壁的石塊上刻出來的獅身人面像，當時必定已經存在——因為獅身人面像的獅身部分，除了頭以外，很明顯地有被水侵蝕的痕跡。❶

魏斯特在寫《天空之蛇》前，被這段文字所震撼，決心要追蹤下去：「我發現我可以用直接調查與實證的方法，來證明魯比茲順便一提的觀察是正確的。如果經證明獅身人面像的確有被水侵蝕的痕跡，那豈不就掌握了最有力的證據，證明太古時代的埃及，的確曾經有過非常高度的文明。」

「為什麼？」

「如果我們能夠證明，水是侵蝕獅身人面像的媒介，那麼結論連小孩子也能夠理解，它其實應該屬於什麼年代的文物。連那些每天讀八卦報紙的讀者，都會毫無困難的接受。獅身人面像，根據現在的說法，是西元前二千五百年左右，由卡夫拉王所建的，但是從王朝時代，也就是西元前三千年以來，吉薩高原上一直沒有足夠的雨水，造成獅身人面像身上的侵蝕痕跡。我們必須要回到西元前一萬年，才能在埃及找到足以如此大規模地侵蝕大石塊的壞天氣。因此，獅身人面像必須建造於西元前一萬年以前。然而，既然獅身人面像是如此規模宏大而複雜的工藝品，我們必須推論：它們必定是由一個高度文明所完成的，所以在西元前一萬年，埃及應該已經有一個高度文明。」

「但是，約翰，」桑莎問，「你怎麼能確定侵蝕它的天候因素是雨水呢？難道不能是沙漠的風嗎？說到底，連古典學派的埃及學者都承認，獅身人面像有近五千年的歷史。五千年，應該夠長到被風所侵蝕吧？」

「風是我第一個排除的可能性。我必須要先證明風的侵蝕不可能造成今天獅身人面像身上的痕跡，繼續追求侵蝕這個題目才有意義。」

解開獅身人面像的祕密

結果，他發現，最關鍵的問題，應該是在環繞著獅身人面像周圍的深溝：「因為獅身人面像是挖掉原處多餘的岩石雕刻而成的，如果放置不管的話，幾十年內，沙就會堆積到它的頭部，將它埋沒。」魏斯特說，「放眼歷史，我們會發現，它被埋沒的時間非常長。就算從一般認為的卡夫拉建立時期開始，到現在已經有四千五百年之久，這期間，有三千三百年獅身人面像是被埋沒在沙中的。從各種文獻及歷史的既成事實中，都不難證明這一點。」

「換句話說，至今為止，獅身人面像暴露在風沙的年代，最多不過一千多年，其餘的時間，它其實都被保護在沙石之中。不過，重點在於，如果獅身人面像真的是在古王朝時代由卡夫拉所建，而又被風沙如此快速侵蝕的話，那麼同一時代的其他石灰岩建築物，理當遭受到同樣程度的侵蝕才是。但是，事實卻不然。古王朝時代遺留下來許多象形文字及碑文，沒有一塊受到有如獅身人面像一般嚴重的侵蝕痕跡。」

波士頓大學地質學教授、岩石侵蝕方面的專家羅伯．修奇，在證明魏斯特學說的正當性上，曾扮演非常重要的角色。他非常贊同魏斯特的結論，並認為獅身人面像和包圍在它周遭的石壁，所遭到的侵蝕並不是風，而是在古王朝時代存在以前，連續好幾千年長期而大量雨水沖刷的結果。

在一九九二年美國地質學年會中得到同儕的認可後❷，修奇教授於當年度美國科學協進會的年會中，對（包括古埃及學者的）不同學科的專家再度發表他的研究成果。他再度指出：「獅身人面像的身體和溝渠受到風雨的侵蝕。有的地方，至少在部分牆壁上，侵蝕痕之深達二米左右，使得外觀看來蜿蜒彎曲，好像波浪一般。」❸

這種波浪狀的外觀，不論地質學家或考古人類學家，都很快地被說服，的確是被雨水侵蝕的結果。正如同桑莎所攝的大獅身人面像和它周遭的照片所顯示，侵蝕創造出來的是縱向深裂紋與橫向窪洞的組合。修奇教授認為這是「典型教科書範例。很明顯，是石灰岩經過幾千年激烈的風吹雨打以後的痕跡。」

風沙的侵蝕在石面上造成侵蝕痕跡，應該為水平、銳利的，而且只有比較柔軟的岩層會受到風沙傷害。雨水侵蝕，外觀上造成的效果和風沙完全不同。垂直的侵蝕只有在「雨水沿著牆壁從上面往下流」，而且還要是大量的雨水，從吉薩高原往獅身人面像周遭的溝渠流才會發生。「只有這樣，才會造成上面岩石堅硬的地方，侵蝕程度反而高，而下面岩石硬度比較低的附近，反而因為受到保護，侵蝕的程度相對低的結果。」

在美國科學協進會年會中，修奇結論道：

> 如眾所周知，獅身人面像周遭很容易被沙石填滿。以撒哈拉沙漠沙石流動的情況，每幾十年風沙便會將溝渠完全填滿一次，而自古代至今，人們一直在挖沙。然而，圍繞在獅身人面像周遭的牆壁，卻有如此深刻的波浪紋……因此，我要在此提出我的看法：我認為獅身人面像的身體和周圍牆壁上的波浪紋，是從非常古老的時代，一個吉薩高原上雨水多、溫度高的時代殘留下來的痕跡。

修奇承認，他不是第一個發現「獅身人面像的身體上有雨水侵蝕痕跡」的地質學家，不過卻是因為看到這個證據，而涉入獅身人面像相關年代的歷史討論的地質學者。基本上，他只想留在他的地質學領域中：

我已經聽過無數次，說王朝時代以前的埃及人，並沒有雕刻大獅身人面像所需要的技術或社會組織。然而，我不覺得那是身為地質學家的我的問題。我並非要把負擔加諸在別人的身上。不過，發掘到底是誰雕出這麼偉大的作品，應該是古埃及學者和考古學者的責任。如果我的發現，和人類文明起源地理論不相合的話，我覺得應該再檢討的是人類起源的理論，而不是我。我並沒有說獅身人面像是由亞特蘭提斯之類的神祕島人，或火星人，或其他什麼外星人所建的，而只是追隨科學真理。真理告訴我，獅身人面像真正建造的年代，比我們過去認知的要古老許多……

傳說的文明

「要古老許多」的「許多」，到底是多少？

魏斯特告訴我們，他與修奇在有關獅身人面像的出生年代上，一直處在「善意辯論」的狀態中：「修奇認為應該至少在西元前五千到西元前七千年（亦即新石器時代的降雨期）左右。這是他根據到手的資料，所做的最保守的判斷。身為名校教授，我可以理解他的保守立場。但是，不論我從直覺或學術推斷，都認為年代應該比這個要久遠。獅身人面像上面大雨沖刷的痕跡，絕大部分是在西元前一萬年便已刻印上去的……而且老實說，如果獅身人面像真的建造於西元前五千至西元前七千年比較近的年代的話，我們應該可以找到一些與雕刻獅身人面像文明的其他相關證據才對。在埃及，我們已經找到許多那個年代的證據。除了少數的例外以外，大部分——我是說絕大部分——的遺品都相當的稚拙。」

「那麼，如果獅身人面像不是前王朝時代的埃及人建造的話，會是誰呢？」

「我的推測是，這與世界各地神話中描繪的傳說中的文明，都有某種程度的關係。例如，有關大災害的傳說，只有少數人在大災害中存活後，遊蕩至世界各個角落散播知識等的傳說……我的直覺是，獅身人面像和這些都有關係。如果要我下賭注的話，我會賭獅身人面像至少是在冰河期結束以前便建成，至少在西元前一萬年就存在，但也有可能比西元前一萬五千年更古老。反正我確信它非常、非常古老就是了。」

對於他的說法，我愈來愈相信——同時我也提醒自己，十九世紀大部分的古埃及學者都相信這種說法。不過，獅身人面像外觀看來卻如此像法老時代的作品，使得在直覺上這種說法又受到挑戰。「如果獅身人面像真的如你所說的那麼古老，」我問魏斯特，「那麼你如何解釋，作品中雕的人物，卻穿戴著標準王朝時代的優拉阿斯和美尼斯的頭飾？」

「我不會特別在意這種事。而且，你知道，古埃及學家還說，獅身人面像的相貌，與卡夫拉很相像，他們就憑這個理由認定了那是卡夫拉建的。修奇和我仔細研究過。我們認為，從頭與身體的相對比例來看，頭的部分應該是在王朝時代重新雕塑過——所以才會看起來，王朝風味如此豐富。不過，我們倒不覺得它代表卡夫拉。作為研究的一部分，我們曾經聘請了紐約警察局專門合成嫌疑人蒙太奇照片的專家多明哥（Frank Domingo）上尉，為我們逐點比對開羅博物館中卡夫拉金字塔中的卡夫拉雕塑，和獅身人面像的面相。他的結論是，兩者不但面貌不同，而且可能連種族都不一樣❹，獅身人面像並無意模仿卡夫拉。所以，我認為那是一個非常古老的紀念碑，經過相當一段時間後，曾經重雕過。或許最初建立的時候根本不是人面，而是獅面獅身呢。」

麥哲倫與第一塊恐龍骨

經過吉薩之旅後，我很有興趣知道，魏斯特是否對正統派學者對吉薩高原上的建築物，尤其是所謂的河岸神殿的年代考證也有意見。

「我們認為那裡有不少東西的年代都比現在認定的要古老，」他告訴我，「不止河岸神殿，還有山丘上的葬祭殿（Mortuary Temple）和曼卡拉遺跡群，還有卡夫拉王的金字塔……」

「和曼卡拉王的遺跡群有什麼關係？」

「有葬祭殿。我要聲明，我在金字塔前面附加法老的名字，只因為傳統上我們都這麼稱呼這些金字塔，是為方便起見……」

「好吧。你的意思是說，那些金字塔都有可能和獅身人面像一樣古老嗎？」

「很難說。在金字塔現在所在的位置上，以前有過別的什麼東西——從幾何學上考慮，我們應該可以這麼說。獅身人面像是整體計畫中的一部分而已。從這個角度來看，卡夫拉金字塔可能是最有意思的，因為它是分兩階段建造完成的。也許你已經注意到了，它們的底部是由好幾層的巨石塊堆積而成的。石塊的形式，與河岸神殿的巨石非常類似。但在這個基礎上所建造而成的金字塔其他部分，不但石塊的體積比較小，而且形狀和精密度都不及下面部分。很顯然它是經過兩階段建造完成的。從基礎部分的巨石，我們可以認定它一定完成於比較早的年代——很可能是與獅身人面像同一年代，而上半部分則是在比較後期——不過也不一定到卡夫拉王那麼後面的時期才建的。這些事情，愈調查就愈複雜。例如，或許這地帶曾經出現過一個過渡性的文明。這種假設與埃及古代的金字塔經文中的故事不謀而合。根據經文的記載，過去曾經有過兩個非常長的時期：第一個是神明，也就是奈特魯統治埃及的時期；第二個則是賢蘇荷，也就是荷羅斯的同伴們統治的時期。問題就這樣愈滾愈大。所幸的是，底線一直都很單純：我們要證明的是，獅身人面像不是卡夫拉建的。地質學證明，它在很久、很久以前，便已經建成……」

「但是古埃及學者並不接受這個說法。他們提出很多反對的論調，至少其中一個，馬克．列那教授便曾反駁你道：如果獅身人面像是在西元前一萬年前便建成的話，那個文明的其他相關部分在哪裡？也就是說，他們要你提出那個失落的文明，除了在吉薩高原上建起幾座大建築物以外，其他存在的證據。關於這一點，你怎麼說？」

「首先，我們看看吉薩以外的建築。你剛才從阿比多斯的歐希里恩來。我們認為那個令人驚歎的建築物也和獅身人面像有關。但就算沒有歐希里恩，沒有其他任何證據，我也不擔心。我的意思是，在沒有進一步證據上大做文章，並用它來逃避獅身人面像正確年代的爭論，這種態度是不合理的。我好有一比，這就好像有人對歷史上第一個環繞世界一周的麥哲倫說：『除了你以外，還有誰環繞過世界一周？既然沒有，世界當然是平的。』這是非常不合理的。另外我還有一個比喻，就像一八三八年，恐龍骨第一次被人挖掘出來後，有人說：『只發現一根，但其他的骨頭在哪裡？既然沒有，當然世界上就沒有所謂巨大的絕滅動物了。』過了一陣子，比較多的人瞭解，那根骨頭只可能是恐龍骨，而不是其他動物的骨頭以後，不出二十年，世界各地的博物館都開始擺放恐龍骷髏。獅身人面像的事情也是一樣。現在還沒有往正確的方向，到正確的地方找資料。我非常確定，一旦有比較多的人往正確方向思考後，很快會出現更多的證據——例如，沿著離開現在尼羅河數英里之遙的古代尼羅河畔，或在上一個冰河期為乾地的地中海底，必定會有更多的證據。」

傳承之謎

我問魏斯特，為什麼古埃及學家和考古學者，這麼不願意考慮獅身人面像會是解開一段人類被遺忘的歷史之鑰。

「我覺得，可能是因為他們已被嵌在直線的人類文明發展模式，無法自拔。他們難以相信，早在一萬二千年前，這個世界上便曾出現過比現代人更成熟的人。地質學已經證明了獅身人面像建造的年代。建築獅身人面像的技術，有很多地方今天的人類仍無法辦到。這事實與我們對文明與科技以直線向前發展的信念完全不相符。即使使用現代最先進的科技，仍有很多作業是無法辦到的。如果只是雕刻一座獅身人面像的話，還不是什麼太困難的事，只要有足夠的雕刻師傅，就算要建一個一英里長的雕刻物，並沒什麼困難的。困難的地方在於技術上，如何將石頭切開，將獅身人面像與地盤分離，並將切開來的石頭，運到好幾百英尺以外的地方，建起河岸神殿……」

我倒從來沒有聽過這種說法：「你是說，河岸神殿石牆上的二百噸大石塊，是從獅身人面像的附近切取來的？」

「毫無疑問。在地質學上，它們屬於從完全相同的石層中切割出來的。將石塊切出後，運到神殿的旁邊……至於使用什麼方法搬運的，還堆砌成四十英尺高的外牆，就只有天知道了。我說的還是石灰岩塊，而不是鋪設在表面的花崗岩石覆面板。花崗岩是後來加上去的，可能是在卡夫拉的時候。但是如果我們仔細觀察牆壁中央的石灰岩石塊，會發現上面的侵蝕痕跡，和獅身人面像上的非常類似。所以獅身人面像和河岸神殿的中心建築是在同一個時間，由同樣的人——不論是誰——所建成的。」

「你認為那些人和後來的王朝埃及人，互相有關聯嗎？在《天空之蛇》中你認為，這

些人必定傳承了一些前人的遺產。」

「那只是一個想法。從我們的調查中唯一能非常確定的便是，獅身人面像非常古老，當時埃及必定已經有高度開發的文明，能夠主導如此大規模的建築工程。但後來雨下得非常厲害，經過幾千年後，在同一個地方，突然又無中生有地冒出來一個制度完整、豐富的法老文化。我們現在能確定的就這麼多。至於古埃及所擁有的知識，是否與獅身人面像建造時的文化相同，這個我就不敢說了。」

「你想有沒有可能，」我開始臆測，「建造獅身人面像的那個文明的基地其實並不在這裡，或不是從這裡——埃及——發展出來的。那個文明的人故意將獅身人面像放在埃及，作為記號或駐外地點……」

「非常有可能。或許獅身人面像之於那個文明而言，就好像阿布辛貝神殿（Abu Simbel，位於努比亞）之於王朝文明。」

「那個高度文明，因遭受不明原因的大災害而被消滅。當時，他們成熟的知識遺產卻傳承了下來……因為有獅身人面像，所以他們知道埃及，他們知道這個地方，知道這個國家，和這片土地有了關聯。也許在文明絕滅時，有人存活了下來，那些人來到了這裡……你覺得這種想法如何？」

「是一種可能性。再回到神話和傳說，其實世界有很多地方都有『經過一場浩劫後，只有少數人殘存』的故事，例如類似諾亞方舟的故事，在世界各地的文明中均重複出現。

要我來看，這中間最大的問題便在於傳承的過程：獅身人面像建造的時代以後，經過了好幾千年，王朝時代才開花結果。知識是如何從上一個時代傳達給下一個的？理論上來說，我們應該是碰到了死胡同了，對不對？知識理當要長期保存，從一代傳達給下一代不可，這絕不是一件簡單的事。但是，我們也知道傳說也是經過多少世代，口口相傳，就這麼傳承了下來。事實上，口語的傳達，比書寫傳達更確實可信——因為語言，作為口中說的話，永遠都用的是最合乎那個時代的語句表現……經過了五千年，仍然能夠保持原來的形式。所以，知識是可以傳承的——例如利用祕密結社，或宗教的一個流派，並經保留，一直到它再度開花結果為止。重點在於，由於問題是如此的複雜而重要，我們不應該輕易打發掉任何的可能性，即使表面上看起來愚蠢、瘋狂的可能性，也應該先小心仔細調查，再決定是否要否定它。」

附議

魏斯特在路克索，是為了領導一群人研究埃及的聖地。第二天一大早，他和他的學生就去了亞斯文（Aswan）和阿布辛貝。桑莎和我則繼續往北行，逐漸接近吉薩和金字塔及獅身人面像的神祕。下一站，我們要在吉薩與考古天文學家布法爾見面，並將發現他的星座研究與地質學證據有驚人的互補作用，證明吉薩的古老。

【註釋】

❶摘自《神聖科學》，頁九六。

❷「我們將研究結果做成一份節錄，交給了美國地質學會，該學會在聖地牙哥開年會時，也邀請我們去發表報告。全球各地的地質學家都來到我們展示的小攤前，觀看我們的展覽。他們感覺很疑惑。至少有一、二十位相關學科的專家提供了他們的建議，表示願意幫忙。也有一些地質學家看了以後，一笑置之。更有的說不出話來，因為在兩個世紀的研究中，竟然沒有一個古埃及專家或地質學家，曾經想到情勢是因水，而不是風沙而起。」《天空之蛇》，頁二二九；《獅身人面像的祕密》（*Mystery of the Sphinx*），美國國家廣播網（NBC）電視節目，1992。

❸見美國科學協進會一九九二年辯論：獅身人面像有多老？

❹「在仔細研究自己的草稿、筆記、大量數據等以後，我的結論與最早的直覺反應差不多：兩個作品代表兩個不同的人。尤其是臉部的比例、正面的角度等，讓人覺得獅身人面像並非卡夫拉。如果古埃及人有他們在其他作品中所展示的高度技巧，和表達景象的能力的話，那麼這兩個藝術品所要表達的更不會是同一個人物了。」多明哥，引用於《天空之蛇》的敘述，頁二三一。

第十六章

「測量地球」

請按照下列指示，小心作圖：

請在一張紙上，畫下兩條垂直平行線，相互間隔三英寸，每條線長七英寸。畫一條垂直平行線於前兩條線的正中央，長度與那兩條線相同。在圖畫紙的上方（也就是最遠離你的地方）寫下字母「S」（南方），在最下方寫下字母「N」（北方），並在兩邊適當的位置上，左邊加上「E」（東方），右邊則加上「W」（西方）。

你現在所看到的是埃及的幾何作圖方位。和現代地圖非常不同的是，古代地圖將南方畫在上面（現代人則固定將北方畫在上方）。懂得將南方放在上面描繪地圖的太古地圖作者們，似乎已經對地球的大小及形狀，有了非常科學的理解。

在完成這一張地圖前，讀者應該在三條平行線的中央線上，從下往南（上）一英寸的地方先畫下一個「點」的記號，然後以斜線將點的記號與兩邊的平行線下端加以連結；也就是說，從中線的下方，往西北、東北各畫上一條小斜線。

經過這番作圖後，我們完成了一個南北向的長方形，長七英寸、寬三英寸，並在下方有一個三角形。三角形代表的是尼羅河的三角洲地帶。三角形頂點的位置，則正好是北緯三十度六分，東經三十一度十四分，非常接近大金字塔的位置。

測地據點

十八世紀末，拿破崙率領法軍入侵埃及以來，許多數學家和地理學家都認定大金字塔的功能之一為測地據點（測地學為正確測量地球的形狀及大小的學問）。對謎一般的金字塔感興趣的拿破崙，在遠征埃及時一口氣帶領了一百七十五名御用學者同行，其中包括從各個大學網羅而來通曉古代埃及學問的「灰鬍子」（greybeards，即老人），還有一些實際上立刻可以派上用場的數學家、地圖製作家和土地測量人員❶。

這些隨行學者，在佔領埃及以後，最重要的任務之一，便是製作一張詳細的埃及地圖。在作業過程中，他們發現，如本書第一部所述，大金字塔方位精確，四方分別面向正東、正西、正南、正北。結果，謎樣的大金字塔成為三角測量極便利的據點。以通過大金字塔頂點的子午線（也就是經線）為基準，學者們著手測量，而製成了近代第一張正確的埃及地圖。在地圖完成之際，學者對大金字塔的子午線，正好通過尼羅河三角洲地帶的中

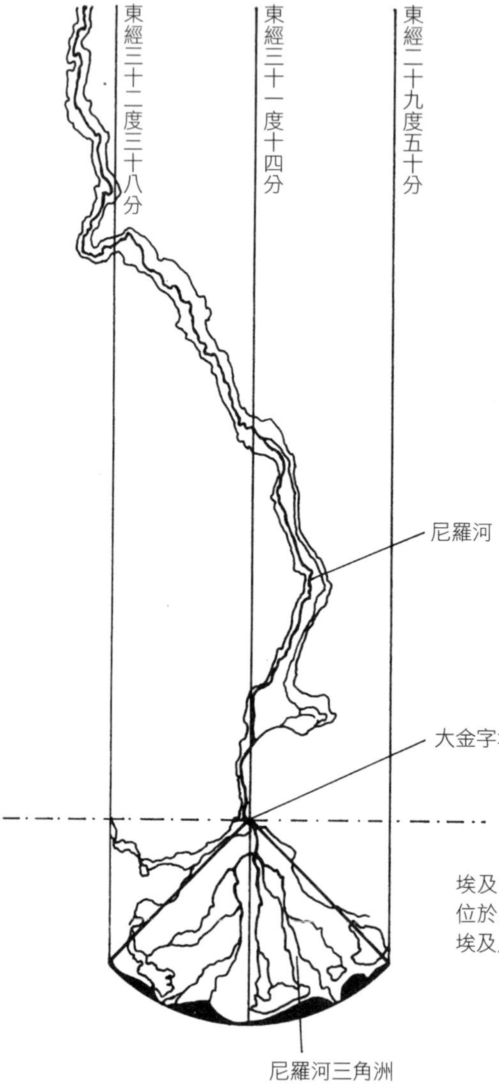

埃及的幾何地圖。大金字塔位於尼羅河三角洲的頂點。埃及人傳統以南方為上。

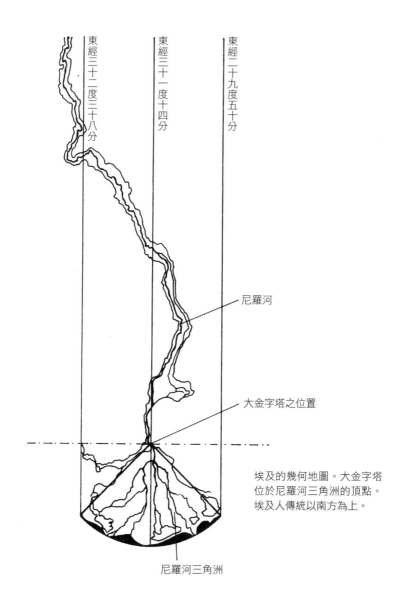

央，並將三角洲一切為二的事深感興趣。他們還發現，從大金字塔的頂點往西北及東北延伸出去的對角線（無限延伸可到達地中海地區），正好籠罩住三角洲全域。

讓我們回到剛才製作的地圖。圖的下方即為一塊表示三角洲地帶的三角形。三條平行線為子午線。東面的子午線表示東經三十二度三十八分，也就是古埃及王朝時代初期正式的國界線。西面的線表示的位置是東經二十九度五十分，則為古埃及西面正式的國界線。中央的子午線為三十一度十四分，則正好在國界線的中央（與兩邊各差一度二十四分）。

地圖上描繪的地帶，精確地說，正好為二度四十八分寬，至於長度，古代埃及的「正確」南北國境線分別為北緯二十四度六分與三十一度六分（與正式的居住地帶並無關係）。代表北方國界的三十一度六分，正好是尼羅河外側兩個河口交會的地方，而南方國界的二十四度六分則通過了艾勒芬庭（Elephantine）島的亞斯文（古名西恩Seyne）。埃及在有歷史以來，便在亞斯文設有天文觀測站。似乎，這塊自古以來神明所創造並居住的聖地，在最原始時，便設計為一塊在幾何學構想下，從北緯三十一到二十四度的七度空間中的長方形土地。

在這個構想下，大金字塔經仔細評估，被挑選為三角洲頂點的測地據點。三角洲頂點的位置為北緯三十度六分，東經三十一度十四分，也就是在開羅以北尼羅河的正中央。而大金字塔的位置則在北緯三十度（調整大氣折射後），東經三十一度九分，僅向西及南，稍微地偏離三角洲頂點。不過這個「誤差」並非金字塔建築者工作怠惰所致。相反地，當我們仔細觀察周遭的地形後，會發現金字塔的位置是經過仔細挑選以後才決定的，它不但有適合作為方便天文觀測而應有的設計，而且也在地質學上足以支撐一底座佔地十三英畝、重六百萬噸、高達五百英尺的建築物。

吉薩高地從各種角度來看，都非常適合建築大金字塔：接近三角洲頂點，為一比尼羅河谷要高的台地，並以堅實的石灰岩為底盤。

ＡＫ機關槍

我們從路克索向北往吉薩駛去。司機華利利開著標致五〇四小轎車，駛過了四個緯度線，也就是從北緯二十五度四十二分，一直開到了北緯三十度線上。阿修特（Asiut）和艾明亞（El Minya）之間，是一段紛爭頻繁的地區，前幾個月，伊斯蘭極端份子和埃及政府軍之間才發生過衝突。因此在通過時，政府特別派了武裝士兵護衛我們，其中一名穿著便服，拿著自動手槍，坐在華利利旁邊的前座，其他大約十二個左右的士兵，則佩戴著ＡＫ47機關槍，分別乘坐兩部小型軍車，一前一後地夾住我們的標致。

當我們到達阿修特前的一個路障，護衛要我們等在車上時，華利利偷偷地歪著嘴角說，「這裡住的人很危險。」過了路障，護衛軍的速度加快，華利利雖然有一點慌張，但似乎對能夠成為警鈴大鳴、警燈閃亮、一路快速蛇行，將民車甩在後面的車隊的一部分，感到喜不自勝。

我從車窗往外看，享受著尼羅河畔千年不變的景色風光。與綠油油的河岸相隔不到幾英里的地方，便可看到沙漠的紅土。這便是埃及，真正的、活生生的埃及，過去與現在的埃及。這個充滿朝氣的埃及，和地圖上描繪的那個橫跨七個緯度，幻象中的長方形「正統」埃及重疊在一起。

十九世紀的著名古埃及學者路德維．波查特（Ludwig Borchardt）曾經說：「我們應該絕對排除，古代人有經緯度觀念的可能性。」他的這個看法，現在仍受到許多學者的支持。但是，時至今日，這個說法愈來愈經不起考驗。原始設計、建造吉薩古蹟群的人，不論是誰，他們必定和我們現代人一樣，不但知道地球是圓的，並把地球分割為三百六十度。

至於證據，將象徵性地正式「國界」定於經緯線範圍內，以大金字塔作為測地據點，且設定於正北的方向等，都是最好的說明。正如上冊第二十三章中所述，大金字塔的底邊周長與高度之間，成2π的關係，而整個建築物本身，似乎設計為北半球四萬三千二百分之一的「投影圖」：

大金字塔為四個三角面的投影圖，頂點為北極，底邊為赤道，因此底邊的周長與高度之間呈2π的關係。

金字塔與地球之比

我們前面已經談過金字塔中π的使用情形，這裡不再贅言❷。同時，雖然很多傳統學者認為純屬偶然，但連他們也承認有π存在的事實。可是，我們能夠認真地接受，大金字塔可能是將北半球以四萬三千二百分之一的比例，縮影在平面上嗎？讓我們深入檢討一下相關的數字。

根據最新由人造衛星蒐集到的測量值，地球赤道的周長為二四九〇二點四五英里，至北極的半徑為三九四九點九二一英里。大金字塔的周長為三〇二三點一六英尺，高度為四八一點三九四九英尺。兩者之間的比率，經計算以後，雖然不是完全不差，但已非常近似。而且，如果我們考慮地球在赤道（我們的地球為橢圓，而非正圓形）的膨脹情形，那麼兩者之間的比例似乎就更接近四萬三千二百分之一了。

有多接近？

如果我們將赤道周長的二四九〇二點四五英里，除以四三二〇〇，得到〇點五七六四英里。一英里等於五二八〇英尺。如果將〇點五七六四乘以五二八〇，得到三〇四三點三九英尺。也就是說，地球的赤道縮尺四三二〇〇倍後，為三〇四三點三九英尺。相較之下，如前面所見，大金字塔的周長為三〇二三點一六英尺。兩者之間的「誤差」不到二十英尺，也就是僅一個百分點的三分之一。可是，以金字塔建築者向來精確無比的工作方式，這種誤差的產生，應該不是在建造這巨型金字塔時發生，而是因低估了我們的地球周長——僅低估了一百六十三英里所致。而這種誤差可能是未能將赤道凸出部分正確計算在內的結果。

接著，讓我們來檢討一下從北極到赤道的半徑三九四九點九二一英里。如果我們將它縮小四三二〇〇倍的話，得到的數值為〇點〇九一四英里，也就是四八二點五九英尺。而大金字塔的高度為四八一點三九四九英尺，兩者之間只差不到一英尺，誤差率不及五分之一個百分點。

這種些微的誤差放在一邊，大金字塔的圓周的確應該為赤道的四萬三千二百分之一縮尺。同樣地，將些微的差距放在一邊，大金字塔的高度等於北極到赤道半徑長的四萬三千二百分之一縮尺。換句話說，在西方文明歷經對地球毫無所知的黑暗時期後，我們只要將大金字塔的周長乘以四三二〇〇倍，就可得到地球的周長了。

這一切，「偶然」的可能性有多大？

依常識判斷，應該「很不可能」。任何一個有理性的人，都應該可以看出來，這些數字只有經過非常仔細的計算與小心的規劃才能達成。不過，古埃及學者向來不將常識認為是應該經常使用的東西，因此，我們必須進一步證明，四萬三千二百不是一個隨便設定，而是在智慧與知識之上，故意選定的一個數值。

其實四三二〇〇這個數字本身就已經是一個證明，因為它不是一個隨意的數字（如四萬五千、四萬七千或五萬零五百、三萬八千八百之類的），而是一個連串性數字中的一環，和歲差運動有關係，並與世界各地的古代神話都息息相關。正如上冊第五部中所討論的，金字塔與地球的比率，在神話中不時可見，有的時候就直接出現四三二〇〇，但有的時候也會變成四三二，或四三二〇，或四三二〇〇〇。

這似乎反映了兩件驚人的事實，而且是兩件緊密相關的事，就好像設計來互相補強一般。大金字塔為地球北半球的正確縮影。僅這件事就夠驚人的了。但更令人吃驚的是，古埃及人所選用的縮尺比例，竟然和掌握地球歲差運動的關鍵數字有關係。

這是由於地球軸心的兩端永遠而固定地在迴旋、描繪圓弧，造成黃道帶上春分點的位置，以每七十二年一度、每二千一百六十年三十度（一個完整的星座）的弧度移動，每移動兩個星座，也就是六十度，便需要四千三百二十年。

不同的古代神話中，都出現過四三二這個和歲差運動有關的數字，這本身當然也有可能純屬偶然。從單一事件來看，金字塔與地球的比例為一比四三二〇〇，可能純屬偶然（只不過這個偶然的機率，一定比天文數字還要低）。可是，當我們在兩個非常不同的事物——古代神話與建築中，都看到這種與歲差運動有關的數字時，便無法也不該再輕言偶然了。而且，正如同北歐神話的英靈殿（最高神祇奧丁的神殿）的牆壁上描寫著與狼格鬥的戰士，細數之下，竟然得到了與歲差運動有關的四十三萬二千的數字（540×800＝432,000，見上冊第三十章），大金字塔的建築，從圓周與高度的 π 關係，引領我們找到了同樣與歲差運動有關的四萬三千二百，進而向北半球的尺寸推理，最後想到縮尺的可能性。

相符的指紋？

到艾明亞後，護衛的車隊離開，但便衣士兵仍然留在車上，一路陪我們來到開羅。中途，雖然過了午餐時間，我們仍在一個熱鬧的村莊停下，吃了一頓阿拉伯式的三明治，才繼續往北行進。

一路上，我的心思不斷回到大金字塔上。顯然，這麼顯眼的巨型物，不僅建築在地理學、測地學上均十分重要的位置，而且在幾何上縱貫七個緯度假想長方形國度中，這絕非偶然。不過，真正讓我感興趣的是，大金字塔在作為北半球的立體投影地圖上的功能，與上冊第一部中所述，利用古代製作地圖的高度技術，互相輝映。我們在前面提到過，古代的地圖是以球形三角法測地，並運用到相當複雜的投影法。哈普古德教授便曾提出具體而可信的資料，證明一個擁有有關地球豐富知識的高度文明，在冰河期結束前崛起。果然，現在我們發現大金字塔不但為北半球縮影，而且它本身運用過非常高深的投射法。一位專家表示：

原本金字塔的設計，便是要讓每個面代表北半球的四分之一個曲面，也就是球形四分之一的九十度。為將球形的四分之一圓正確投影為三角形，四分之一的圓弧，也就是底座必須和三角形底邊的長度完全一樣才行。而且，兩者也必須等高。而要達到這個目的，將金字塔一分為二的子午線的頂點，和底座的高度，必須呈π的關係的斜面角度……

現在殘存的古代地圖繕本或原圖——例如皮瑞．雷斯使用過的古代地圖——有無可能為將有關地球的知識，巧妙地編織入大金字塔的各種尺寸（以及古代埃及從幾何學中得到的國境線）中的文明所製作的原始地圖？

哈普古德和他的研究小組，花費了非常多的時間，調查皮瑞．雷斯所使用的地圖的起源到底在哪裡，最後發現答案為埃及，尤其是上埃及的西恩（亞斯文），也就是我們前面所說的，南面國境線的北緯二十四度六分上的一個重要的天文觀測站的所在地。

眾所周知，要能夠準確測量緯度，必須先有精密的天體觀測技術。然而，古埃及人和他們的祖先，在有文字歷史展開前多久，便已經有了觀測天象的技術？難道真的是如傳說故事中所述，他們的天文知識是曾一度生活於他們之中的神明所教的嗎？

百萬年前的航海員

古埃及人相信，將天文學原理教給他們的神是索斯：「索斯在天界限數星星，在地球做調查，在地面做測量者。」

通常在畫像上都被描寫為一個戴著朱鷺（ibis）面具的男子索斯，是「開天闢地」創始時代的神明中的精英份子，也是古埃及的宗教主宰。一方面他具有「奈特魯」神格；另外一方面，一般相信他具有自我創造的能力，而且與另外的一片天地之間存在著某種特別的關聯。而所謂另外的一片天地，也就是出現在神話語言中美麗而遙遠的一個過渡地，古代文獻稱它為「塔—奈特魯」（ta-neteru）或諸神的土地（land of the gods）。

一般認為，「塔—奈特魯」這塊土地的確存在，在從古埃及一直往南，越過海、越過洋，甚至在以香料而馳名的朋特（Punt，可能在東非的索馬利亞沿海）以外的地方❸。讓人更感到混淆的是，有的時候，朋特也成了「神聖之地」（Divine Land）或「諸神之地」（God's Land），而且被奉為能生產專供神祇使用的乳香和沒藥（myrrh）香料的聖地。

另外還有一個與「塔—奈特魯」——神聖的居住地——有關聯的神祕樂園。據傳說，人類時常被帶至那兒。一般相信那樂園是在一個「被廣大水城區隔的地方」。華理士·布奇在他的重要著作《歐西里斯神與埃及的復活神話》（*Osiris and the Egyptian Resurrection*）中，曾做過這樣的描述：「埃及人相信要到那裡必須要乘船，或是經神的引領，神會把他們喜歡的人帶去……」凡是能到那樂園的幸運者，發現自己就好像進入了一個魔術花園，裡面「島嶼相互以運河連結，土地肥沃，被綠色掩覆。」而島嶼上「小麥長到五腕尺高，麥穗二腕尺，莖四腕尺」。

把農業帶至埃及的歐西里斯，真的有這麼一塊土地，以溝渠灌溉，用科學方法生產穀物嗎？名銜為「南方土地的統領」的歐西里斯，是在「開天闢地」創始期之初渡船來到埃及的嗎？而戴著朱鷺面具的索斯，也是從非乘船不能到達的土地，遠渡重洋，來到尼羅河谷，在歷史開始以前，便教導過著原始生活的居民天文、測量的知識，將這份厚重的禮物送給了他們嗎？

無論在這個傳說背後的事實如何，古埃及人永遠記得，是索斯教導他們數學、天文、工程學❹。根據華理士．布奇敘述：「是他的意志與力量，保持了天與地之間的均衡。因為他偉大的天文與數學方面的知識，才得以運用適當的技巧，維持宇宙基礎與運轉的法則。」索斯還被認定是教導埃及人祖先幾何學、測量學、植物學等技術的神，更是「開發出數學與文字字母，以及讀書、寫字藝術的神」。他是偉大的魔神❺（Great Lord of Magic），可以用聲音移動物品，也是「不論人神，所有工作和知識的創始者」。

索斯的教誨，據說以四十二冊指南書籍的形式被保存在世間，埃及人小心地將這些祕笈隱藏於神殿中，從一代傳承給下一代。古代埃及人便是從這裡，得到他們世界馳名的，有關天空的知識與智慧。西元前五世紀造訪埃及的評論家，無不對埃及人在天文方面的知識敬畏有加。其中一位，也就是早期的旅行家希羅多德，便曾經寫道：

埃及人首先發現太陽年，並將它分成十二份……這種區分，是基於他們對星象推移的觀察結果……

柏拉圖（西元前四世紀）曾寫過，埃及人已經觀察星星「達一萬年」。稍後，在西元前一世紀，希臘歷史學家狄奧多羅斯，對這一點更留下了詳細的記錄：

星星的配置與位置，是埃及人經常仔細觀察的對象……從古代到現在，在令人不敢相信的漫長歲月中，他們記下每顆星的記錄……

為什麼古埃及人必須要如此近乎瘋狂地，執著於對星象的長期觀察呢？尤其，為什麼他們要長期維持星象運動的記錄呢？如果僅為興趣，或僅為了農業理由（如需要預測季節變化等，只要是農村出身的，誰都能夠做到）的話，已經有部分學者指出，實在不必要做如此詳盡的記錄。因此，埃及人追求天文知識，必定另有目的。

另外，古埃及人是如何開始他們的天文觀察的？觀測星象，很顯然不會是居住在尼羅河谷，四周都是土地的人自行想出來的一種嗜好。或許，我們應該更認真地考慮他們自己提出來的理由：他們的祖先從一位神仙那兒學會如何觀察、研究星星。我們也不妨仔細研究金字塔經文中反覆出現的有關航海的技術。另外，古代的宗教畫中，神明乘坐著美麗的高性能流線型船，翱游海洋的圖畫，也值得我們進一步推敲。圖片中的船隻構造，與吉薩出土的那些可航行於外海的金字塔船隻，以及停泊在阿比多斯沙漠中的神祕艦隊，彼此之間應有許多類似之處。

生活在四周都是土地，而非海洋的人民，基本上都不會成為天文學家。只有海洋民族才會成為天文學者。有沒有可能，古埃及人對海洋的嚮往，以及他們擅於設計船隻、觀測星象的態度，顯示了在史前悠遠的過去，曾經有一個親海的神祕航海民族，將這些知識教給了埃及人的祖先，使得海洋文化成為他們遺產的一部分？除非有一個這樣已經被人遺忘的太古航海民族與文明，否則是不可能留下這些指紋，詳細而正確地記錄下冰河期末世界形勢的地圖。也只有這種能夠記錄下「一萬年」星星航路的文明，才能精確地觀察到歲差運動現象，將其記錄在神話之中。另外，雖然至目前為止還只是假設，但是也只有這樣的文明，才能夠正確計測地球，並得到足夠有關地球尺寸的數字，而將它以縮尺的方式做成金字塔。

太古的簽名

到達吉薩時已近半夜。住進可以看到金字塔全景的西亞格（Siag）大旅館，並坐在旅館的陽台上，我們看著獵戶星座的三顆明星，在南方的天空緩慢地移動。

考古天文學者羅伯・布法爾指出，這三顆星的配置關係，被運用於吉薩高地上三個金字塔的配置。這本身已是一個驚人的大發現，顯示了古埃及人在觀測天文學和測量、施工的技術上，比目前學者們所相信的要更為高超。然而更為驚人的——這也是我安排好第二天早上要與他見面的理由之一——是布法爾認為三大金字塔在地面的配置（使用了一千五百萬噸完美的石塊搭建而成的配置）方式，竟然與西元前一萬零四百五十年的天空圖像完全一致。

如果布法爾說得不錯的話，那麼金字塔等於利用了星球位置移動，留下了神祕的簽名，告訴後人，它是建於西元前一萬一千年的了。

【註釋】

❶見《大金字塔的祕密》，頁三八。本章大部分的資料均直接出自於彼得・湯普金斯（Peter Tompkins）及史特契尼（Livio Catullo Stecchini）兩教授直接提供之原始資料。

❷見上冊第二十三章。

❸見《埃及人之神》，卷二，頁七。關於阿門—雷之神話，有一首詩歌直接描述道：「神仙愛來自於朋特的香味，你是露水所生，你從神聖的土地（塔—奈特魯）來。」另外，卷二，頁二八七中，許多學者認為朋特為學者，住在東非海岸索馬利亞，一塊肥沃的土地上。

❹見伊恩斯《埃及神話》，頁八四。Veronica Ions, *Egyptian Mythology*, Newnes Books, London, 1986, p.84.

❺見《埃及神話》，頁八五。

第十七章

「力之泉源」

從上一章中，我們看到大金字塔實際上是北半球的四萬三千二百分之一模型，也是地球的投影圖。這絕非偶然，也是我們不容忽視它的最大理由，最主要的原因在於縮尺所用的比例四三二〇〇，為顯示行星地球特徵的歲差運動的重要數字。因此，我們面對一個非常重要的議題：金字塔建造的背後，顯然有其特殊的目的，而能夠建造出金字塔這般高難度作品的文明，至少要具備兩個要素：必須掌握地球正確的大小，並對歲差運動有明確的知識。

感謝羅伯．布法爾的研究，使得我們瞭解到大金字塔建造計畫的背後，很明顯地應該有動機存在（顯然金字塔內含了複合的動機與機能），而且建造金字塔是一個野心勃勃的企圖，在大金字塔建造前便同時規劃了第二及第三金字塔；而在第二及第三金字塔上，我們看到了將北半球縮小為大金字塔的同一批太古建築家留下的指紋。他們共同的特徵便是對歲差運動的瞭解與執著。或許是他們偏好歲差所產生的數學規律性與可預測性，所以均以其為基礎，發展出一套建築計畫，而此計畫只有擁有同樣高度科學文明的人才能夠理解。

顯然我們現代的文明已成熟到足以理解他們的計畫，而布法爾便是第一個進入並瞭解金字塔建造計畫基本要素的現代人。相信經過一段時間後，科學界將對他的成就給予應得的肯定❶。比利時籍的布法爾，從小生長於埃及的亞歷山大。他身材瘦高，面貌清爽，年紀四十左右，已經略略開始禿頭。布法爾面貌最突出的便是下顎方正，顯示出他堅毅的個性。說著一口混雜著法國及埃及口音的英語，但態度上卻非常東方化的他，思維敏銳，擅蒐集、分析新資料，用新角度解決舊問題，在思考過程中，成功地將自己變身為解開古代祕密的現代魔術師。

獵戶星之謎

要尋找布法爾在吉薩發現的根源，我們必須回到一九六〇年代。當時，古埃及學家及建築家亞歷山大．拜德威（Alexander Badaway）博士和美國的天文學家特林波（Virginia Trimble）發現了大金字塔王殿南側的通氣孔，在金字塔時代（西元前二千六百～西元前二千四百年）對準著獵戶星座的三顆星❷。

布法爾決定著手調查拜德威和特林波沒有調查過的王后殿南側通氣孔，證實在金字塔時代，該通氣孔對準的星座為天狼星。而布法爾能夠得到確切的證明，主要還要歸功於德國工程師魯道夫．甘登貝林，於一九九三年三月使用機器人烏普奧特，測量到通氣孔的正確角度。機器人烏普奧特發現了在王后殿上方通氣孔二百英尺的地方，有一扇門擋住了氣孔。同時，由於小機器人身上裝有一台高科技的傾斜儀，而使學者專家們第一次知道南通氣孔的正確角度為三十九度三十分。

布法爾解釋道：

計算結果發現，通氣孔在西元前二千四百年左右，應是對準著天狼星的。這一點已毫無可質疑之處了。我也重新計算

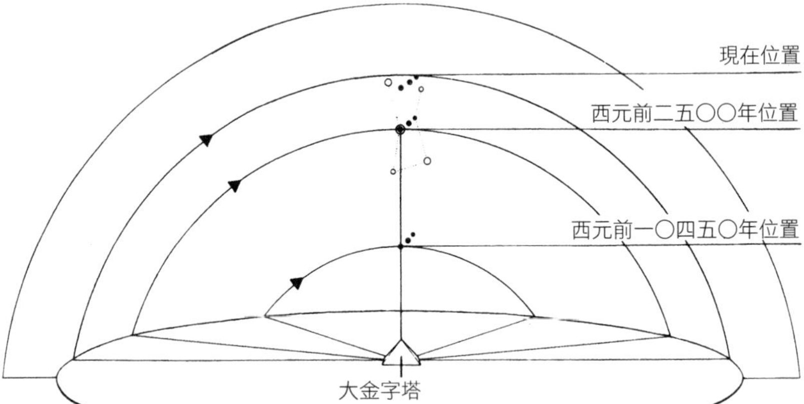

歲差運動和獵戶星座三星的位置

過，證實拜德威和特林波的計算無誤。能夠做這種計算，實在要托甘登貝林得到有關通氣孔角度的最新數字的福。根據甘登貝林給我的資料，王殿南側通氣孔的正確角度為四十五度。拜德威和特林波當時利用的是弗林德．培崔稍有偏差的四十四度三十分數字。新資料使我得以進一步修正拜德威和特林波在星辰排列上的觀察。我發現，通氣孔正對著的是獵戶星座上三顆星中最下面的一顆尼他克，而尼他克以四十五度角出現於南方天空時，應該是在西元前二四七五年左右。❸

在這個時點，布法爾的結論與相信大金字塔建築年代應在西元前二千五百二十年左右的正統派古埃及學者，編年尚能相合。考古天文學家的布法爾所建議的年代，甚至比正統派學者還要晚一點，讓正統派學者們相當欣慰。

不過，讀者或許還記得，布法爾還曾做過一項有關獵戶星的研究，震驚學界：

〔獵戶星座〕呈斜線狀，與銀河相較略為向西南方向偏斜，而金字塔的排列也呈斜線狀，與尼羅河相較，略為向西南方偏斜。如果，在一個無雲的夜晚仔細觀察的話，我們會發現獵戶星座的三星中，最小、也是最上面的一顆，也就是阿拉伯人稱之為明他卡的那一顆，稍微向東偏離斜線。這個形式，完全被模仿、運用於金字塔在地面上的排列狀態：曼卡拉金字塔，稍微向東偏離了由卡夫拉金字塔（代表中間的明星尼蘭）和大金字塔（代表尼他克）所形成的斜線。非常明顯地，這三座建築屬於同一個大建築構圖的一部分，非常精確地各就各位……它們顯然在吉薩地面重現獵戶三星的模樣。

不僅如此。利用一種非常先進的電腦繪圖程式，布法爾發現金字塔和獵戶星座之間的對應關係，在任何時代、任何觀測角度都存在，而於某一個特定時代，關係尤為精確：

在西元前一萬零四百五十年——而且只有那一年——我們發現地上的金字塔排列方式，與獵戶三星的排列完全相同，而且是完美無缺的，因為地面上三座金字塔坐落位置，和當時天空的獨特情況完全一致。這種情況絕非出於偶然。首先，我們發現，當時吉薩可見銀河，與尼羅河谷完全一樣。第二，當時位於銀河西邊的獵戶三星，因為歲差的關係，在其最低的緯度位置上。大金字塔所表示的尼他克星，則在南方天空的一一〇度八分。

讀者或許已經熟知因地球軸心自轉而發生的天文現象。因為有自轉，春分的日出，才會輪流以十二黃道之一的星座為背景。每一個黃道週期為二萬六千年。同樣的現象，也發生在所有肉眼可見的星星的動態上，而造成每個星座緩慢但明顯的緯度改變。就以獵戶星座為例，以大金字塔為代表的尼他克星，通過南方天空時，從最高的緯度（從吉薩觀察，為南方地平線的五十八度十一分高處），改變至最低的緯度（一一〇度八分），需要一萬

三千年。上一次到達最低點時為西元前一萬零四百五十年。而這個景象，已以巨石被記載於吉薩高地上。再經過一萬三千年的時間，星座逐漸往上，尼他克將回到它五十八度十一分在天空的最高點。這個週期將永遠地持續下去：一萬三千年往上，一萬三千年往下，一萬三千年往上，一萬三千年往下，直至永遠。

吉薩高地上金字塔的排列方式，與西元前一萬零四百五十年的天空完全一致，就好像有一個屬於那個時代的建築大師，來到了高地，決定在地上，利用天然與人工資源的混合，製造出一個大型天文地圖一樣。這位大師用尼羅河谷的南部流域來代表當時所見的銀河。然後，他又蓋起了三座金字塔，完全按照當時所見，以代表獵戶三星。三座金字塔和尼羅河谷之間的關係，就完全與三星和銀河的關係一樣。大師的手法聰慧、知性、有野心，完全反映了那一個時代的景象——可以說，他試圖將某一個特定年代，刻畫於建築物之上……

與「開天闢地」不謀而合

獵戶星座與金字塔的相關關係，令我感到複雜、神祕、怪異。

一方面，大金字塔南面的通氣孔照準的是「歲差運動」之下西元前二千四百七十五到西元前二千四百年間，獵戶星座的尼他克星和天狼星。這個年代與古埃及學者所主張的金字塔建造年代是相合的。但是，另一方面，三座金字塔與尼羅河谷的相對位置關係，卻明白地顯示出另外一個時期，西元前一萬零四百五十年的身影。而後者又恰好與魏斯特及修奇在吉薩高地上的驚人地質發現不謀而合。他們兩人都主張埃及在西元前一萬一千年左右，已有高度文明。

而且，金字塔在吉薩上的配置方式顯示，它並非任意的安排，而是經過精心設計，在地面上記錄下歲差運動上一個非常重要的時機：獵戶星一萬三千年一周的循環的開始，正好與埃及神話中「開天闢地」時間不謀而合。

我知道布法爾相信這個天文事件，象徵了神話中歐西里斯的「開天闢地」創始。在開天闢地時，神明首度將文明帶至尼羅河谷，歐西里斯則在古代埃及的神話中，直接與獵戶星相關（愛瑟斯則與天狼星有關）。

歐西里斯和愛瑟斯等埃及歷史的原型任務，在西元前一萬二千五百年左右，才真的「開天闢地」來到這塊土地上嗎❹？我在研究冰河期神話過程中發現，有的想法和記憶世世代代經口耳相傳，可以在人類心中殘存好幾千年。因此我相信個性奇妙而怪異的歐西里斯神話，不可能誕生於遠古的西元前一萬零四百五十年左右。

不過，我相信將歐西里斯升格為神祇並加以祭拜的，則是在王朝時代的埃及文明以後的事了。我們對王朝以前的埃及文明所知不多，對於比那更早，直至西元前一萬一千年的

圖17 沙卡拉的卓瑟王金字塔群。考古學家認為這是人類最早的大型建築物。這個「階梯」金字塔高二百英尺，一般認為是建於西元前二六五〇年第三王朝時期。

圖18 沙卡拉第五王朝烏納斯王的金字塔內。以象形文字裝飾的墓室，也是神祕的金字塔經文最主要的保存地。屋頂幾乎全部以星星為裝飾。

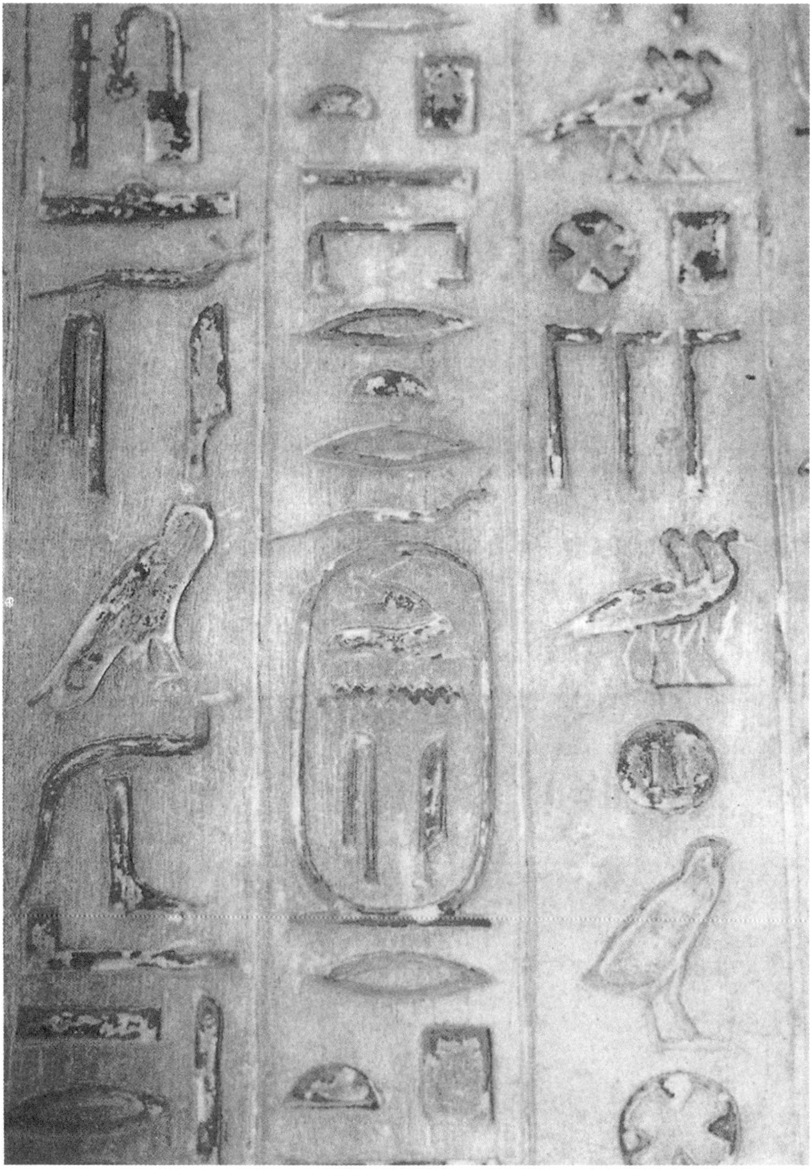

圖19 沙卡拉第五王朝烏納斯王金字塔墓室內的象形文字。烏納斯王的徽紋記號出現在中間的渦形圖飾。經文描述法老死後，便重生為獵戶星座中的一顆星。其間並以怪異的文字記錄有關科學技術之情事。

圖20 阿比多斯塞提一世的葬祭殿內的國王名單。左側人名為法老塞提一世（西元前一三〇六年～一二九〇年）及兒子（未來的拉美西斯二世），右邊則為統治埃及的七十六位歷代法老的名字。

圖21 塞提一世的葬祭殿是為「永遠的支配者歐西里斯」而建的。坐在浮雕中央的椅子上、戴著王冠的便是歐西里斯。歐西里斯最特殊的地方便是他的鬍鬚，很容易讓人聯想到安地斯山的維拉科查及中美洲的奎札科特爾。

圖22 歐希里恩全景。該建築物位於阿比多斯塞提一世葬祭殿後，是從沙土及淤積的泥沙中挖掘出來的。古埃及學者認為它在塞提手中完成（西元前一千三百年前）。但地質學家卻認為歐希里恩的地層比葬祭殿要低五十英尺，顯示兩者的建築年代應該相差一萬年以上，也就是說，歐希里恩應該在葬祭殿建造前一萬年便已完成。

圖23 歐希里恩用巨石堆積而成的建築物。與前景的作者相比下，石塊大小更為明顯。不過該建築物氣質樸素，與吉薩河畔同樣為巨石堆積的建築物，風格極為類似。已有考古學家考證，認為該建築物的年份可能比吉薩的河岸神殿等更為古老。

圖24 歐希里恩的主要入口。請與上冊第84頁的圖9，以及下一頁的河岸神殿的照片相對照。

圖25（左上）、26（右上）吉薩卡夫拉王的河岸神殿內部。花崗岩的外裝板已嚴重被雨水侵蝕，而露出裡面的石灰岩。有可能內部的石灰岩早在外部的花崗岩前，便已架構完成。

圖27（左下）河岸神殿中使用的拼圖式的石塊結構方式，與祕魯的石壁非常類似。是巧合，或有其他解釋？請與上冊第83頁的圖5、6比較。

圖28（右下）獅身人面像從南方遠眺。身體上有明顯的被水沖刷過的痕跡，地質學家認為那是雨水的痕跡。這一帶被大量雨水沖刷的時期，應該在西元前一萬一千年左右。

圖29 河岸神殿的巨石外壁。與現代的柴油火車頭重量相當的石塊，有明顯被水侵蝕的痕跡。

圖30 獅身人面像基座溝渠的後方。獅身人面像便是在這塊石頭之上雕刻而成的。牆壁上有明顯的被雨水沖刷過的縱向及扇形痕跡。獅身人面像的尾部也有同樣的侵蝕痕跡，其中有一部分在近代修復下，已不復得見。

圖31 日出時的第二金字塔，頂上被初升的陽光照亮。

圖32 冬至當日太陽從第三金字塔沉下。根據考古天文學的考據，這三座大金字塔及獅身人面像，都是西元前一萬五百年左右天體地圖的一部分。

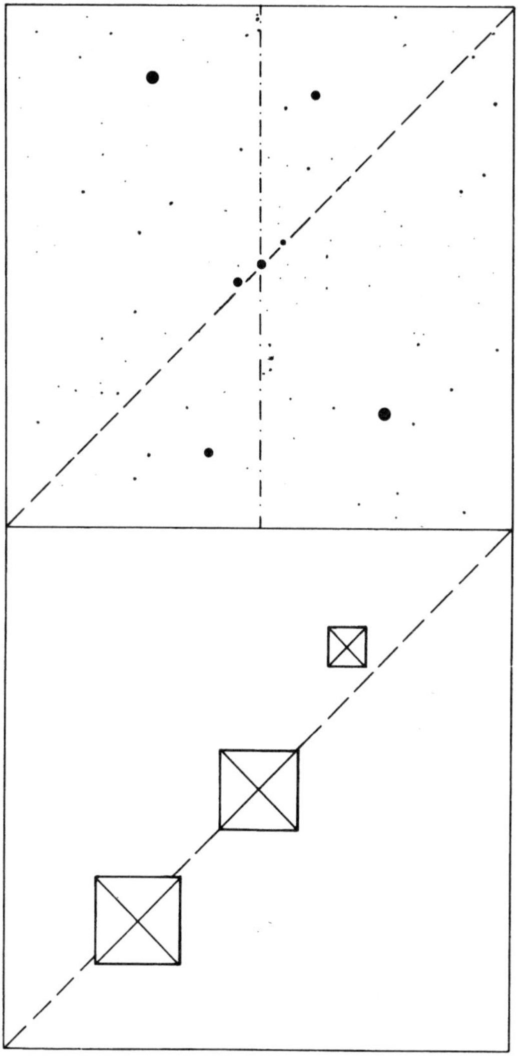

西元前一〇四五〇年，金字塔和獵戶星座三星的位置及子午線。

太古文明，更是一無所知。與歐西里斯相關的神話，跨越了八千年的歲月，想要傳達什麼資訊給今天的世人？而同一個文明，是否可同時為金字塔中所顯示的兩個年代——西元前一萬零四百五十年及二千四百五十年——做見證？

我打算在金字塔的陰影下，就以這些問題問布法爾。我們和他約定次日清晨在卡夫拉王的葬祭殿晤面，共賞太陽從獅身人面像後升起的景象。

巨型舞台

位於第二金字塔東面的卡夫拉王的葬祭殿，分崩離析，幾乎只剩下一些斷垣殘壁，尤其清晨，感覺又灰又冷，好似在與幽靈共出沒一般。如約翰．魏斯特所指出的，葬祭殿簡樸而堂皇的式樣，與名氣比較響亮的河岸神殿屬於同一年代的作品，這已勿庸置疑。它每塊石頭都至少有二百噸重，飄蕩出一股太古、知性的氣氛，好似有神力環繞其中❺。即使在今天，在這種崩壞的狀態中，這座被取名為葬祭殿的建築仍然予人到處暗藏了遠古力量的神祕感受。

在灰色的天空下，我仰望第二金字塔的東壁。再一次，如魏斯特所指出的，第二金字塔很可能是經兩個階段完成的。下面的部分，也就是從地面到四十英尺的底座，都是和葬祭殿一樣，用巨大的石灰石所堆砌而成（與大金字塔大部分的石塊相同）。

這麼說來，是否曾經有過一個時代，這個佔地十二英畝，高四十英尺的巨型舞台，獨豎於獅身人面像西邊，被稱為「吉薩之丘」的地上，四周除了河岸神殿及葬祭殿以外，什麼都沒有？也就是說，是否有可能，第二金字塔下面基礎的部分，比其他金字塔的年代都要早，早到在太古時代就建造完成？

非常老的宗派

當布法爾抵達時，這問題仍然盤旋於我腦海中不去。冷冽的沙漠風從高地上吹過，在交換過幾句天氣如何等社交辭令後，我立刻切入主題，問他道：「你如何解釋你發表的相互關係理論所產生的八千年間隔距離？」

「間隔距離？」

「對，南側的通氣孔對準的是西元前二千四百五十年的天空，但是吉薩整體地面圖卻代表的是西元前一萬零四百五十年的星星位置。這中間相差了八千年。」

「事實上，我覺得兩個理論都自有一套有力說辭，」布法爾說，「當然，真理應該只有一個，不知道是哪一個……或許金字塔原始設計，便是想做成星座時鐘，同時表現出西元前二千四百五十和一萬零四百五十年的天空地圖。這樣的話，我們就無法說出它確切的建造年代，也不知道蓋的時候，花了多少時間……」

「稍等一下，」我打斷他的話，「關於第一點，你說的星座時鐘是什麼意思？為什麼你說我們無法知道確切的建造年代？」

「嗯，讓我們暫時先假設，建造金字塔的那批人對歲差運動瞭若指掌，而且對如何計算某一個星群起落的時間循環期也非常精通，就像我們今天用電腦計算一樣方便……假設不論他們住在哪個時代，他們都可以利用計算，建立起一個模型，知道任何時點，例如西元前一萬零四百五十年或西元前二千四百五十年時天空的模樣。也就是說，即使他們是在西元前二千四百五十年建造的金字塔，也可以在當時便計算出南側通氣孔應該傾斜的度數，以便在西元前二千四百五十年，看到尼他克星和天狼星。同樣地，如果他們生於西元前二千四百五十年左右的年代，也可以計算出正確的配置計畫，以反映西元前一萬零四百五十年的獵戶星座位置。說到這裡，你同意嗎？」

「同意。」

「好。這是一種解釋。不過還有一種解釋，是我個人比較喜歡的，而且我覺得地質學上也比較說得通的，就是吉薩古蹟群是經過很長的一段時間才建設完成的。我覺得非常有可能，整個配置計畫是在西元前一萬零四百五十年時便已做好，所以它的幾何模樣反映出的是當時的天空模樣，但是整個計畫的完成，卻是在大金字塔瞄準獵戶星座的西元前二千四百五十年。」

「你的意思是說，金字塔的配置計畫早在西元前一萬零四百五十年便做好了？」

「我覺得。而且我認為配置計畫的地理中心，與我們現在所在的地方很接近，就在第二金字塔的前面……」

我手指著第二金字塔下方的大石塊，說：「看起來，這金字塔的確像是分成兩階段，由兩個完全不同的文明完成的呢。」

布法爾聳聳肩。「讓我們推論看看……或許不是兩個不同的文明，而是一個文明，或甚至是一個宗派，一個歐西里斯宗教流派所為。或許它屬於一個壽命非常長、非常古老的流派，以歐西里斯為神，早在西元前一萬零四百五十年便已存在，到西元前二千四百五十年時也還屹立不搖……我覺得有很多東西都可支持我這種想法，有好多東西都暗示曾經有過一個『非常古老的宗派』，這些東西都是以前沒有被人查證過的線索……」

「譬如說？」

「譬如說，很明顯地，金字塔的配置與天文圖之間的關係。我是第一個認真考慮這個問題的人。還有地質上，約翰．魏斯特和羅伯．修奇所做有關獅身人面像的工作也是嶄新的證據。天文與地質，兩種非常嚴密、以實證為主的科學，竟然都從來沒有被運用到古埃及學來解決問題。我們現在終於開始運用科學，而我們對吉薩的年代問題也開始有了新的發現。不過，老實說，到目前為止，我們還只搔到表面。今後不論是天文或地質，想必都會有更大的發現吧。另外，金字塔經文也是被大家忽略的一項重要證物。到目前為止，大家都知道從所謂的『人類學』角度，也就是戴著先入為主的有色眼鏡去看它，一口認定古代城市遺跡，太陽城的祭司都是一些半文明的巫師醫生，只想求個永生……事實上，他們的確想求永生，不過不是什麼巫師……而是有高度文化，學問深奧，從他們的業績來看，誠如學有專長的科學家們。因此，我覺得我們應該把金字塔經文當作一種科學或至少半科學的文獻來處理，而不是像現在這樣認定它非是咒文不可。我相信金字塔經文的作者，對歲差運動的天文學非常精通外，對數學、幾何，尤其是幾何方面，還有符號系統等，也應該涉獵甚深。要深度理解金字塔經文，可能要多方面去尋找線索。當然對金字塔本身的瞭解，也是重要的鑰匙。天文學家、數學家、地質學家、工程師、建築師甚至哲學家，都能處理符號系統——每個人都能夠為古埃及學中非常重要的問題，發掘出新的研討角度，因此都應該加入這個瞭解古埃及的活動。」

「為什麼你覺得解答這些問題如此重要？」

「因為它對人類瞭解自己過去，意義重大。在西元前一萬零四百五十年，就能夠以如此綿密的計畫，做出如此精密的建築配置圖的文化，一定是一個演化程度非常高，並具有高度科技文明的人……」

「然而，以現在的認知，在那麼久遠的太古時代，根本不可能有任何文明存在……」

「完全答對了。那是石器時代。人類社會理論上還在非常原始的階段，我們的老祖先還在披獸皮、住山洞，以狩獵為生。所以當我們發現早在西元前一萬零四百五十年，吉薩便已存在著相當文明的人類，不但能夠精確計算出獵戶星座的歲差週期，它的最低點，也就是往後一萬三千年週期開始的年代，而且還在吉薩高地上嘗試建立起一個永久性建築，以紀念這最低點的到來，我們會覺得非常的不安、驚異。先人們在將獵戶星座的排列，以他們的配置方式記錄在地面上，並明確知道自己將瞬間的時間，永久地保存了下來。」

我腦中浮起一個怪異的問題：「我們如何能夠確定，他們保存那剎那的永恆，就是西元前一萬零四百五十年呢？畢竟，獵戶三星每二萬六千年，便回到銀河以西水平線上十一度左右的位置上。所以，他們保留的時間，難道沒有可能是西元前三萬六千四百五十年，或甚至更上一個歲差週期的低點嗎？」

布法爾顯然對這個問題早有答案：「的確有一些古老的資料顯示，埃及文明的根可回溯到四萬年前。」他一面考慮，一面回答道：「例如希羅多德在書中，以怪異的文字敘述，指稱太陽從落下的地方升起，從升起的地方落下……」

「那也象徵歲差運動……」

「沒錯。又是歲差運動。歲差運動總是非常奇妙地一再出現……無論如何，你說的沒錯。他們也有可能從上一個歲差週期時便已經開始……」

「可能是一回事。但是你認為，事實又如何呢？」

「不，我覺得西元前一萬零四百五十年是比較可能的一個年代。以人類的進化過程來看，這個年代比較可能。而且，它與西元前三千年，王朝文明突然之間出現的年代之間，似乎相差很遠，但還不算太遠……」

「對什麼太遠？」

「我是在回答你剛才說的八千年間隔距離的問題。金字塔模擬的天象，與通氣孔瞄準的位置相差了八千年。八千年似乎是一段非常長的時間，不過，還不致於長到讓一個向心力非常強的宗教流派無法保存和忠實地傳承知識，將它從西元前一萬零四百五十年一直培育到西元前二千四百五十年。」

魔術師的機械

這些史前的發明家們，到底知識有多高？

「他們瞭解自己的時代，」布法爾說，「他們使用的時鐘以星星計時。他們的工作語言為歲差天文學，而從建築中，我們可以非常清楚、明白，科學且沒有任何誤解餘地地讀到他們的語言。他們還有高度精密的土地測量技術——我是指最先訂立下金字塔配置的那些人——不但設計精密，而且地基的設計非常正確，與方位完全相合。」

「你認為他們知道大金字塔正好坐落在北緯三十度線上嗎？」

布法爾大笑：「我確定他們知道。我認為他們知道所有關於地球形狀的知識。他們通曉天文，對太陽系和銀河的運作方式也涉獵極深。他們所有的工作，都是如此令人難以置信的正確而精確。所以，總體而言，我不認為這裡有任何偶然可言——至少在西元前一萬零四百五十年到西元前二千四百五十年之間。我覺得所有的東西都事先計畫、安排、執行，而且有某一種目的，事先已經存在，連在西元前三世紀時才會呈現的現象，都是在更早以前事先規劃好的……」

「你是說，他們已經準確地算出歲差運動，將會使當時建築好的金字塔在遙遠的未來正好能夠趕上尼他克和天狼星相合的時刻？」

「對。而且，我覺得金字塔經文也一樣。按照我的猜測，金字塔經文也應該是拼圖中的一部分。」

「如果金字塔是硬體的話，那麼金字塔經文可以說是軟體？」

「很可能。為什麼不呢？不論如何，可以確定的是，兩者之間一定有關係。我感覺，如果我們要解開金字塔之謎，就必須使用金字塔經文……」

我問布法爾：「金字塔建造者真正的目的何在？你如何猜測這個問題？」

「首先，他們一定不是因為想要一個永久性的墳墓才建築它們的。」他回答。「以我看來，他們毫無疑問認為自己可以得到永生。他們的確創造出一種永久的生命，只要有人——不論這個人是誰——能懂得他們的意思，他們便可將自己的思考力量傳承下去，從任何角度來看，這種傳承都是永久的。也就是說，他們成功地創造了一個能夠自我發揮功能的力量，但那力量只能傳給理解的人，而且那個力量，便是挑戰你對事物質問的能力。我猜測，他們對人性理解至深，更對遊戲的規則通曉至極……對不對？我是說真的，他們知道自己在做什麼。他們知道如何在自己消失很久、很久以後，還指使後人做他們心目中想做的事情。而為了達到這個目的，他們創造一個永久性的機械，而那機械的功能便是永遠、不斷地能生出問題來。」

我必定滿臉都是疑惑的表情。

「那機械就是金字塔！」布法爾大聲宣示，「或者應該說，就是整個吉薩古蹟群。看看我們幾個。我們在這裡幹什麼？不就是在問問題。我們站在這裡，在這種不該起床的時刻，一面發抖，一面看著太陽升起，然後不斷地問問題，問好多、好多問題。這正是前人設想我們該做的事。我們被玩弄在真正的魔術師的股掌之間。如果找到正確的符號、正確的問題，這些符號與問題將帶領你繼續向前，不斷發掘到真相。如果你是問問題的人，你一旦開始問與金字塔有關的問題，你就會得到一連串的答案，這些答案又變成更多的問題，然後又有更多的答案，一直到你終於進入了那個世界……」

「就像播種一樣……」

「對。他們播下了種子。相信我，他們是魔術師，知道思考的力量……他們知道如何將想法植入人心，並讓它們茁壯成長。如果你開始有了一些想法，只要跟隨思考的進程，就像過去的我一樣，自然而然便會到達獵戶星座、西元前一萬零四百五十年這類的東西。簡單地說，這是一個很自動的思考過程。一旦進入以後，它就會進入你的潛意識中，自顧自地成長下去，你連反抗的餘地都沒有……」

「照你的語氣，這個吉薩簡直就像一個魔術師一樣，而且不管什麼歲差、幾何、金字塔、金字塔經文，在你的口中，好像它們都還存活著一樣。」

「從某個角度來看，的確是還活著，」布法爾回答我，「即使操縱員不再坐在控制台前，吉薩遺跡群仍然是一個機器，專門設計來刺激問題的。」他稍頓了一下，將手抬起，指著我和桑莎在九個月前的某個暗夜中，曾經攀爬過的大金字塔頂端，說：「你看，它的力量，經過五千年，你仍然能夠感受得到。不論你喜歡與否，它都會把你吸引過去……強迫你進入一個思考過程，逼得你去學習。等你一開口問問題，你就會一下問工程、一下問天文、一下問幾何，逐漸地會瞭解其中有多深奧，而那些建造者有多麼聰明，知識多麼豐富，技巧多麼高超。然後，你就會開始思考有關人類，有關人類歷史，最後有關你自己的問題。你會想要去找答案。這就是它的力量。」

通告春分的獅子

就在一九九三年那個寒冷的十二月，一個接近冬至的清晨，我、布法爾、桑莎，坐在吉薩高地，看著太陽緩緩地從獅身人面像的右肩升起，先在最接近南方的東方，接著又轉回北方。

獅身人面像是一個劃分春、夏、秋、冬的標誌，正確地指示出春分太陽升起的方向。

難道這也是吉薩大計畫的一環嗎？

我提醒自己，在任何一個時代，在歷史或史前的任何一段時間，獅身人面像永遠都向著正東方遠眺，看著春分、秋分的太陽從它正面升起。如第五部中所述，古代人將春分視為是天文年代的開始。桑提拉納和戴程德教授說過：

在太陽快要升起時從東方出現的星座，便是太陽安住的「地方」……它被視為是「搬運太陽的東西」，而春分則為「系統」的起點。這個起點，便是太陽為期一年的週期的最初位置所在。❻

為什麼表示季節的標誌，要以巨大的獅子形體為代表？

在即將進入西元二千年的今天，我們會以為如果有人要做這麼一個標誌的話，魚可能會是一個比較適合的符號，因為春分的時候，太陽就像過去二千年來一樣，要以雙魚座為背景升起。雙魚座的天文年代是從西元開始的年代左右開始的。讀者必須自我判斷，早期基督徒用來表示基督的主要符號並非十字架，而是魚，這是否別有意義？

在比基督徒出現更早一段的時期，也就是西元前二千到西元前一千年左右的期間，春分的太陽是由白羊引領上天，從歲差運動來看，那是一個屬於白羊座的時期。再一次地，讀者必須自行判斷，那一個時期的宗教符號，幾乎都以白羊為主，這種現象是否純屬偶

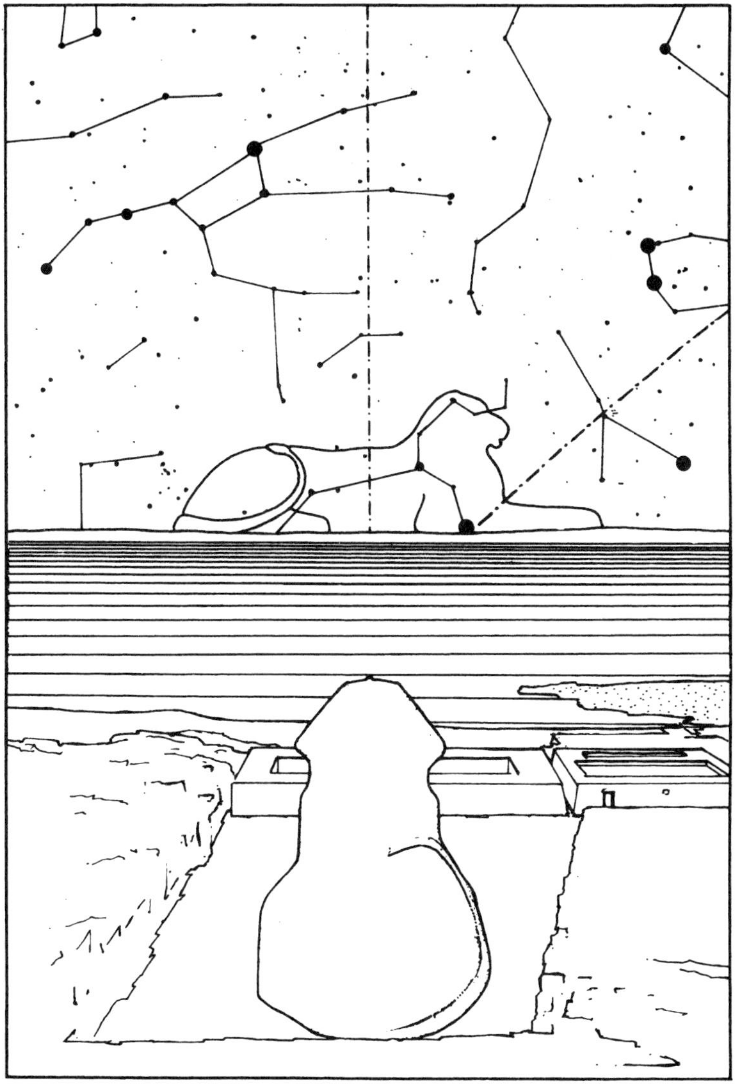

西元前一〇四五〇年春分的日出時，正東方的獅身人面像與獅子座位置圖。

然。例如，以色列《舊約》中的上帝——耶和華——用一隻白羊來代替亞伯拉罕自願提供的兒子伊撒克，以作為犧牲品，這是否純屬偶然？（《聖經》學者和考古學者都認為亞伯拉罕和伊撒克在西元前二千年左右，真的出現過）《舊約聖經》（幾乎全部均完成於白羊座時代）中幾乎每一章中都有白羊出現，這是否也純屬偶然❼？進入白羊座期不久，也就是在西元前二千年的千禧年過了不久以後，古埃及突然興起了一陣崇拜阿蒙（Amon）神的熱潮，而阿蒙神的代表符號，便為有兩隻彎角的白羊，這是否也屬於偶然？上埃及的路克索有一座專門祭祀阿蒙的神廟——卡納克廟（Karnak，底比斯最古老的廟宇），便建於西元前二千年左右。凡是造訪過該廟的人都該記得，不但廟中祭祀的主要神像為白羊，而且門口還有成排的白羊，擔任守護的工作。

在白羊座前二千年左右期間，亦即西元前四千三百八十年到西元前二千二百年，黃道上屬於金牛座的時代。在天上，春分的太陽每年在金牛的引領下升空，在地上，以金牛崇拜為中心的宗教也同時繁盛了起來❽，而且王朝埃及也突然從默默無聞中，以一個發展完成的文明體系的形式出現於世間。讀者必須自行判斷，埃及從王朝開始以來，便崇拜著阿比斯（Apis）和姆尼維斯牛（Mnevis Bulls），這是否也出於偶然？阿比斯為歐西里斯神的化身，而姆尼維斯則為太陽城的聖牛，雷的化身。

然而，為什麼選擇獅子為通告世人春分到了的符號呢？

我俯視吉薩高地的斜坡，遠眺著獅身人面像巨大的獅子身體。

古埃及學者認為獅身人面像是在西元前二千五百年左右，第四王朝的卡夫拉手下，從基層開始雕刻起來的。西元前二千五百年，應該屬於金牛座的期間，也就是從卡夫拉統治前的一千八百年到他統治後的三百年，每年春分，金牛都忠實地引領太陽上升。因此，我們從邏輯推理，如果一個統治者，在這個期間要在吉薩創造一個通告世人春分到來的符號的話，應該會選擇金牛，而沒有理由選擇獅子才是。很明顯地，由獅子引領太陽在春分時候升空唯一的時代，當然就是獅子座的時期，也就是從西元前一萬零九百七十年到西元前八千八百一十年的期間。

因此，為什麼會以獅子為春分的記號？因為它是在由獅子引領太陽升空的年代中完成的。在這個時期，春分時的太陽以獅子座為背景上升到高空。而在那以後的二萬六千年期間，這種情形都不會再出現。

大約在西元前一萬零四百五十年左右，獵戶星座的三顆星星，來到了歲差運動週期中，在天空最低的位置，也就是在銀河西側，從南天空水平線往上十一度八分之處。這個天文的景象，以金字塔的形式，被記錄在尼羅河西方的土地上，而建築物的配置，毫無疑問地代表了歲差週期中轉換期的年代。

在西元前一萬零四百五十年左右，春分的太陽在獅子座的陪襯下升上天空。在地上的吉薩，此天文現象則被以獅身人面像的形式記錄了下來，就好像正式文件上的兩個見證簽名一樣，肯定了記錄的真實性。

西元前一萬一千年左右，也就是「天空石磨」（Mill of Heaven）損毀，春分的星座改為獅子座期間，這是唯一的一段時間，當太陽造訪吉薩的獅身人面像時，獅身人面像能夠面對自己的星座。

新問題的出現

「這種天空與地面配置完全一致的情形，不可能是偶然的」，布法爾說，「我覺得偶然與否已經不是問題。在我看來，真正的問題是：為什麼？為什麼埃及人要這麼做？為什麼他們要花這麼大力氣，在西元前一萬零四百五十年上大作文章？」

「顯然那是一個對他們而言非常重要的年份。」桑莎說道。

「顯然非常、非常、非常重要。否則不會有人建造獅身人面像，並築起總計一千五百萬噸的三座金字塔。這其中必有重大的理由。這也是我們要問『是什麼理由要這麼做』的理由了。埃及人想要讓我們對西元前一萬零四百五十年，在腦海中留下深刻的印象。他們花好大的力氣，強力推動，要我們問出這個問題，並且要我們將注意力放在西元前一萬零四百五十年上。至於為什麼如此，就要靠我們自己去解答了。」

我們三個人同時陷入沉默，任太陽從獅身人面像的東南方升起。

【註釋】

❶羅伯·布法爾的《獵戶星座之謎》於一九九四年在倫敦、紐約、法國、西班牙等國同時出版後，立刻造成轟動。古埃及學家不願討論他的發現。不過有不少有名望的天文學家認為布法爾的發現為一大突破。

❷見維吉尼亞·特林波，引用於《獵戶星座之謎》中的話，頁二四一。

❸摘自個人通信及訪問。

❹「埃及人相信他們是一個神傳的民族，統治他們的國王本身即為神的化身，可以住在地球上，也可以自由的上天、下地，與地球的人混合相處。」《埃及人之神》，卷一，頁三。

❺葬祭殿於一九一〇年被考古學家挖掘出來，發現該古蹟中有許多巨型石塊，重量「從一百到三百噸不一」。見《埃及藍導遊書》，頁四三一。

❻摘自《哈姆雷特的石磨》，頁五九。

❼見《古埃及百科全書》，頁二十。

❽可能早到西元前二千年。見《大英百科全書》，一九九一年，卷三，頁七三一。

第三部

尋找人類誕生的源地

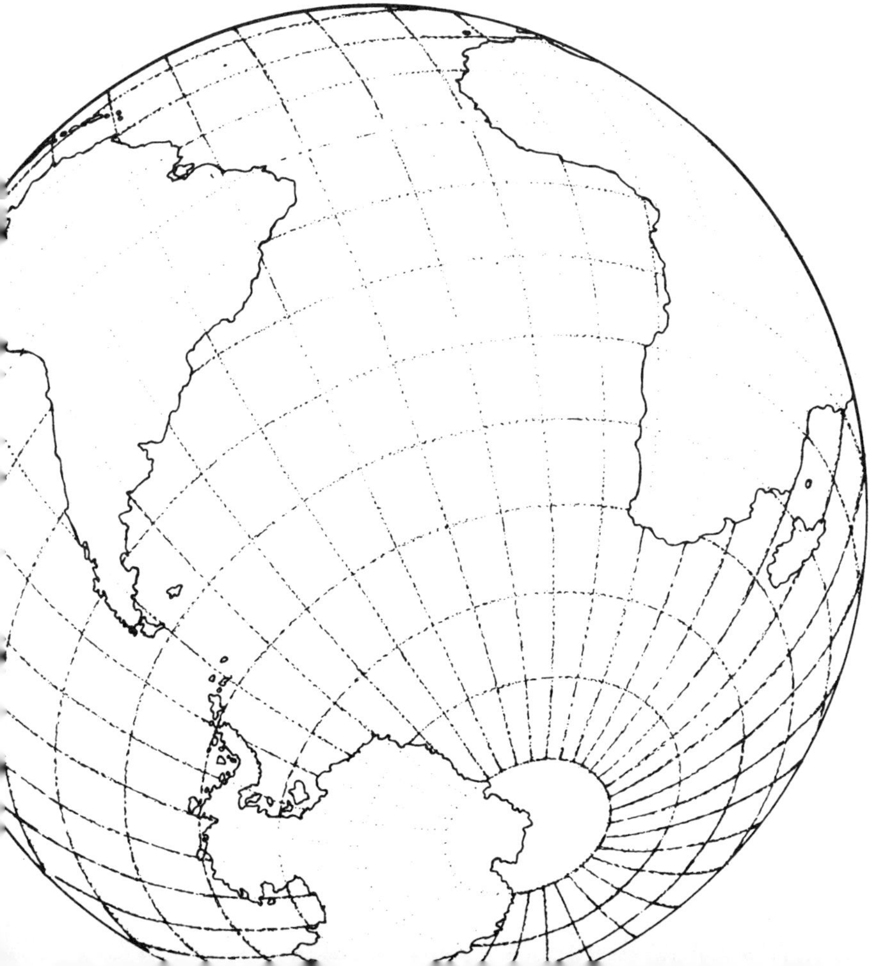

第十八章

「皇天不負苦心人」

我開始研究這項調查幾個月，有一天，我的研究助理遞出一份長達十五頁的辭呈，解釋他要辭職的原因。當時，我連解開謎題需要的拼圖碎片都還沒有找到。雖然沒有確實的證據，但基於我個人的直覺，和被各種神祕、異常的謎題所吸引，我一直執著於這個題目的研究。然而我的研究助理，卻已經對人類歷史中一些文明冗長而緩慢的進程，做了一番研究，並得到結論。

他發現，文明的演進需要有許多經濟的、天候的、地形的、地理的條件配合。他說：

> 如果你是在尋找一個未知的文明，而且是一個與其他文明不相關，利用自己獨特的力量而開發出來的文明，這不但像在「稻草中找針」，更像在荒郊野外中尋找城市。在你目前的設定下，這個位置的文明應該要佔據一個至少廣及二、三千英里，也就是足足有一個

墨西哥灣，或兩個馬達加斯加島大的土地才是。這塊土地上不但需要有大山，還要有主要的河流系統，氣候必須要是地中海型或亞熱帶型，而且要持續一萬年以上……然後，這片土地上還需要住著好幾十萬有高度文明的人。按照你的想法，如果曾經有這樣一個文明的話，這些人必須在幾乎不留下任何痕跡的情況下突然消失。唯一讓後人知道他們曾經存在的，是他們曾經留下一小撮人，非常精明地知道末日將至，且能帶著足夠的資源，在正好正確的地方，為躲避非來不可的大災難而做出一些努力。

這就麼地，我失去了一個研究助理。他認為，我的推論無論如何都是不可能的。我一心想要尋找的失落文明是不可能存在的，因為他說，要支持我認定的那種文明，需要的土地非常大，大到不可能失落。

地球物理學

我的助理提出來的問題，在整個研究調查的過程中不斷困擾著我。其實不止我的助理會發出這樣的疑問，大多數學者亦無法從學術的角度對待柏拉圖提出的「失落大陸亞特蘭提斯」的說法。正如一位評論家說的：

自從人類降臨這個地球以來，從來就沒有過所謂的大西洋（亞特蘭提斯）陸橋。大西洋下面沒有什麼沉沒的陸塊：大西洋大概至少在過去一百萬年來，都沒有變過樣子。事實上，照柏拉圖所說，有那麼大塊亞特蘭提斯大陸曾經存在於大西洋上的說法，在地球物理學上根本就說不通。

這位評論家獨斷的語氣和專制的論調，我早已見怪不怪。現代海洋學家對大西洋的海底調查得一清二楚，海底並不存在任何失落的大陸。

但是如果蒐集到的證據顯示，我的確找到了一個失落文明的指紋，那麼，在地球某一個地方應該存在過一個文明大陸，只是我們不知道確切的地點罷了。

那麼確切的地點在哪裡？有一陣子，我理所當然地假設，若不在大西洋的海底，很可能在別的洋底。太平洋雖然大，印度洋的可能性似乎更高，因為它更接近中東的肥沃新月（Fertile Crescent）地帶。好幾個歷史上最早的文明，均於西元前三千年左右在附近突然冒了出來。我也做好計畫，到馬爾地夫追查傳說中的古金字塔存在的可能，或到東非海岸的索馬利亞尋找失落天堂的痕跡，我甚至想到西印度洋的塞席爾群島追尋線索。

但問題在於海洋地理學家。他們仔細調查過印度洋，畫出了一份海底地圖，顯示沒有任何失落的大陸在海水之下。他們也調查過所有其他的海洋，也都沒有在海底發現任何失落文明的痕跡。

然而，在研究的過程中，我發現愈來愈多的證據顯示，的確曾經存在過一個文明。我開始懷疑，那失落的文明或許是一個航海文明，一個航海者的國家。有許多證據可以支持我的這個假設：細密得令人驚異的古代地圖、埃及的金字塔船隻、馬雅日曆系統所顯示出的驚人的天文知識，以及維拉科查和奎札科特爾，傳說中航行於海上的神祇等等。

航海者的國家，同時也應該為建築家的主人。他們建起了帝華納科城、特奧蒂瓦坎城、金字塔、獅身人面像。他們能夠輕而易舉地搬運二百噸的巨石，他們能夠精確地照準方位。這些建築家不知是何方神聖，但卻非常明顯地在世界各地，留下了他們獨特的指紋，包括了多角形的巨石，用天文學的排列來配置地面建築物，神話中化身為人的神明等等。但是，一個能夠蓋出如此進步建築的高度文明，不但要有豐富的資源、成熟的組織，還要有學問到能夠探測從南極到北極，且做成地圖的技術，且聰明到能夠量出地球的大小尺寸——這實在不可能從一塊有限的土地中發展出來。這個文明的家鄉，正如我的研究助理所指出的，必須要有高山大川、溫和的氣候、豐富的農業和礦業資源，和一切配合發展一個富裕繁榮經濟的環境要素。

這樣的一塊土地，如果沒有沉沒海底的話，又會在何處呢？

圖書館的天使

這樣的一塊土地，會存在於世界的哪個角落，而且又於什麼時候消失於世人面前？如果真的消失（實在想不出任何其他解釋）的話，是如何消失？為何消失？在什麼情況下消失？

老實說，一個大陸塊怎麼會消失？

從常識來思考，只有大規模的天災，而且是整個地球都遭殃的超級浩劫型大災害，才可能造成如此徹底而完全地將一個大文明從地球表面抹去的後患。然而為什麼我們無法找到任何這種大規模災害的記錄？還是我們尚未找到？

繼續研究的過程中，我開始翻閱有關火災、洪水、地震、冰災等相關的神話。如同我在上冊第四部中所提到的，世界上有太多的神話，都提到了因地質、氣候等影響而引發的大災害，災情可能都波及相當廣的地區。

人類在地球上的短暫歷史中，我發現只有一個大型災害，最接近我的預想：那便是西元前一萬五千年至西元前八千年最後一個冰河期的末期，冰雪戲劇性地溶化所造成的大災害。而且，和特奧蒂瓦坎城的古蹟、金字塔建築所顯示的一樣，許多相關神話似乎都暗藏著科學資訊，而成為傳達某種暗號的科學資訊的工具，而這不也正是我心中所推想的「上帝指紋」的一部分？

我當時雖然還不瞭解，但早已感覺到，冰河終期的混亂和古文明的傳承與消失之間，有非常強烈的關係。

就在這時候，「圖書館天使」（library angels）翩然出現。

拼圖中失落的一塊

對共時性（Synchronicity，由心理學家榮格提出的概念）非常感興趣的小說家亞瑟・科斯特勒（Arthur Koestler）是「圖書館天使」一詞的發明人。他用它來形容在研究的過程中，在最需要的片刻，巧妙地找到最需要的資訊的那種運氣。

就在我最需要的時候，幸運之神眷顧了我。時間為一九九三年夏，經過連續數月的旅行，我不但身體疲憊，精神也陷入低潮。一塊如大陸一般大的土地不可能消失於無形的地理學理論，逐漸讓我信心動搖，使我對自己挖掘到的資料產生懷疑。就在這時候，我接到一封來自加拿大英屬哥倫比亞的小鎮那奈摩（Nanaimo）的信，提到我先前寫的一本書《失落的約櫃》（*The Sign and the Seal*），以及書中提起的亞特蘭提斯理論，和「從水中存活、散播文明」的英雄形象。

一九九三年七月十九日

親愛的漢卡克先生：

在研究了十七年失落大陸亞特蘭提斯後，我和內人完成了一本書──《天塌下來的時候》（*When the Sky Fell*）❶。我們非常沮喪地發現，少數幾位我們接觸過的出版社，雖然對書的寫作有興趣，但是對亞特蘭提斯這個話題卻非常排斥。

在《失落的約櫃》中，你提到「洪水下存活的人，傳承了萬物開始的祕密」。我們的書針對那些殘存的人可能移居的地方做了一番調查。他們很可能搬至高緯度、有淡水湖的地方。的的喀喀湖和坦那湖（Tana Lake，位於伊索比亞，《失落的約櫃》大部分便以此為舞台）的天候恰巧適合，而且這個地區環境安定，有很好的條件讓這些人再度開展農業。

同信附上《天塌下來的時候》的概要。如果您有興趣，當將寄上原稿。

蘭德．佛列姆亞斯（Rand Flem-Ath）敬具

我開始翻閱概要。讀了開頭的幾個段落後，我發現已找到我一直在尋覓的那塊失落的拼圖。它和我研究的古代全球地圖完全相合。那些地圖，不但正確地描繪出冰河床下的南極大陸（見上冊第一部）。從其概要中，我可以看出各地的古代神話中出現的大洪水和全球性大災害，對環境的影響的確存在過。而且，佛列姆亞斯還合理地解釋了為什麼北西伯利亞和北極圈內，會發現大量似乎為「瞬間冷凍」的哺乳類動物；為什麼現在北緯九十度以上，草木不生的永久凍土層中，會發現高達九十英尺的果樹化石等謎題。他對於西元前一萬五千年以後，北半球最後的冰河期的突然化冰，以及和化冰同時產生的全球性火山活動成因等提出了解答。他回答了懸在我心中的一個大問題：「好端端的大陸，怎麼會消

失？」其實，他的說法建築在哈普古德的「地殼移位」理論基礎之上。對於哈普古德這個激進的地質學假設，我早有所聞，而佛列姆亞斯將它摘要如下：

南極大陸，可謂最不為人所知的一塊土地了。我們大部分人都假設這塊海上的大島，已經被冰雪封閉好幾百萬年。但是最新發現證明，南極中有一部分的土地，至少在幾千年前還沒有為冰覆蓋。而就地質學而言，那是非常近的事了。我們可以用「地殼移位」理論，來解釋為什麼南極大陸的冰床，在如此短暫的時間內成為今天的形狀。

佛列姆亞斯所指的「地殼移位」解釋，其實就是指哈普古德所提出的假設：南極大陸塊一直到西元前一萬一千年以前，其實並不位於南極，而是在距離它現在位置至少要北二千英里（氣候比較溫和）的地方，但是在經過一次地殼大變動以後，才移動到現在的位置❷。

佛列姆亞斯還繼續寫道：

地殼移動，使大塊土地漂移至死亡圈（阿拉斯加、西伯利亞一帶），這現象至為明顯。凡是動物大量絕滅的土地（尤其南北美和西伯利亞），顯然都是因為緯度激烈變化的結果……

地殼變動所帶來的結果當然是激烈異常的。地殼隨地球內部的激烈變化，而發生激烈的地震、洪水。大地呻吟，位置改變，天空好像要塌下來的樣子。海洋深處，地震頻繁，造成的海嘯衝擊海岸，淹沒土地，有的地塊被擠衝到比較溫暖的氣候帶，有的則被打進南北極圈內，永遠被冰塊所覆蓋。冰原溶化，使得海平面節節上升。所有的生物必須要適應環境，要不然就移居他處，否則便被淘汰……

如果這種恐怖至極的地殼大移動發生在今天的話，那麼幾千年的文明進步，就好像蜘蛛網遭人破壞一樣，瞬息之間就會完全瓦解。凡是住在高山附近的人，或許能夠躲避掉海嘯的侵襲，但是，他們勢必被迫放棄那些在低地上一點一滴建立起來的文明成

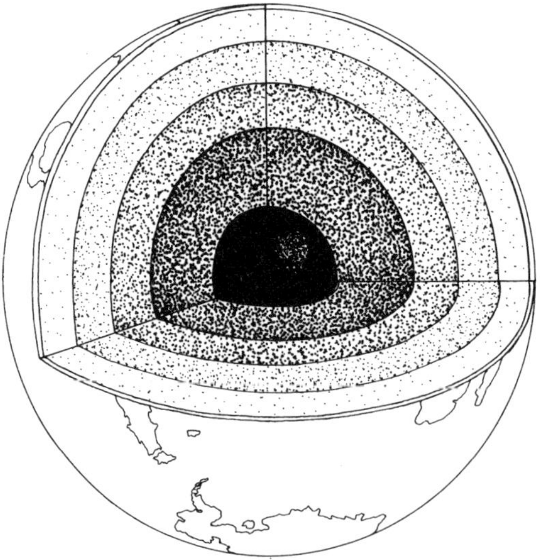

地球內部構造。根據「地殼移動說」，地殼為一體成形，但每經過一個固定的時期，便可能移位。厚度經常不到三十英里的地殼層，搭在一般被稱為「潤滑層」的岩流圈上。

果。從商船隊伍和海軍等實體物質中，我們或許還能找到文明存在的痕跡。然而，船隻會生鏽，潛水艇的殘殼會瓦解，最後只有船隻內唯一有價值的地圖，會被幾百、甚至幾千年後的殘存者找到，加以保存。到時候，人類將利用那份新找到的地圖，再一次到海洋中，尋找失落的文明……

在閱讀中，我聯想到哈普古德對地殼的一些描述：硬而薄，一旦剝離，「就好像剝橘子一樣，皮與肉分離後，橘子依然完整，只是表皮打散了而已。」

看到這裡，我還對內容相當熟悉。但是兩名研究者繼續提出了兩個我沒有想到的關鍵問題。

驚人的引力

他們提出的第一個問題便是引力（如上冊第五部中所述地球公轉軌道的形狀變化一樣）在地殼移位的機制下，對冰河期的興起與衰退造成的影響：

博物學家兼地質學家路易．阿加西斯（Louis Agassiz），一八三七年首先提出了冰河期的概念。當時的學術界對他的看法很不以為然。不過，當愈來愈多對他有利的證據出現後，連原來抱持著懷疑態度的人，都不得不承認，地球曾經歷過一段冗長而恐怖的冬季。

至於為什麼會出現這樣一個使萬物停滯生長的冰河期，無人能夠理解。一直到一九七六年，世人才找到直接的證據，證明冰河期確實在地球上存在過。現在大家都用地球公轉軌道的各種天文學特徵，以及地球軸的傾斜度，來說明冰河期的形成。的確，天文學的要素，對冰河期的發生有非常直接的關係。不過，那可能只是關係之一，同樣重要的，恐怕是冰河的地形，而地殼移位說將是解開這個謎題的重要關鍵。

愛因斯坦對南北極地殼上厚重而分配不平均的冰塊，是否可能造成地殼移位，曾經做過研究。他寫道：「地球的自轉在重量不平均的兩個冰帽影響下，產生了一種離心力，而離心力的力量又傳達到了堅硬的地殼上，強度不斷地增加，聚集到一定的力量後，便會製造出一種地殼與地球本身之間的反動，而造成兩極的地塊往赤道方向移動。」

當愛因斯坦一九五三年寫下上述這段文字的時候，世人還不十分理解天文對冰河成因的影響。當地球的公轉軌道偏離正圓百分之一，太陽引力的影響就會增加，對地球和上面的冰塊產生更大的張力，冰床的重量對地表施與重壓，加上地球的傾斜（對軌道形狀的另外一個影響因素），迫使地表改變位置，地殼變動……

引力與冰河時代的開始與衰退有什麼關係？

關係至為明顯。

地殼變動之際，原來在南北極的地塊（和現在的南極大陸一樣完全被覆於冰塊之下）

突然移向氣候比較溫暖的低緯度地帶，冰塊快速溶化。同樣，原來在溫暖的低緯度地帶的土地，突然之間被移至南北極地帶，氣候異變下，很快便消失於冰原之下了。

換句話說，在我們認為的所謂上一個冰河期，北歐和北美的大部分土地，並不是因為某種神祕的因素，使得天氣逐漸轉寒，而被覆於厚重的冰塊下，主要還是因為當時的地塊，比今天要更接近北極圈，所以才冰雪遍地。同樣的，如上冊第四部中所述，威斯康辛和沃姆冰河期於西元前一萬五千年開始溶化，並非地球天氣異變，而是因為冰原移動到溫暖的低緯度地帶……

也就是說，冰河期現在仍處於進行階段——在北極和南極圈內。

失落的大陸

佛列姆亞斯提出的第二個問題，與第一個在邏輯上息息相關：如果地殼移位是一個週期性的現象，而上一個地殼變動，將一塊原在溫暖地帶的巨大陸地，移動至南極圈的話，那麼我們只要在南北極，從冰塊表層往下挖開個二英里，應該可以在那厚重的冰塊下，找到許多失落文明的遺物才對。

突然間，我頓悟到，一塊曾經有好幾十萬人居住，並孕育出繁盛社會的大陸地塊，怎麼會如此突然之間消失於無形？正如佛列姆亞斯在結論中所說的：「我們必須從南極洲下手，去尋求有關文明起源的答案。而這些答案可能至今仍藏在凍原最下方冰塊的深處。」

我再一次從檔案中找到研究助理的辭職信，並開始檢查他提出有關高度文明存在的先決條件：大山脈、大河流水系，加上「至少佔地二、三千英里的廣大陸地」。而且，他還提到，一個文化的穩定成長，必須仰賴至少一萬年的溫和氣候。

南極大陸絕對不是大海中撈針的那根針：它幅員廣大，比墨西哥灣還要大，相當於七個馬達加斯加島，與美國的土地面積幾乎相等。而且，根據地震波的測定，我們已知冰原下的南極大陸上有高山。而好幾幅古代地圖都似乎證實，非常理解經緯度的太古地圖製作者，描繪出消失於冰原之前的山脈、大河，從山脈中流出來的河流，如何潤澤了廣大的山谷和平野，而注入於大海之中。這些河流的存在，我們已經從南極的羅斯海底，採集到足夠的地層資料，並加以證明。

最後，我還想要聲明的是，地殼移位說，和安定的氣候持續一萬年以上的必要條件並不矛盾。在地殼突然變動之前，也就是在上一個北半球冰河末期時，南極大陸的氣候應該安定地持續維持了一萬年以上才是，而且如果當時南極大陸的緯度，如這個理論所推測的，在比現在位置還要北二千英里的話，那麼南極大陸的最北部，應該在南緯三十度附近，居住在上面的人應該終年沐浴於地中海或亞熱帶的氣候中才是。

但地殼真的曾經移位過嗎？失落文明的廢墟，真的在南極大陸的冰塊之下永眠，等待我們去挖掘嗎？

在下面的章節中，我們發現上面的問題都不止可能，而且是十分可能。

【註釋】

❶《天塌下來的時候》，一九九五年。序由威爾遜撰，跋則由魏斯特撰。*When the Sky Fell,* with an introduction by Colin Wilson and Afterword by John Anthony West, is published by Stoddart, Canada, 1995.

❷見上冊第一部。

第十九章

「榔頭與鐘擺」

有關地殼移位說，雖然已超出本書討論的範圍，不過，佛列姆亞斯夫婦（Rand and Rose Flem-Ath）合著的《天塌下來的時候》一書，對這個理論有詳細的解說。

如前所述，地殼移位說是由哈普古德教授率先倡導，並經愛因斯坦所肯定。簡單地說，這個學說主張，地球大約三十英里厚的表殼，在八千英里厚的一個地球中心核上滑動，地殼移動的力量迫使西半球大部分的地塊往南經赤道，繼續往南極圈移動。而地塊在滑動時，並非在垂直的南北子午線上移動，而是以現在的美國中央平原為軸心，展開迴旋運動。運動的結果為，北美的東北部（北極過去的位置便在哈得遜灣一帶）從北極圈被拖曳至比較溫暖的緯度地帶，而西北部（阿拉斯加和育康地區）則與西伯利亞的大部分，向北迴旋，進入北極圈。

至於南半球，哈普古德的模型顯示，現在被稱為南極大陸的大陸塊，其中大部分原來

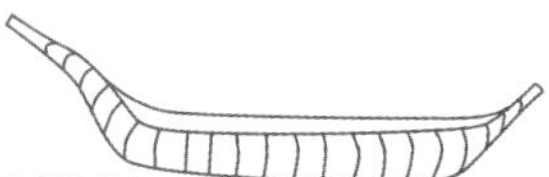

位於氣候比較溫暖的低緯度地帶，但因地殼變動，整個移動了三十度（大約二千英里），而在西元前一萬四千五百年到西元前一萬二千五百年之間，進入了南極圈。不過這個大變動，對整個地球產生的莫大震撼，餘波蕩漾，一直到西元前九千五百年仍未能平息。

假設，在地殼變動之前，南極大陸原本為一塊綠意盎然、適合生物生活的土地，它是否有可能曾為一個偉大文明的發育地？如果答案是肯定的話，那個文明很可能經地殼的變動而輕易被摧毀無疑。伴隨地殼變動時的各種天災，如海嘯、颶風、雷雨、火山爆發、地球斷層、天色變黑、冰原的擴大，都會重複不斷地發生。而且經過一千年這般的摧毀，都市、大建築物、大圖書館等所有代表文明痕跡的遺物，都永久地封埋在厚重的冰塊下了。

因此，如果地殼變動說是正確的話，世界各地殘存的不正是上帝的指紋了嗎？它們正是南極大陸冰封下文明留下來少數的線索。這些線索包括了南極下那個文明曾經經營過的活動、事蹟，被誤解的思考和幾何學的建築物等。那個文明興盛時，人們相偕乘坐著大船，越過波濤洶湧的大海，移居至遠方。從尼羅河谷（最初可能是在藍尼羅河的水源，坦那湖附近）到墨西哥谷（Valley of Mexico），乃至於安地斯山的的喀喀湖附近，及其他數個地方，都有明顯的指紋……

也就是說，在地球的各個角落，我們都可以看見失落文明的指紋，但卻看不見它的真相，因為文明的本體被埋封在南極大陸二英里厚的冰塊下，比月球的裡側還更不容易為考古學者所接近。

難道這是事實？

還是虛構？

有可能？

絕對不可能？

南極大陸為世界第五大陸塊（表土面積近六百萬平方英里），從地球物理學的觀點來看，有可能（一）曾經在一個比較溫暖的緯度上，（二）大約二萬年前，因地殼變動的關係，被移動到南極圈中來的嗎？

換句話說，南極大陸有可能移動嗎？

極地的死亡沙漠

「大陸漂移」以及「地塊結構地質學」（Plate Tectonics，因構成地球表層部分的幾塊大岩板的移動而造成地殼變動的學說），已成為一九五〇年代以來，向大眾說明地殼變動學理論時的關鍵概念。在這裡，我們不需要再走進基本的科學機制，只需要瞭解，大陸地塊從某個角度來看，其實只是「漂浮」在地球的表面，隨時會移動，改變位置。例如，如果我們研究地圖上非洲的西海岸與南美洲的東海岸的關係，會發現很明顯地，這兩個地塊曾經是合而為一的。不過，過去一般認為大陸漂移為一個非常緩慢的過程，兩個大陸板塊互相接近或分離二千英里，至少需要二億年。也就是說，移動的速度是非常、非常緩慢的。

大陸漂移的學說和哈普古德的地殼移位說，彼此其實並不悖離。哈普古德認為兩者可能同時發生，也就是說，地球表面的地塊，可能的確如地質學家所說的，有非常緩慢漂移的現象，但這並不表示說其中的一個地塊，不能偶然也有一次快速的變動，與其他大陸之間的關係沒有影響，而只是整體的或部分地，向地球的兩極（也就是自轉軸周遭的南北極為中心，全年為冰雪所覆蓋的地區）方向或由兩極的方向向外移動。

是大陸漂移嗎？

是地殼的變動嗎？

兩者同時發生？

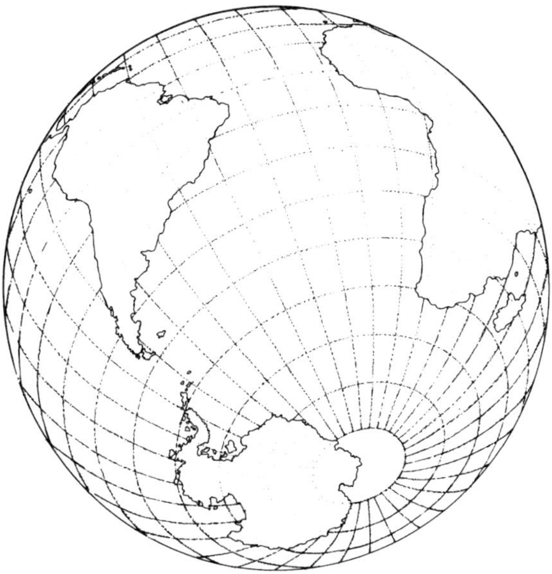

根據「地殼移動說」，南極洲大陸的大部分，在西元前一萬五千年左右時，還位於南極圈的外面，因此不但可能有人居住，而且具備了文明發展中必要的氣候與資源條件。然而，後來因地殼滑動的大變動，使該大陸塊移動至現在的南極圈正中央的位置上。

或者有其他原因？

老實說，我不知道。不過，一些有關南極大陸的事實，單純卻耐人尋味，簡單卻難以解釋。如果不用「突然之間的大變動」（而且以地質學的眼光來看非常接近的大變動）的概念，我們將無法理解這些表面上看起來平鋪直述的事實了。

在驗證這些事實前，讓我們先銘記在心，現在我們談的南北極陸塊，一年中有六個月，太陽一次也不上升，但是又有六個月，是太陽根本不下山（從南極來看，一天二十四小時都是白天，太陽只在地平線的低點便停住，每天周而復始地在空中畫起圓形軌道）。

南極是世界上最寒冷的大陸，在極點附近，氣溫最低可以達到攝氏零下八十九點二度。沿海岸的地區稍微暖和（攝氏零下六十度），成為為數龐大的海鳥聚集的地方，但是南極沒有一種原生哺乳動物，只有少許能夠耐得住寒冷與長期沒有陽光的植物，才能夠長期生存於南極地帶。《大英百科全書》中簡明列下了南極的生物種類為：「地衣類、苔類、地錢苔類、黴類、菌類、藻類……」

也就是說，南極地處世界之末，雖然是一塊廣闊的大陸地塊，但是終年為雪封閉，生活條件嚴苛，是一個沒有生命的冰雪沙漠。在過去五千年人類有文字歷史以來，南極的狀況一直都沒有改變。

然而，在有歷史以前，南極的狀況是否如此呢？

證據一

《發現科學世界》（*Discover the World of Science*）雜誌，一九九三年二月號，第十七頁：

大約在二億六千萬年的二疊紀時代，南極大陸上，只有在溫帶氣候才能夠生長的落葉植物非常茂盛。這是古代植物學家，從橫貫南極的阿奇納山（Achernar）高度為七千英尺的地點發現的化石樹幹中得到的結論。他們發現化石的地點在緯度八十四度二十二分，而不是離南極只有五百英里的地方。

「這項發現令人特別感興趣的是，不管是活生生的，或是化石形態的，這是在南緯八十或八十五度地帶上，至目前為止唯一發現的森林蹤跡。」研究這些化石的俄亥俄州立大學古代植物學家伊堤斯．泰勒（Edith Taylor）表示：「我們古代植物學家遇到這種狀況，首先要做的便是與現代的記錄相比較。目前在這個緯度上完全沒有森林。我們曾在熱帶地方看到過原屬溫帶的森林。但是在夏日二十四小時陽光，冬日則二十四小時黑夜的地方，即使是溫帶，也無法培育出森林來。」❶

證據二

地質學家發現始新世（大約六千萬年前）以前，南極大陸沒有任何一處有冰河存在的證據。但跡象顯示，在寒武紀（五億五千萬年前）時，南極大陸完全，或幾乎完全被溫暖的海洋所包圍，因為在南極海洋線上，我們在由礁石組合而成、厚實的石灰岩中，找到了很多在寒武紀時絕滅的海生無脊椎動物：「經過了幾千幾萬年，這些海中的形成物出現於海面以後，溫暖的氣候也為南極大陸帶來豐富的植物。謝克頓爵士（Sir Ernest Shackleton）在離南極點二百英里處找到的煤層，便是最佳證明。隨後，一九三五年在伯德探險隊活動期間，地質學家在南緯八十六度五十八分偉伯山峰（Mount Weaver）的斜面上，更發現了大量的化石，包括了葉、莖、幹的遺跡。發現化石的點與南極點的距離大致相同，只不過高於海平面二英里。一九五二年，華盛頓卡內基研究所的杜阿第（Lyman H. Dougherty）博士完成了這些化石的研究，確定曾經有兩種針葉林存在於當地。一種稱為舌羊齒（Glossopteris），曾經遍佈於其他南半球大陸（非洲、南美、澳洲），另外一種則為巨型的蕨類植物……」

證據三

伯德海軍上將，曾經將偉伯山峰上的發現，以及它的重要性書寫如下：「從南極點不到二百英里，世界最難攀登的山峰上，我們發現了一個確切的證據，證明南極過去曾經歷過溫暖，甚至亞熱帶的氣候。」❷

證據四

「蘇聯科學家報告，在南極大陸的葛拉姆（Graham Land），發現了第三紀（可能為古新世或始新世）的熱帶植物……另外英國地質學家，也在南極發現了與二千萬年前生長在美洲太平洋沿岸同樣的森林化石。顯示在現在所知最早的始新世（六千萬年前）冰河期以後，南極大陸並非一直被冰雪覆蓋，而曾數次回暖。」

證據五

「一九九〇年十二月二十五日，地質學家麥克凱維（Barrie Mckelvey）和哈烏（David Harwood），在離南極點四百公里、海拔一千八百三十公尺的地方作業時，發現了二、三百萬年前的落葉樹森林的化石。」

證據六

一九八六年所發現的化石化樹木及植物，至少證明南極大陸的一部分，在二百五十萬年前，並沒有遭到冰雪覆蓋。後來又發現一些證物，顯示一直到十萬年前，南極大陸還有一部分沒有被冰雪覆蓋。

證據七

如上冊第一部所述，伯德南極探險隊在羅斯海的海底採集到的堆積物顯示，「曾經有大河，攜帶細沙的堆積物」從這附近出海，而一直到西元前四千年前，南極的這一部分，河川的水仍保持著流動的狀態。根據伊利諾大學的傑克・修斯（Jack Hough）博士所述：「根據N-5中心（Core N-5）所做的記錄顯示，從現在往前推六千年前的這一段時間，海底堆積物呈冰狀，但六千到一萬五千年前，堆積物呈細沙狀，不過例外的是在一萬二千年前左右，曾有一度堆積物的沙粒很粗，呈現細礫狀。可見，除了一萬二千年前，冰山隨河川流下以外，這個地區原來並不存在冰。」

證據八

上冊第一部中提到的費納烏斯世界地圖，非常正確地描繪出沒有冰的羅斯海的狀態。而且，南極大陸沿岸地方的一些高山，從海岸流出的大河，也都有詳細的位置圖。但現在該地，除了厚達一英里的冰河以外，什麼都看不見。

證據九

上冊第一部中討論過的布雅舍地圖，正確地描繪了冰雪覆蓋下的南極大陸的地形。這是偶然，還是失落文明的地圖製作者，在描繪地圖時，南極大陸尚未為冰所覆蓋？

證據十

讓我們看一看銅幣的另外一面。假設現在位於南極圈中的陸塊曾處於熱帶，那麼北極圈內大陸塊又如何呢？難道也曾經歷過戲劇性的氣候變化嗎？

- 冷岸群島（Svalbard）中的斯匹茲卑爾根島（Spitzbergen）上發現過十到十二英尺的棕櫚葉，以及只在熱帶海洋生長的甲殼蟲類等化石，可見當時北極海的溫度，和現在的孟加拉灣或加勒比海相當。斯匹茲卑爾根位於挪威與北極點之間，大約在北緯八十度上下，現在一年中船隻只有二、三個月可以通航到那裡。
- 從化石中，我們發現中新世（二千萬到六千萬年前），在北極點的五百英里之內，曾生長著茂盛的沼澤柏樹，在同一時期，斯匹茲卑爾根還曾發現過睡蓮：「不論格林內爾、格陵蘭、斯匹茲卑爾根，我們發現的中新世的植物，都需要高濕度、暖氣候。尤其是斯匹茲卑爾根的睡蓮，更需要經年流通的活水。但今天的斯匹茲卑爾根在北極圈內，一年中有一半處於黑暗，與拉布拉多（Labrador，位於加拿大東部）的距離，就與拉布拉多與百慕達之間的距離相當，非常地遙遠。」
- 北極海有若干島嶼，在最後的冰河期間，一直沒有被冰封。例如，從北極點往下九百英里的巴芬島（Baffin）的泥炭中，發現有赤楊與白樺的化石，證明三萬年前，當地的氣候比今天要溫暖許多。而且這種氣候狀態一直維持到距今一萬七千年前。「在威斯康辛冰河期間，北極海的中央地帶，氣候溫和，許多在加拿大和美國無法生存的動物和植物都移到這裡。」

・俄國科學家證實，最後的冰河時代的大部分時間，北極海都相當溫暖。海洋學者沙克斯（Saks）、貝洛夫（Belov）、拉匹那（Lapina）等人從海洋學的角度觀察這個時期後，得到的結論是：距今三萬二千年至一萬八千年前，北極處於一個非常溫暖的狀態。❸

・上冊第四部中所述，從育康地區，經阿拉斯加到北西伯利亞的深處，發現有大量原來適居於溫帶的哺乳類動物，在瞬間冷凍後，屍體被保存於永久的凍土層中。而這樣大規模的滅絕，應發生於西元前一萬一千年至西元前一萬年之間，另外在西元前一萬三千五百年左右，也曾出現大規模的滅絕。

・在上冊第二十七章中已有詳細敘述，上一個冰河期快結束的西元前一萬五千年至西元前八千年之間，尤其在其中的西元前一萬四千五百年至西元前一萬二千五百年之間，或更精確地說，在西元前一萬一千年至西元前一萬年之間，曾經發生過非常大規模的變動。在一個地質學家認為非常短暫的期間內，厚達二英里面積，廣至上百萬平方英里的積雪，突然不知什麼原因全部融化了。「很顯然不是因為冰河期氣溫逐漸變化所致……積雪快速融化，必定是因為有一些非常不尋常的原因，肇始天候改變……」

會有什麼不尋常的原因，肇始天候如此突然地改變呢？肇始北半球冰河時代突然結束的，會是因為地殼突然移動了三十度的關係嗎（迫使冰河最厚的地區，從北極圈往南移動，而使冰河期結束）？如果答案是肯定的話，為什麼同樣的地殼三十度大移動，沒有使得面積達六百萬平方英里，為冰所覆蓋的南半球大陸，從溫暖的緯度往南極移動？

在有關南極大陸移動的問題上，我們確知南極大陸不但會移動，而且曾經也移動過。從化石中，我們已發現了以南極的緯度，和一年有半年沒有陽光的條件下，是不適合樹木生存的。

但是我們不知道（而且可能永遠都無法知道）南極的大陸移動，是因為地殼移動，還是大陸漂移，還是其他尚不為人知的原因肇始的。

讓我們考慮一下南極大陸的條件。

我們已經看到它佔地廣大，面積達五百五十萬平方英里，而土地上面則被七百萬立方英里的冰塊所覆蓋。據估計，這些冰的重量約有一京九千兆噸（一九後面加上十五個零）。支持地殼移位說的人很害怕的是，這個巨大的冰原重量每年都在增加的冷酷事實。「冰每年增加二百九十三立方英里，等於每年在南極大陸加上相當於一個安大略湖大小的冰塊。」

而可怕的是，在歲差運動、黃道的傾斜、公轉軌道的偏心率，以及自轉的離心力，太陽、月亮及其他行星的引力等影響同時作用下，南極大陸不斷擴大的冰河重量，可能會成為地殼大規模移動的最後決定性因素。

（休・布朗〔Hugh Auchincloss Brown〕一九六七年稍嫌誇張地寫道）南極冰帽愈變愈大，已經悄悄地、祕密地、無情地成為一股自然的力量——一股由自轉而產生的能源。冰帽本身不知不覺地成為最大的危機，明顯的威脅，文明的處刑者。❹

這個「處刑者」是否即為西元前一萬五千年到西元前八千年的七千年間，為上一個冰河期畫上休止符的重要因素？地殼變動最激烈、最具破壞性的時期，應該就在西元前一萬四千五百年至西元前一萬年之間。或者，這個時期，在北半球的氣候突然發生了某種戲劇性的變化，而引發了這一場大變動，造成了幾百萬立方英里的冰雪溶化，並觸動了全世界火山活化？

現代地質學家反對這種大災難、突然間天變地異的說法，而傾向於一種「齊一論」，主張「從現存的地質現象中，我們可以找到過去的改變成因」。然而大災難論者卻主張「地球表面的改變，大體而言，是因為突然的物理力量所造成。」然而，有沒有可能，造成上一個冰河期的機制，也就是最近一個造成地球衝擊性變化的力量，同時具有「災難」和「齊一」的特質？

偉大的生物學家赫胥黎（Thomas Huxley，一八二五～一八九五）爵士，十九世紀時曾經說過：

> 對我而言，「天變地異說」或「齊一說」之間的思考對立並不存在。相反地，我認為突然的異變，很可能是一貫運動的本質，它的一部分。容我舉例說明。時鐘可謂為一貫動作的典範，好的時鐘表示它經常能保持一貫的、整齊劃一的動作。可是錘子敲打鐘，基本上卻是一種突發性的變動性動作。同樣的敲打動作，我們可以用榔頭敲打火藥使它爆炸，或敲開水庫，讓大量的水流出；經過精心的安排，我們也可以讓時鐘在不規則的間隔，以不同輕重的力量和回數敲打不同的東西。然而這些不規則的變動性動作，最後造成的卻是齊一性動作的結果。所以，我們可能在研究時鐘上，便產生了兩個不同的學派：一個研究敲打時鐘的錘子，另一個研究鐘擺。❺

有可能大陸漂移就如同鐘擺一樣？

而地殼變動則如同錘子一樣？

火星與地球

科學家相信，地殼變動不僅在地球，在其他行星也曾發生過。《科學美國》（*Scientific American*）雜誌一九八五年十二月號中，刊出了彼得·修茲（Peter Schultz）發表火星表面有隕石落下的痕跡之說，而引起世人的注意。根據該文，南北極地方的隕石痕跡，有其特別的「簽名式」，因為只有在極地的隕石，會落在厚實的灰土和冰雪上。修茲在火星的極地以外地區，還發現了兩個隕石痕跡，都具有極地「簽名式」：「這兩個地區恰好在同一個星球的正反兩面上，雖接近赤道，卻顯示出多方面極地堆積物的特徵……」❻

為什麼會有這種現象？研究證物後，修茲提出了一個理論，認為「火星的外側堅硬部分為一個大地塊。在地塊移動的機制下，火星的表面地殼整體快速、激烈的移動。然後經過很長的一段時間沒有動靜……」

如果火星上都會發生地殼移位，地球上何嘗不可能發生？而且，如果否定地殼曾經移動過的話，我們還能怎麼解釋，為什麼南北極的冰帽下，都沒有上次、或上上次冰河時期的痕跡？相反地，有冰河痕跡的土地，卻散落在地球的好多角落中。如果我們否定地殼變動的可能，就必須要另外想辦法解釋，為什麼三個大陸（亞洲、非洲、澳洲）的熱帶附近，都可找到冰帽的痕跡？

哈普古德針對這個問題，有一個非常簡單明瞭，而且合乎常理的答案：

我們唯一能夠合理說明的冰河期，就是現在還在南極大陸發展中的冰河期。我們能夠將這個現象解釋得非常清楚：冰帽存在，只因為它地處南極，與太陽溫度的變化、銀河塵、火山爆發、地殼下的運動、土地的高度、海流等都沒有關係。也就是說，說明冰河期最好的理論，就是「冰河位處極地」。因此，我們可以說印度在很古以前曾經為冰床，但現在卻在熱帶。大陸規模的大型冰床，也都可以用這個方法解釋。

這個理論非常合乎邏輯。我們要不然便承認南極冰帽是第一個曾經出現在極地圈內大陸規模的冰床；否則，我們就必須假設地殼變動，或類似的機制，曾經在地球上發生過。

極地晨曦的記憶

我們的祖先很可能傳承了有關地殼變動的記憶。有一部分記憶，在上冊第四部中，我們已經討論過：這些人很可能是北半球上一個冰河末期天變地異大變動的目擊者。有關大變動的神話，一般也認為大都傳承自西元前一萬五千年至西元前一萬年之間。神話中，有一些描述過去天堂的神明，而所有的神明都住在南方（例如埃及人的塔—奈特魯），更有許多曾經歷過極地狀態。

印度偉大的敘事詩《摩訶婆羅多》（*Mahabaratha*），描述了屬於神明土地的梅魯峰（Mount Meru）。

> 在梅魯，太陽和月亮每天從左走到右，星星們也一樣……梅魯山峰光輝燦爛，戰勝了夜晚的黑暗，使日夜難分……日與夜相加，便成為地方居民的一年……

同樣地，正如上冊第二十五章中所述，伊朗亞利安族人的故鄉「亞利安納樂土」，似乎突然因為被冰封閉，而無法供人居住。幾年後，「亞利安納樂土」提到那個地方「太陽、月亮和星星，一年只升起和落下一次，一年就好像一天」。

在印度的古經文《蘇利亞曆》（*Surya Siddhanta*）中，有這麼一段：「一年只升起一度的太陽，落下後神明保管半年。」《梨俱吠陀》（*Rig Veda*）第七篇〈曼陀羅〉（Mandala）中，有許多關於「曙光」的詩歌，其中一首（Ⅶ, 76）提到，曙光一直停留在地平線上，發出光亮，第三首則說太陽從剛露出曙光，到看見它升起之間，要花幾天的時間。還有一首則說：「曙光乍現，到世紀太陽升起之間，好幾天的歲月已經流過。」❼

這難道不是目擊過極光的人的證言？

根據印度傳統，吠陀（Vedas）應該為神的啟示語言，從神明時代便代代相傳下來。

這一點或許和上面所敘述的目擊極光是相關的。同時也可能相關的是，所有的口傳神話都描述世界曾因大災害而遭到空前的災難，將原來的文字經典一併毀滅無遺。不過，在每次的大破壞之後，都會有某種形式的「賢明之士」存活下來：

〔賢人們……〕在新時代的開始前，將前一個時代的祖先所遺留下來的知識，當作神聖的財產，傳給下一代……因此，每個時代都有一個自己的吠陀，或許表達的方式不同，不過，與太古的吠陀基本上並沒有什麼相異之處。

混亂與黑暗的時代

所有孩童在學校念地理時都會發現，正確的北（北極），與羅盤針上所指的正北是不同的。羅盤針上所指的北方，為現在的北加拿大位置，離北極約有十一度的偏差。不過根據最新考古磁氣學的研究，地球的磁鐵極性，在過去八千萬年中，倒轉了一百七十度。

為什麼磁性會倒轉一百七十度？

地質學家藍孔（S.K. Runcorn）在劍橋大學教書之餘，在《科學美國》雜誌上發表了一篇論文，他認為：

> 地球的磁場與地球的自轉有某種程度的關係。而這一點帶領我們認識一項有關自轉的驚人發現……〔無可避免的結論是〕地球的自轉軸曾經過改變。或用另外一種說法，地球這個行星一面旋轉，一面正在改變其地理上的兩極位置。

藍孔假設兩極曾經歷一百八十度的大反轉，也就是說，地球整整翻了一個筋斗。而類似的考古磁場測定，則認為地殼曾在地理上的兩極上滑過。不論是哪一個，這些變動對文明與全球生命的影響，都是無法想像的恐怖。

當然，藍孔不一定是正確的。或許磁場反轉並非因為自轉軸，而是因為其他大變動而起的。

不過，他也可能是對的。

根據《自然》（*Nature*）和《新科學》（*New Science*）等雜誌的報導，上一個地球磁場反轉，發生在大約一萬二千四百年前——也就是在西元前一萬一千年到西元前一萬年之間。

這一千年，正好就是安地斯山的帝華納科文明傳說被摧毀的時期，也是一般相信，吉薩台地上巨大的天文建築的配製及設計完成，以及獅身人面像被大量雨水侵蝕的時期。同時，這更是埃及「太古開始的農業實驗」突然之間失敗的時期，以及，大量的哺乳類動物在全球各地突然滅絕的時期。另外，在這個時期中，海面突然上升，颶風一般的暴風刮

起，雷雨交加、火山爆發……

科學家相信，下一個地球磁場的反轉，將發生在西元二〇三〇年左右。

他們是在預告全球般規模的大災害的發生嗎？在一萬二千五百年鐘擺規律地搖擺後，是否該輪到錘子打擊的時候了？

證據十一

百里大學理學部教授藝夫．洛卡（Yves Rocard）說：「現代地震儀的精密度愈來愈高，地球所有振動的『雜音』，甚至在沒有地震波的情況下都可探測得知。因此地震儀可能收錄下一些人工的振動，如四公里以外的電車跑動，風在地面賦予的壓力變化，或大都市十公里以外發生的事情等，也會記錄下大氣的動態。有的時候，從地震儀上，我們甚至可以發現遠方暴風雨的影響。然而，在這些以外，我們一直還可以觀測到一種來自地球的，好像火花打散的聲音一般，微弱但明顯，找不到原因的噪音，持續地……」❽

證據十二

「北極從一九〇〇到一九六〇年之間，沿著西經四十五度子午線，往格陵蘭的位置，移動了十英尺……以每年移動二英寸半的速度。不過，從一九〇〇到一九六八年之間，北極移動了二十英尺，也就是說，一九六〇到六八年間，北極移動了十英尺，每年移動的速度高達四英寸……如果這個觀測是正確的話（參與觀測的都是一流而值得信賴的學者），那麼我們有理由相信：地殼不但在變動，而且正在加速變動之中……」

證據十三

《今日美國報》（*USA Today*）一九九四年十一月二十三日，星期三，第九頁：

「與南極大陸的對話：學生與南極科學家通訊」

「十七歲的芝加哥高三學生伊利莎白．法頓（Elizabeth Felton），明年一月十日，將透過南極的衛星，直接做遙控廣播。法頓將利用美國內政部地質調查部的資料，修正地球地理上的南極位置，並將標識南極點的銅製標記予以移動。由於冰床每年移動的關係，因此南極點的標記也必須時時修正。」

移動的難道僅僅只有冰床嗎？地球的地殼全體是否也在移動？而且，一九九五年一月舉行的，只是一個單純的「互動式特別教育計畫」，還是一場盛會，使得伊利莎白．法頓不自覺成為地殼加速變動的記錄者？

科學家不認為地殼在加速變動中。如下一章所示，古代預言與傳統信仰之間，互相對應地極為緊密，而從各種古代預言已經斷言，未來一世紀，地球將進入前所未見的混亂與黑暗時期，邪惡在暗中進行，第五個太陽（馬雅預言），與第四個世界（霍皮族預言）將迎接末日……

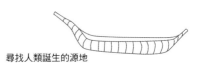

證據十四

一九九五年一月十七日，日本神戶。

「地震來得突然，幾乎到殘忍的地步。一分鐘前，我們還沉睡在夢鄉，下一分鐘，地板——整個大樓的地板——都成為果凍，不斷地搖擺，而那種搖擺並非輕緩的液體振盪似的搖擺，而是嘎嗒嘎嗒，好像要把心臟搖出來一般，令人忍不住顫慄、發抖的那種搖動……」

「設想你正在全世界最安全的地方——床上。你的床就放在地上。向來，你就以為地是最牢靠的基盤，安全的來源。但是在毫無預警之下，世界開始變成一個令人暈眩的大雲宵飛車，你想下車。」

「而最令人感到恐怖的應該是那聲音。並不是那種遙遠的雷鳴，而是震耳欲聾的怒吼，從各處傳來，無所不在，就好像世界末日一樣。」（目擊者報告神戶大地震的經過，一九九五年一月十八日，倫敦，《衛報》〔*Guardian*〕，記者丹尼・凱斯勒〔Dennis Kessler〕：神戶地震前後持續二十秒，震度七點二，五千人以上因此喪生。）

【註釋】

❶見《發現科學世界》（*Discover The World of Science*）雜誌，一九九三年二月號，頁十七。發現十五根化石化的樹枝，每根的直徑從二英寸半到七英寸不等。推論當地應該曾為一片樹林。泰勒在研究樹輪時，發現中間並沒有任何「凍輪」（frost rings），並發現樹木在長大歷程中，從未經過寒冷的天候。「在我們的記憶中，南極一直是非常寒冷的，」泰勒說，「只有從化石，我們才能夠看出那也曾經是一個可以讓樹木成長的環境。我們在南緯八十五度發現化石樹林，使我們不得不思考這個地方曾經歷過的天候巨變。」根據調查，樹木是因為洪水或大量泥沙沖刷而死——兩者在今天的南極都極不可能發生。

❷詳細內容見《國家地理雜誌》一九三五年十月號，「驚人的冰河期」。Dolph Earl Hooker, Those Astonishing Ice Ages, Exposition Press, New York, 1958, p.44. citing *National Geographic Magazine,* October, 1935.

❸見哈普古德《極地之道》，頁六六。

❹見布朗《地球災變》，頁十～十一。H.A. Brown, *Cataclysms of the Earth,* p.10～11.

❺摘自《極地之道》中所引述之赫胥黎（Thomas Huxley）之言。頁二九四。

❻見《科學美國》雜誌。*Scientific American,* December 1995.

❼本段及下面兩段有關印度詩歌部分，請見《吠陀所見北極之家》，頁八〇、八一、四一〇～四二〇。*Arctic Home in Vedas,* p.80, 81, 410～420.

❽見《極地之道》，附錄頁三二五～三二六。

第二十章 「竊走人類文明的夜賊」

在我們的世界裡有一些想法、一些智慧遺產和一些建築物，確實非常神祕難解。我開始懷疑，人類若不重視這些東西的神祕性，最終會將自己逼入重大的危難之中。

在所有的動物中，獨有人類具備了從祖先的經驗中學習、成長的能力，例如，在廣島和長崎原子彈爆炸之後出生的嬰兒，已有兩代，這兩代的人都充分理解核子武器恐怖的破壞性。我們的下一代，即使從來沒有親身體驗過，但仍將理解核子武器的恐怖，並繼續將反核的意念傳給他們的子孫。理論上，核子與反核的知識，將成為人類永遠的歷史遺產的一部分。我們是否能夠因為擁有這一份遺產而得利，就完全看我們自己如何運用。這份知識無論如何都會以文字、記錄片、教育圖片、戰爭紀念館等形式，存在於我們的身邊；不過並非所有的過去證言，都像長崎及廣島的記錄一樣，被人類精心保存著。相反地，就像《聖經》一樣，很多被稱為「歷史」的知識總體，經過大力編輯後，大部分的事實卻遭到刪除。尤其比五千年前發明文字以前更遙遠的人類共同體驗，已幾乎完全被今日的現代人淘汰出場。而神話的語言，在今天更被視為與狂想同義。

但若神話並非狂想的話，會怎麼樣？

如果地球果真將被一超大規模的大災難一夕毀盡，文明毀壞，大部分現存的人類都將喪命，此時該當如何？如果在這個大災難之後，就如柏拉圖在他的著作中提到的，人類不再知道任何有關過去的事，必須如孩童一般，一切從零開始，該當如何？萬一真的發生了這類狀況，從今天開始的一萬到一萬二千年後（所有文字和影片記錄均被銷毀），我們的子孫要如何憶及一九四五年八月在日本長崎與廣島所發生的事情？

我們可以想像，我們的子孫或許將透過神話式的語言，如「可怕的靈光閃動」、「無法忍受的高溫」等辭句，來理解那已不復有任何有形記憶的原子彈爆炸事件。甚至，他們可能將核爆編織成一個神話故事，如：

受婆羅瑪斯特拉（Brahmastra）命，飛彈來襲，相互交錯，火的箭頭重重包圍。天與地之間，都完全在火球的勢力範圍內。火焰強度之大，猶如一顆要毀滅世界的太陽降臨世界一般……所有生物被婆羅瑪斯特拉烤焦，感受到火箭火焰的恐怖，驚覺到世界將完全毀滅於普拉利亞（Pralaya，大災難之意）的火球煉獄中。❶

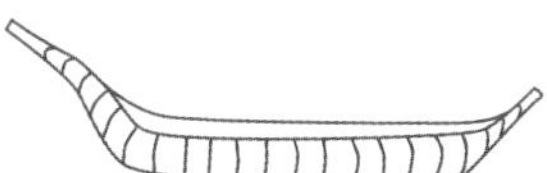

至於攜帶原子彈轟炸廣島的飛機——艾諾拉・蓋（Enola Gay），未來神話又會如何描述呢？我們的子孫留下的記憶是否將為：怪異的飛機或飛機群，曾經在西元二十世紀左右，在地球的上空群魔亂舞。甚至，他們會以「天空之車」、「天之戰車」、「霸佔天空的巨型機械」、「空中都市」❷等名稱，來記憶投擲原子彈的飛機？如果答案是肯定的話，或許我們的子孫會以非常神話式的語言來記錄歷史，下面便是一些範例：

・「噢，烏巴里卡拉瓦蘇（Uparicara Vasu），飛行於空中的巨大機械，將朝你——而且只朝你——而來。所有肉身，坐進那機器，便覺得好似神明一般。」

・「維斯瓦卡瑪（Visvakarma），神明中的建築家，為神明建造在空中行走的工具。」

・「哦，庫魯族的子孫，那邪惡的人物，操縱著那無處不在，於空中飛舞的自動機器，沙哈普拉（Saubhapura），以武器貫串了我。」

・「他進入了他最喜歡的印地拉神殿，看見成千上萬為神明保留的飛行機器，停留在那裡。」

・神明各自乘坐著自己的飛行機器，來檢視克里帕卡亞（Kripacarya）和阿胡納（Arjuna）之間的戰爭。連天上的支配者印地拉，都乘坐著可以一次搭載三十三名神明的特別飛行機器來到。

其實上述的句子，都引自於印亞大陸的智慧書《薄伽梵往世書》（*Bhagavata Purana*）和《摩訶婆羅多》（*Mahabaratha*），古代智慧的滄海一粟。在許多古代的傳說中，我們都可以看到類似的意像。例如，第四十二章中提到的金字塔經文中，便出現了一段好似時代倒錯，與飛行有關的描述：

> 國王為火焰，乘著風，飛到天之涯，地之角……國王在空中旅行，橫跨地球……有人帶來可以升空的方法……。❸

由於古代文獻中，一再提到在空中飛舞的事，令我們不禁聯想，是否在遙遠的過去，人類也曾經有過飛行的技術。或許這便是歷史的證言？

除非努力尋找，否則我們將永遠無法得知答案。但到目前為止，我們從未嘗試以理性、科學的角度來看被我們視為「非歷史」的神話及傳統。

顯然傳統的文化中，有許多是非歷史的，但是在結束這本書的調查工作以前，我堅決相信，也有很多傳統文化，是具有歷史意義的……

為了人類未來的世代

下面為一個假想的情況：

假如我們從各方毫無懷疑餘地的理性證據中，證實地殼將發生三十度大移動，或者即將有一個直徑十英里的鉛與鐵混合的小行星，與地球無可避免地正面衝突，人類即將罹難，而文明也將遭到空前的大破壞。

事情一旦經過證實後，起初，人民一定會有一陣緊張與絕望；但是——如果有足夠的事前警告的話——人類的確可以留下一部分的活口，將現在的高度科學知識中最重要的部分，留給未來的世代。

非常奇怪的是，猶太歷史學家約瑟夫斯（Josephus，作品發表於西元一世紀）便曾寫過，有一些在非常久遠、洪水期以前的人民，在「沒有任何災難侵襲，非常快樂地生活」時，建設起一個高度繁榮的社會，但卻想過完全相同的事：

他們也曾創出與天體及和天體秩序有關的一些獨特的智慧。為防止智慧流失——亞當曾經說過，世界將被火的力量破壞一次後，還將被水的力量再破壞一次——他們建築了兩根柱子，一根用磚瓦，另外一根用石頭。在兩根柱子上，他們都刻下了自己的發明。如果磚瓦的柱子被洪水沖壞，後人還可以從石頭柱子上看到他們的發明，並告訴後人，他們曾經建過一根磚瓦的柱子……

同樣地，牛津大學的天文學者約翰．格理維斯（John Greaves），十七世紀訪問埃及時，蒐集了一些從古代相傳下來的傳統故事。根據這些傳統故事的說法，吉薩三大金字塔的建造者為神話國度之王：

> 決定建設金字塔，是因為國王在夢中看到地面反倒，居民俯臥於地，星辰隕落，互相撞擊，發出巨響。醒來後，他心中充滿恐懼，全國大小神官莫不焦急萬分……告訴這些祭司他的夢。祭司們測量星星的高度，占卜未來，預言大洪水的到來。國王詢問他們：洪水會來襲嗎？他們回答：是的，會來，而且會毀滅我們的國家。不過到洪水來襲，還有幾年的時間。國王便下令在這段時間建立起金字塔……他在金字塔中，刻下所有賢者說過的事情，還將深奧的科學、占星術的科學，以及數學、幾何學、醫學都一併雕刻上去。所有的一切，凡是瞭解這種語言和文字的，就能夠解讀……

從文字表面來看，兩則神話要傳達的訊息都十分清楚。在世界各地散見的謎樣的建築物，都是為了天變地異，防止知識流失而建立的。

這種說法可信嗎？那些從有文字歷史以前，傳承至今的奇妙神話中，我們得到了什麼訊息？

例如，《波波武經》中，以充滿神祕的語言，透露出有關人類過去的祕密。在那個已經遭人類遺忘的黃金時代中，人類似乎沒有辦不到的事。「初民」（First Men）充滿了智慧，有豐富的科學知識，他們不但知道如何「測量地球圓形的表面」，而且還調查了「天空的四個角落」。

讀者還記得，人類神速進步，「成功看見、瞭解世界」，但卻遭到神明的嫉妒與報復：「天空之主，將迷霧吹進人類的眼睛……這樣，初民所有的智慧與知識，加上他們對自己的來源與出處的記憶，都全被破壞了。」

人類一直沒有完全忘記在混沌之初發生的事情，因為一直到西班牙人到來以前，我們一直保有原始的《波波武經》神聖文件，而留下了最遠古的「開天闢地」的時代記錄。西班牙以暴力征服南美洲的同時，將當地貴重的文化遺產破壞無遺。為順利統治當地人民，西班牙人對這口深奧難懂的封箱，只准許少數智者一窺其貌，而在「基督教的法律之下」，另外製作了一份拙劣的替代品。「古早時代，從一代國王傳到下一代國王的《波波武經》，連看也看不到了……原始文件，多年前寫成，依然存在——可是現在，連研究者、思考者，都無法接觸到它……」

世界另外一側的印亞大陸，同樣有一些神話及傳統，顯示歷史的進程中曾出現過隱藏的祕密。在印度《往世書》（*Puranic*）中的大洪水故事，特別描述到在大洪水就要發生前，魚神毗濕奴告訴祂守護的人類，說祂「將聖典隱藏於安全的地方」，以保存從古早時代便傳下來的種族的知識。同樣地，美索不達米亞版本的諾亞，也就是烏納皮施汀（Utnapishtim），接到神明艾亞（Ea）的指示，「將開始、中間、結束時期間所有已成為文字的東西都帶走，將它們埋藏於西巴拉（Sippara）的太陽城中。」洪水退後，浩劫的倖存者則接到神明的指令，到太陽城去「尋找文書之物」。據說，那上面記載著對未來世代有用的知識。

但是很奇怪的是，太陽城（Heliopolis）卻在埃及。埃及的伊努，也就是希臘人所稱的太陽城，成為王朝時代找尋智慧與知識的中心與源頭。而這些智慧與知識，相傳為神話中「開天闢地」創始時期的神明代代相傳下來的。在太陽城，金字塔經文被彙集為一，而吉薩的共同墓地遺跡，也經由太陽城的祭司——其實應該說太陽城的宗教集團——的手，經營管理。

「基洛到此一遊」

讓我們回到我們假想的情境：

1. 我們知道在二十世紀末的後工業化文明，將被宇宙或地質上無可避免的大災難所摧毀。

2.我們知道——因為我們科學的程度相當高了——大災難所帶來的摧毀，是近乎百分之一百的。

3.投入大量的技術資源，我們將竭盡一切努力，以確保至少有部分的人類從這一場浩劫中存活下來，而我們現有的科學、醫學、天文、地理、建築、數學等知識的精華，將因此得以保留。

4.我們當然知道要達成上述目標的可能性非常小。但是在人種滅絕的重大威脅下，人類想必會盡最大的努力，建造箱船之類堅固的物體，保護少數被賦予傳承人類智慧的菁英。同時我們將集合人類的智慧，思考出將過去五千年建立起的知識的核心部分，傳承給我們的後代。

讓我們從最壞的可能開始打算。假設在大災難之後，雖然有少數人殘存，但是卻被迫回到了石器時代的生活方式。就像鳳凰浴火重生需要時間一樣，人類回到現在的文明階段或許還需要一萬到一萬二千年的時間。在這個情況下，我們最優先需要考慮的，便是找到一個方法，將未來文明的訊息，設法傳給一萬年後的子孫。至少我們會想要告訴他們「基洛（Kilroy）曾到此一遊！」（譯註：美軍在第二次世界大戰時，每到一處，便到處塗鴉上述字樣。）而且希望不論他們未來用的是什麼語言，或屬於什麼社會、宗教、倫理、邏輯、概念、哲學，至少我們所傳達出去的訊息，他們可以解讀。

我相信我們想要告訴我們遙遠後代子孫的，遠遠超過「基洛曾到此一遊」之類簡單的訊息。我們會想要告訴他們，例如，我們活著的時間，和他們之間的相關等等。

那麼我們該怎麼辦呢？我們要如何以一種宇宙通用的語言，表達西元二〇一二年的意念，這樣即使在一萬二千年後，我們子孫的文明設法解讀時，雖然不知道有什麼西元，但仍然能夠了解我們想要表達的年代？

一個明顯的解決方式，便是使用地球的歲差運動所代表的可預測性。歲差運動，也就是觀測者在一定的地點觀察整體星象時，發現因地球軸心的偏異，而產生的天文偏差。歲差運動下，天象規則的轉變，星象以緩慢而確定的腳步，輪流經過與黃道十二宮相關的春分點。因為這種運轉的可預測性，我們可以對後代說：「我們活在雙魚座的春分點時代中」，以指定我們曾經存在的特別時點。一個歲差循環為二萬五千九百二十年，而雙魚座的年代只有二千一百六十年。

但這個方法唯一的缺點就是，如果下一個文明需要一萬二千年，甚至二萬、三萬年的時間，才能培育出現代的文明水平的話，那麼我們即使以大建築物或某種日曆機制，告訴後代「我們活在雙魚座的春分點時代」，也無法達到選樣特定時間的目的了。例如，假設我們將時間的機制設定於一個建築物中，該建築物被一個高度文明在射手座時代剛開始之際發現，新文明可以將我們的訊息解釋為「我們活在四千三百二十年前」或者「我們活在三萬零二百四十年前」，射手座的考古學家們需要集合他們的智慧，不但解讀我們流傳下去的訊息，並且尋找其他的證物，才能夠確定，我們到底活在哪個雙魚座的春分點。

在這種情況下，地質學家就能夠幫得上忙了……

文明開化者

如果我們找到主張「我們活在雙魚座的春分點時代」，我們也可以同時將一些在我們時代耀眼明亮的位置，從地平線上正確的高度位置，以最精密的方式，傳達給後代子孫。同時，我們也可以模仿吉薩金字塔的建造者，將現在星辰的相對位置規劃於土地上，建築成大型建築標的物，留給後代。

所以我們有數種選擇的可能，依照不同的環境條件，手邊可用的科技水平，得到警告與災難實際發生之間的時間落差，以及我們最想要傳達的編年等，做不同的組合。

例如，假設當我們知道大難臨頭時，已經沒有任何準備的時間了。假設災難就如同《聖經》的〈彼得二書〉（Peter II）第三章中出現的「主之日」（Day of the Lord）一般，「像夜盜人一般」偷偷來襲。在那之後，人類將會面臨什麼樣的一個局面？

如果是因為與小行星正面衝突而引起的大災難，或因地殼移位及其他宇宙及地質大變異的話，我們可以假設：

1.這災難必定為全球性的；

2.存活者數量會非常少，其中大部分會回到野蠻生活狀態；

3.剩下的少數對未來有遠景、有組織規劃能力的人中，有一部分為成熟的建築家，也有科學家、技術人員、地圖描繪人員、數學家、醫生等專業人士。這些人將獻身於拯救失落文化的工作，想盡一切辦法，對未來的世代，傳達知識給那些最後能夠豁然開竅的人們。

讓我們姑且稱這些少數有遠景的人士為「文明開化者」（civilizers）。他們聚集在一起——起初是為生存，隨後為傳播、分享思想——形成一個共同的習慣、信仰系統，並發展出共同的使命感。為方便彼此的辨識，並強化共同目標，他們很可能會使用一些強有力而容易辨識的符號：男人或許會佩戴某種特別的珠鍊，或都把頭髮剃光，或使用十字架、毒蛇、狗等圖像互相辨識，將同一信仰圈內的人緊密連結在一起。同時，他們會走向世界，到各地去傳播文明，如同知識的明燈一般，對全世界發光。

大災害後的狀況如果非常惡劣的話，很多文明開化者可能會遭受重挫，或成就有限。可是假設有一小群有足夠技巧與熱情的人，創造出一小片成功的文化淨土，或許在形式上他們屬於同一個宗教，或許他們在大災難時，相對受到的傷害並不大。然後，再假設，災難接二連三到來——例如大地震以後的餘震不斷之類的——連那一小片淨土都幾乎被摧殘無遺。

接下來該怎麼辦?在這嚴苛困難的局面中,曾經一度逃脫的知識集團,在新的難局中,該如何處理?

傳遞神祕的訊息

如果狀況許可,或者有一些意志堅決的男女,能夠將知識的真正核心保存下來,我相信,只要有足夠的動機和教化技巧,加上招募半原始的土著民眾加入他們,以增加新血的方式,這樣的一個次文化團體可以自給自足地生存下去,幾乎直至永遠。不過這樣的一個團體存在,也必須有一個大前提:所有的成員,都有猶太人等待救世主再現一般,願意結合在一起,等待上好幾千、幾萬年,一直到他們確定正體出現,可以暴露身分的時刻到來為止。

如果真的如此,而且他們神聖的目標的確為保存、傳承知識,將進化的文明傳達給後人的話,我們很容易想像這樣一個次文化的成員,如何用和埃及智慧之神索斯同樣的語言來形容他們:

索斯成功地解開了天空的謎。這個謎的祕密，記載於好幾冊神聖的書本當中。索斯把它們隱藏在地上。將來的世代將尋找這些書，而只有完全適合的人，將找到書……。

這本謎樣的「索斯之書」到底是什麼？這裡所說記載著資訊的「聖書」，真的是以書本的形態出現於世嗎？

例如，桑提拉納和戴程德教授解讀了世界性神話中所隱藏的歲差運動的高度科學語言時，曾被褒揚為「十分稱職」的學者，而他們解讀出的古代知識並非以書的形式出現的。因此，「索斯之書」是否僅為一種比喻，我們是否早已與「書」相逢，並從它們的內文中，讀到了一些古代科學內容？

同樣的，波士南斯基發現帝華納科古城和哈普古德的地圖「如何解讀」？還有，從地質學上找到關於吉薩的獅身人面像年代的新發現該如何解決？以及，建造河岸神殿和葬祭殿用的巨石引發的問題該怎麼說？隱藏於金字塔各個房間中的天文配置和尺寸，現在一一暴露，其中又隱藏著什麼樣的祕密？

如果這些，從比喻的觀點來看，也屬於「索斯之書」的一部分，那麼「十分稱職」的學者人數應該大量增加，而且我們隨時在發現更多、更驚人的事實。

讓我們再暫時，也是最後一次，回到原先自訂的情景：

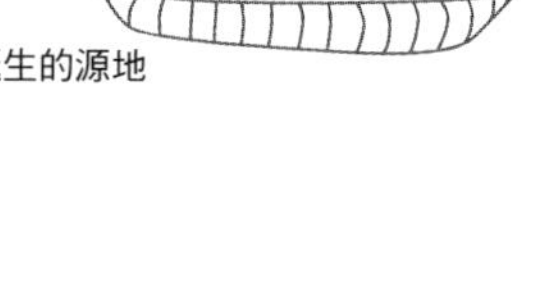

1.西元二十一世紀之初，雙魚座時代轉變為寶瓶座的前後，我們現在的文明將遭到毀滅；

2.在少數殘存的生還者中，幾百、或上千個會聚集在一起，為保存科學性知識的成果，並傳達給遙遠的後代做努力；

3.這些文明開化者將分為小團體，分散於地球的各個角落；

4.他們大部分都失敗、死亡，但是有少數地區中，有部分人成功地在當地留下文明的痕跡；

5.數千年後——或許要經過一些錯誤與試行後——原始知識集團的一個分支，對非常進化的文明的誕生，發生影響……

顯然，能夠適合最後這個情景的，只有埃及罷了。不過，我想要建議，非常認真地測試我的假設，或許早在西元前一萬四千年的尼羅河谷，便出現了一個由浩劫餘生的航海文化遺民、有科學智慧的宗派組成的團體。他們或許以太陽城、吉薩、阿比多斯及其他幾個中心為基地，並發動了埃及最早的一次農業革命。不過，後來在西元前一萬一千年大洪水及其他災難的影響下，此文化團體被迫認輸、撤退，一直到冰河期過去。在那一段時間，他們無法確定自己的知識是否能夠通過黑暗的時代，繼續殘留在世界上。

在這種狀況下——如果我們繼續同樣的假設情況——這個小文化團體的成員開始蓋大

型建築，以保存科學資訊，並且不論他們是否能夠存活，這些資訊都能夠傳給後代子孫。換句話說，他們覺得，如果建築物夠大，經得起長時間的考驗，藏得住他們宗派的訊息，那麼未來，或許是在他們離開世間非常久遠的未來，總會有人能夠解讀他們的訊息。

在這個假設下，我們終於能夠解答，為什麼吉薩高地上出現了金字塔的疑問：

1. 正如前面章節所說的，獅身人面像，的確是獅子座時代的春分點標誌，顯示一個確切的年代。以我們現代的曆法而言，便是西元前一萬零九百七十到西元前八千八百一十年之間。

2. 三座主要的金字塔的確都屬於總體大設計圖的一部分，而這個總體設計的目的，則是要記錄下西元一萬零四百五十年獵戶星座主要三星與銀河的關係。

利用歲差運動的現象，「設定」他們存活的時代為西元前一萬一千年前後，是非常有效的手段，因為歲差運動被認為是「我們行星上唯一、真正的時鐘」。不過我們感到迷惑的是，我們現在確知大金字塔的南側通氣孔面對的是西元前二千四百五十年左右的獵戶星座和天狼星。同一個次宗教文化團體，如何在西元前一萬零四百五十年建立吉薩高地偉大的建築，卻將通氣孔照準的年代放在西元前二千四百五十年。如何解釋這一段失落的時間？我們只有假設兩者都出於同一個團體之手，而經過八千年的歲月後，他們賦予了埃及文明一個啟動的力量，使得新的王朝時代得以無中生有地、突然地以「組織完善」、有文字記錄的成熟文明姿態出現於世。

剩下來，我們必須要猜測的，便是金字塔建造者們的「動機」了。理論上，建造金字塔的，應該和北半球最後冰河期快結束時，製造那神祕地圖的作者為同一族人。果真如此的話，我們不妨一併質問，為什麼這些有高度文明和技巧的建築家及航海家，對西元前一萬四千年（哈普古德根據布雅舍所描繪的原圖推算出來的年代）神祕的南方大陸逐漸進行的冰河化運動，如此癡迷。

有沒有可能，這些人想在故鄉被消滅的過程中，留下一份永久性保存的地圖？

或者，他們有一份異常強烈的欲望，想要透過不同的媒體——神話、地圖、建築物、日曆系統、數學的調和等——對未來宣示一個訊息，而那個訊息則與大災害及地球的變動有關係？

緊急的使命

人與獸之間最大的差別之一，便在於人能夠擁有有意識的、有系統的歷史。和老鼠、或綿羊、乳牛、水禽等不一樣的是，我們有一個完全獨立於我們存在之外的歷史。也因為如此，我們得以向我們的祖先學習，借用他們的智慧與經驗。

不知道是因為我們內心有什麼難以擺平或偏差性的想法，或僅僅因為我們的愚蠢，使得我們無法接受所有不是以「有文字記錄」的方式傳承下來的先人經驗。不知道是我們的傲慢，還是我們的無知，使得我們硬性規定自己以五千年為分界，凡是在五千年之內發生的事，因為有文字記錄，都可以在歷史之名下接受，但是在「歷史之前」的一律視為原始的妄想。

研究調查到這個地步，我直覺地認為，我們已將自己封閉起來太久，充耳不聞祖先透過神話對我們說話的聲音。他們的聲音，與其說理性，不如說是訴諸直覺的，但絕非不合理的。在研究過程中，我愈來愈尊敬那些古代天才們邏輯思考和高度的科學程度，深沉的心理洞察能力以及對宇宙構造廣闊的知識。他們編織神話，他們保存了失落的文明，同時他們也是地圖的製作者、金字塔的建造者，更是航海者、天文學者、地球的測定者。而我們一直在大陸和海洋上追逐過來的，便是他們的指紋了。

既然經過這一段調查，使得我對那些早已被人遺忘，而且至今真貌未現的上個冰河的牛頓、莎士比亞、愛因斯坦等深具敬意，我認為漠視這些人嘗試傳達的訊息，只表現了我們愚蠢的一面。他們想要說的似乎便是：循環性的浩劫為人類不可避免的宿命，每次均近乎全毀人類的種族及文明，過去如此，未來也如此，人類只要還繼續活在地球這個行星上，便無法避免這種命運。

但最令人感到驚異的馬雅日曆系統，不正是要傳達給我們這個訊息的媒介嗎？從古早時代以來，南北美相傳的四個「太陽」（或者過去便存在的三個過去的「世界」）的傳統，不正是要傳達這些壞消息的工具嗎？同樣的歲差運動的偉大神話，不但對過去的大變動，對未來的災難（透過宇宙的石磨的比喻）與全球大規模的災難及「天空的災難」相連，也有所提示。這些神話到底有什麼機能？還有，金字塔的建造者，是在一個什麼樣的熱烈使命與動機驅使下，在吉薩高地上，以如此細膩的手法，建造完成了一座如此神祕的大建築物？

是的，他們都在傳達一個訊息：「基洛曾到此一遊！」

而且，沒錯，他們找到一個非常巧妙的方法，來傳達這個訊息。

關於這一點，我毫無疑問。

不但如此，更令我佩服的是，這些先人花費了如此大的功夫，來向我們後人證明，他們的確曾經具備科學的高度文明。更令我感銘在心的是，他們傳達出來的那一種強烈的迫切感——或許就是那份強烈的迫切感，促使他們將文明的豐功偉業遺留給後人。

再度地，在沒有確切證據下，我依賴直覺，向前摸索。

根據我的推測，這些賢人苦口婆心留下這些證據的目的，是要警告我們，未來災難——而且還是以地球為規模的大災難必至，而人類將再度面臨如一個冰河末期般的重大打擊。到時候，「諾亞看見地面傾斜，知道毀滅的時候已近，以悲痛的聲音大叫：『告訴我地球上發生了什麼事情，使得地上如此痛苦、震盪……』。」上面引用的為《希伯來以諾之書》（*Hebrew Book of Enoch*）中所描述的景象。幾乎所有的中美洲傳統中，都預見類似的痛苦與震盪發生，如前面已敘述的「長老們說，大地將動搖，人類將絕滅」的時代。❹

讀者應該還記得，古代馬雅日曆推算過世界末日的日期：

> 世界末日將發生於4 Ahau 3 Kankin（相當於二〇一二年十二月二十三日）。當日，太陽神、第九夜神將君臨天下。月亮將有八日之齡，月期則為六個連續期中的第三期……

根據馬雅族的推算，我們人類已經活在地球的末日中了。

就算在基督教的教義中，我們也非常接近世界末日。美國賓州「觀察塔聖經協會」（Watch Tower Bible and Tract Society）曾發表聲明道：「這世界將被消滅，就如同大洪水以前的世界已被消滅一般，是必然會發生的……上一次災難前曾預言會發生的事都一一發生了。也就是說，世界的末日將近……」

同樣的，基督教信徒的靈能者艾德格．凱斯（Edgar Cayce）早於一九三四年時便預測，在西元二千年左右：「兩極將移動，帶動南北極的大變動。熱帶的火山將爆發，歐洲北部將在瞬間改觀。地球將以美國西部部分為界分裂，日本的大部分將沉入海底。」

而令人感到驚訝的是，基督徒預言的西元二千年的時代，與獵戶星座三星上升週期的結束（升至最高點）時期，不謀而合。而西元前一萬一千年，上一個大毀滅的時代，則與獵戶星座週期開始（三星在最低點）的時期恰好一致。

更令人感到好奇的是，正如我們在上冊第二十八章所見：

五顆行星的串連，預料將產生強大的引力作用；據說，這個天文事件將發生在西元二〇〇〇年五月五日，屆時海王星、天王星、金星、水星和火星將聯合地球，在太陽另一邊排成一列，展開一場宇宙性的拔河比賽……。❺

雖然肉眼無法觀察到，但是當這股引力，加上地球歲差運動引發的重心不穩、自轉而產生的扭曲現象、南極大陸冰原急速擴大而產生的重壓……等等的影響，是否會造成地殼全面性的滑動？

在事情發生以前，我們可能無法得到任何確定的答案。但是，我認為，負責記錄下古代埃及情事的高僧曼那多，他筆下的苛酷、充滿破壞性的宇宙動力，是非常真實的：

正如鐵會被磁所吸引，隨之而去，但也會被磁所排斥，而往相反的方向運動。世界在正常、合理的運轉下，能夠吸引苛酷的牽引力，吸引它、柔化它，但當苛酷的牽引力恢復了它本身的力量時，便會顛覆世界，將世界追入無力的窮途絕境中……

簡單地說，古代人以各種的象徵、預言等清楚而正確的告訴了我們，大災難為什麼、在什麼時候，將再度侵襲人類，帶來地球規模的大毀滅。因此，我認為，在地球的大鐘擺正常擺動了一萬二千五百年之後，如果人類夠聰明的話，就應該將更多的資源投入古代的研究中，重新發掘沒有記憶的黑暗恐怖時代（也就是有歷史以前的時代）的跡象與訊息。

我們更應該加快在吉薩高地上遺跡調查的腳步。不僅古代埃及學者應該要重新正視古埃及的研究，同時我們應該鼓勵更多的新學派加入古埃及學的研究，解開遺跡中的多項謎團。例如上冊第六章中所提到的，以「氯三十六」❻檢定石塊露出空氣年份的方法，可望解決有關獅身人面像年代的問題。同樣地，只要我們有心，說不定也可以研究出如何到達大金字塔中王后殿南方通氣孔上二百英尺的小洞口的方法。另外，我們更應該認真調查，獅身人面像腳掌下基座中，那個顯然為人工挖掘的大空洞中到底有什麼東西。大空洞的存在，是在一九九三年利用地震波測定的方式才發現的。

最後，在遠離吉薩的南極洲，我認為也應該仔細地做一次冰床下地形調查。南極大陸是最可能保存有失落文明完整遺跡的地方，因此，這類的調查一定會帶來豐碩的收穫。如果我們能夠透過類似的調查，找到破壞舊文明的元兇，或者我們還能夠及時在同樣的大災難來臨以前，做一些補救的措施，扭轉人類的命運。

我知道在做這類建議之時，必定有不少人在暗處嘲笑我，並且非常無知地以為「事情都會按照其創世之初起的方式，繼續運作，不必多想。」但是這些堅決否定有所謂「世界末日」的論者，不論我們提出什麼理由、證據，他們都不會費神去傾聽過去老祖先嘗試傳達給我們的聲音。正如前面所述，我們的祖先嘗試傳達給我們一個重要的訊息，告訴我們大災難過去曾不止一次襲擊人類；每次災難來襲，都像夜賊一般地突然、沒有預告、毫不容情出擊，為人類帶來近乎絕滅性的損失。在可見的未來中，我們將再度遭遇這類的大災難。如果沒有十分完善的準備，人類將被迫回到原始時代的原點——就好像一個完全沒有得到先祖遺產的孤兒一般——重頭開始。

走過最後的日子

一九九四年五月，霍皮族印第安保留區

我駕車經過亞利桑那的平原，往一個小村莊春格波維（Shungopovi）前進，連日來的沙漠風對我迎面吹來。過去五年中的種種，一幕幕地在我腦海中閃過：旅行、調查、不斷地試行與錯誤、幸運的發現，所有事情似乎都融會貫通為一體的剎那，以及所有事情似乎都支離破碎的剎那。

這一段來探訪位於沙漠中央的霍皮族的路途非常遙遠，比三百二十英里的高速公路里程還要遙遠。不過，我心中並不奢望會有什麼特別的收穫。

然而，我仍然決定要走這一趟路，因為霍皮族至今仍然相信語言的科學。霍皮族是

屬於美國西南部普魏布勒（Pueblo）印第安的一族，與墨西哥的阿茲特克族有一點拐彎關係。霍皮族在貧困與自然環境的雙重折磨下，目前人口僅剩下一萬餘人。猶加敦半島一帶，古代馬雅族的後裔都相信，「二千多一點」年時，世界將面臨末日。和這些馬雅的後代一樣，霍皮族人相信，人類已經走在自己最後的日子當中了。根據他們的神話（如上冊第二十四章中所述）：

> 為處罰人類犯下的錯誤，第一個世界被一場從天到地的大火所毀滅。第二個世界因為地球的軸心倒反，肇始冰河覆蓋大地而毀滅。第三個世界在全球性洪水中結束。現在的世界為第四世界。它的命運將取決於居民是否能夠根據創世主的計畫而行動……。❼

我來到亞利桑那，目的便是想知道霍皮族是否認為人類正按照創世主的計畫而行動……

世界之末

我們坐在鐵皮的汽車屋中，只聽見外面陣陣野風呼嘯地吹過高地，搖動著屋子的外壁。我旁邊坐著多時來與我一起到處旅行、冒險，為我分擔風險、分享我的悲喜的桑莎。

對面坐的是我們的友人艾德・波尼斯特（Ed Ponist），一位從密西根州蘭辛（Lansing, Michigan）來的外科護佐。因為他曾經在這印第安保留區中工作過，所以藉由他的關係，我們今天才能夠來到這裡。我的右邊坐著的是九十六歲的保羅・西夫基（Paul Sifki），霍皮族蜘蛛支的長老。保羅・西夫基的旁邊則是他秀美的孫女美莎・西夫基（Melza Sifki），年近中年，特別來為我們翻譯。

「我聽說，」我問，「霍皮族人相信世界末日已近，是這樣的嗎？」

個子瘦小、褐色皮膚上佈滿皺紋的保羅・西夫基，穿著一件牛仔褲與棉襯衫。在整個對話過程中，他一眼也沒望我，只向前凝視，好像想在遠方的群眾中搜尋到一張熟悉的臉似的。

美莎把我的問題翻譯給她祖父聽，過了一會兒，再轉譯她祖父的回答道：「他說：是的。你為什麼想知道？」

我解釋說，有很多理由。其中最重要的便是我感覺到一種迫切感：「我研究後發現，在很久、很久、很久以前，曾經有過非常高度的文明，但是卻被毀於空前的大災難。我害怕我們現在的文明會被類似的災難所毀滅……」

經過一長串霍皮話的交換後，我得到的翻譯是：「他說他小時候，也就是一九〇〇年代左右，有一顆星星爆炸——一顆已經在天上很久的星星爆炸了。當時他去找他的祖父，問他那代表了什麼意義。他的祖父回答他說：『這就是我們的世界毀滅的樣子——被火吞噬……如果人不再改變他們的方法，守護世界的精靈會感到非常挫折，而將世界付之一炬，以懲罰人類，地球的命運就會像那顆星星一樣。』這就是他祖父說的——地球會像天上的星星一樣爆炸……」

「這麼說來，他感覺世界將在火燼中毀滅……他已經看了這個世界九十年，從過去的經驗，他認為人類的行為改善了，還是變得更壞了？」

「他說沒有改善。我們愈來愈糟了。」

「所以，他認為，末日將近了？」

「他說跡象早就出來了……他說現在除了風以外什麼都不動，我們只會拿著槍互相對著，顯示了我們互相之間是如何的疏離。我們已經沒有價值——一點價值觀也沒有了，人隨心所欲的生活，既不顧道德，也沒有法律。這些都是時候到了的跡象……」

美莎翻譯到這裡，不禁加上她自己的註腳：「這個風真可惡。吹乾了所有東西，沒有帶來一點濕潤。我們認為，這種天氣就是我們選擇這種生活方式的結果——不只我們，還有你們的族人。」

我發現她說話的時候，眼睛充滿了眼淚。「我有一片玉米田，」她繼續道：「真是乾得可以了。我仰望天空，嘗試祈雨，可是不但沒有雨，連一片雲都不來……每當變成這樣時，我們連自己是誰都不知道了。」

一陣沉默。只聽到風搖撼著鐵皮屋的外皮。夜靜靜地來到了大地。

我沉重地說：「請問妳祖父，他認為現在霍皮和全人類，可以怎麼做來自救？」

「他只知道，」美莎聽到答案以後轉述：「只要霍皮不放棄傳統，我們或許還可以救自己，並幫助別人。我們必須保留我們過去所相信的。我們必須保存我們的記憶。這些是最重要的……可是，我祖父還想要告訴你，他想要你了解，這個地球是一個非常有智慧的精靈、存在體所創造的。他聰明，有創意，按照計畫把世界創成這樣。我祖父說沒有一樣事情是湊巧的，沒有事情是靠偶然存在的——不論好壞——每樣事情的形成都有它的理由……」

在臼輪旋轉中

當我們地球中，許許多多來自不同文化的人口，都不約而同以強烈的直覺，抗拒世界末日將近的想法，我們當然有權利忽視在我們生活周邊發生的各種跡象。而當我們遠祖透過神話、神聖的建築物的媒介，告訴我們過去這世界曾失落過一個偉大的文明（而現在的文明也岌岌可危），我們當然也有權利充耳不聞……

《聖經》上對大洪水以前的景象是這樣描述的：「在大洪水到來以前，人們大吃大喝，奪人妻子，奪人丈夫。這種情形一直持續到諾亞進入方舟，而在洪水到來，所有東西都被席捲而去以前，他們什麼也不懷疑。」

同樣地，有很多預言，都預測下一個地球的大毀滅會非常突然地發生：「在我們誰都沒有想到的時候，閃電突然從東方落下，光亮一直展延到遙遠的西方……太陽變暗，月亮也失去它的光芒，星星紛紛墜落，天空的力量振動……然後，田邊的兩個男人，一個被帶走，一個則留了下來。兩個在磨臼場的女人，一個被帶走，一個留下……」

過去發生過的，未來還可以再發生。過去做過的事，以後還可以再做。

或許，真的，太陽底下沒有新鮮事……

【註釋】

❶摘自《薄伽梵往世書》，頁三六。*Bhagavata Purana*, Motilal Banadass, Dehli, 1986, Part 1, pp.60.

❷見坎極拉《古印度的飛行器》，頁十六。Dileep kumar kanjilal, *Vimana in Ancient India*, Sanskrit Pustak Bandar, Calcutta, 1985, p.16.

❸摘自《古埃及金字塔經文》，頁七十。

❹見亞德拉．費南德茲《西班牙人入侵前的墨西哥神祇》，頁二四。Adela Fernandez, *Pre-Hisponic Gods of Mexico*, Panorama Editorial, Mexico City, p24.

❺見上冊第五部。

❻氯三十六檢定石塊露出空氣中年份的方法，是由英國威爾斯大學（University of Wales）的地球科學系教授大衛．波恩（David Bowen）所開發的。一九九四年波恩教授初步針對英國有名的「藍石」（bluestone）從事實驗，並鑑定出它早在西元前二三五〇年便已與空氣接觸。同樣的方法，學者認為，也可應用於測

定獅身人面像的製造年代上。詳情見一九九四年十二月五日之《泰晤士報》。

❼摘自《世界神話》，頁二六。*World of Mythology*, p.26.

Fantastic 16

上帝的指紋**暢銷紀念版㊦**

原著書名／Fingerprints of the Gods: The Quest Continues
作　　者／葛瑞姆・漢卡克 Graham Hancock & 桑莎・法伊亞 Santha Faiia
譯　　者／汪仲
企劃選書／劉枚瑛
責任編輯／劉枚瑛

版　　權／黃淑敏、翁靜如、吳亭儀
行銷業務／張媖茜、闕睿甫、黃崇華
總 編 輯／何宜珍
總 經 理／彭之琬
發 行 人／何飛鵬
法律顧問／元禾法律事務所 王子文律師
出　　版／商周出版
台北市104中山區民生東路二段141號9樓
電話：(02) 2500-7008　傳真：(02) 2500-7759
E-mail：bwp.service@cite.com.tw
Blog：http://bwp25007008.pixnet.net./blog
發　　行／英屬蓋曼群島商家庭傳媒股份有限公司城邦分公司
台北市104中山區民生東路二段141號2樓
書虫客服專線：(02)2500-7718、(02) 2500-7719
服務時間：週一至週五上午09:30-12:00；下午13:30-17:00
24小時傳真專線：(02) 2500-1990；(02) 2500-1991
劃撥帳號：19863813　戶名：書虫股份有限公司
讀者服務信箱：service@readingclub.com.tw
城邦讀書花園：www.cite.com.tw
香港發行所／城邦(香港)出版集團有限公司
香港灣仔駱克道193號超商業中心1樓
電話：(852) 25086231傳真：(852) 25789337
E-mailL：hkcite@biznetvigator.com
馬新發行所／城邦(馬新)出版集團【Cité (M) Sdn. Bhd】
41, Jalan Radin Anum, Bandar Baru Sri Petaling,
57000 Kuala Lumpur, Malaysia.
電話：(603)90 578822　傳真：(603)90576622
E-mail：cite@cite.com.my

封面設計／COPY
版型設計及排版／林家琪
印　　刷／卡樂彩色製版有限公司
總 經 銷／聯合發行股份有限公司　電話：(02)2917-8022　傳真：(02)2915-6275

■2012年（民101）01月初版
■2018年（民107）06月05日2版
■2023年（民112）11月15日2版4刷
定價／350元

ISBN 978-986-477-462-3

Printed in Taiwan
城邦讀書花園
www.cite.com.tw

FINGERPRINTS OF THE GODS: THE QUEST CONTINUES By GRAHAM HANCOCK

國家圖書館出版品預行編目(CIP)資料

上帝的指紋 / 葛瑞姆.漢卡克(Graham Hancock), 桑莎.法伊亞(Santha Faiia)著 ; 汪仲譯. -- 2版. -- 臺北市 : 商周出版 : 家庭傳媒城邦分公司發行, 民107.06
下冊 ; 14.8*21公分. -- (Fantastic ; 15-16)
暢銷紀念版　譯自 : Fingerprints of the gods : the quest continues
ISBN 978-986-477-462-3(下冊 : 平裝)
1.文明史 2.古代史
713.1　　107006778